国語3年

東京書籍版
新編 新しい国語

教科書ぴったりトレーニング

▶ 3分でまとめ動画

		教科書ページ	ぴったり1 じゅんび	ぴったり2 練習	ぴったり3 たしかめのテスト
教科書 上	あなたのこと、教えて／すいせんのラッパ／かん字を使おう1	14～29	2	4	8～11
	図書館へ行こう／国語じてんの使い方 メモを取りながら話を聞こう	30～41	▶ 6		
	自然のかくし絵／漢字を使おう2／全体と中心	42～55	12	14	18～21
	「わたし」の説明文を書こう／漢字の表す意味	56～63	16		
	ワニのおじいさんのたから物／漢字を使おう3 人物やものの様子を表す言葉	64～79	22	24	28～31
	心が動いたことを詩で表そう／ローマ字①	80～89	▶ 26		
	「給食だより」を読みくらべよう 三年生の本だな――心の養分	90～105	32		34～35
	紙ひこうき／夕日がせなかをおしてくる／案内の手紙を書こう	108～115	36		40～43
	慣用句を使おう／グループの合言葉を決めよう 漢字を使おう4／主語とじゅつ語、つながってる？	116～129	▶ 38		
	サーカスのライオン／漢字を使おう5	130～149	44	46～49	50～53
教科書 下	せっちゃくざいの今と昔／分ける	8～21	54	56	62～65
	道具のひみつをつたえよう／こそあど言葉	22～29	▶ 58		
	話したいな、すきな時間／漢字の読み方／ローマ字②	30～37	▶ 60		
	モチモチの木／漢字を使おう6	38～57	66	68～71	74～77
	人物の気持ちを表す言葉／いろいろなつたえ方 本から発見したことをつたえ合おう／漢字を使おう7	58～68	72		
	俳句に親しもう	70～75	▶ 78		
	カミツキガメは悪者か／漢字を使おう8	76～91	80	82	88～91
	考えと理由／クラスの思い出作りのために	92～99	84		
	道具のうつりかわりを説明しよう 漢字を使おう9／くわしく表す言葉	100～109	86		
	ゆうすげ村のちいさな旅館――ウサギのダイコン 漢字を使おう 10	110～127	92	94～97	100～103
	漢字の組み立てと意味／わたしのベストブック	128～133	▶ 98		
	漢字と言葉の練習				104

巻末	夏のチャレンジテスト	山のとしょかん	とりはずしてお使いください
	冬のチャレンジテスト	手ぶくろを買いに	
	春のチャレンジテスト	クマの風船	
	学力しんだんテスト	つな引きのお祭り	
別冊	丸つけラクラク解答		

ぴったり1 じゅんび

音読を聞き合おう
あなたのこと、教えて
すいせんのラッパ
かん字をつかおう1

工藤直子

★場面や人物の様子をそうぞうしよう。
★人物のしたことや言ったことに気をつけて読もう。

学習日 月 日

教科書 上14〜29ページ

答え 2ページ

かきトリ 新しい漢字

漢字	読み	画数	教科書
葉	ヨウ・は	12画	19ページ
起	キ・おきる・おこる・おこす	10画	19ページ
速	ソク・はやい・はやまる・はやめる	10画	19ページ
面	メン	9画	20ページ
向	コウ・むこう・むく・むける・むかう	6画	20ページ
緑	リョク・みどり	14画	22ページ
感	カン	13画	23ページ
豆	トウ・ズ・まめ	7画	23ページ
物	ブツ・モツ・もの	8画	26ページ
様	ヨウ・さま	14画	26ページ
仕	シ・つかえる	5画	27ページ
練	レン・ねる	14画	29ページ
習	シュウ・ならう	11画	29ページ
州	シュウ	6画	29ページ
央	オウ	5画	29ページ
横	オウ・よこ	15画	29ページ
倍	バイ	10画	29ページ

1 （　）に読みがなを書きましょう。

① 会話（　）を楽しむ。

② 様子（　）を見る。

●読み方が新しい字

2 □に漢字を、（　）に漢字とおくりがなを書きましょう。

① 町の□□（ちゅうおう）。

② □□（りょくちゃ）をのむ。

③ 朝早く（おきる）。

④ 国語を（ならう）。

あなたのこと、教えて

3 友だちのことを知るためのしつもんとして、（　）に当てはまる言葉を［　］からえらんで、記ごうを書きましょう。

① いつも（　）あそんでいますか。

学校の近くの公園であそんでいます。

② （　）りんごがすきなのですか。

あまくて、おいしいからです。

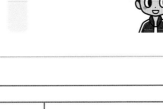

［ア　どんな　イ　どこで　ウ　どうして］

すいせんのラッパ

4 正しいいみに○をつけましょう。

① 一人でもできるかどうかためす。

ア（　）ほんとうにやってみる。

イ（　）いろいろ考えてみる。

② 子どもたちが、わいわいはしゃぐ。

ア（　）うかれて、さわぐ。

イ（　）元気に走り回る。

3分でワンポイント

場面の様子（ようす）を読み取（と）ろう。

★①〜③の（　）に合う言葉を［　］の中からえらんで記ごうを書きましょう。

どのすいせんのラッパの音で、どんなかえるが起きましたか。

ラッパの音	かえる
プップ・パッパ・パッパラピー・プウー	①（　）みたいなかえる
ピラリ・ピッピー・ランパッパ・ピー	②（　）のようなかえる
ピピピプー・ピポピポ・ピッピー	③（　）みたいなかえる

［ア　豆つぶ　イ　グローブ　ウ　緑色のリボン］

ぴったり2 練習

音読を聞き合おう

すいせんのラッパ

文しょうを読んで、答えましょう。

春のまん中のお話です。

池のそばのすいせんが、金色のラッパをプル・プル・プーとふいて、よい音が出るかどうかためしていました。

そこへ、ありたちが、とっとと走ってきました。

「おはよう。すいせん。」

「おはよう。あり。ずいぶん早いね。」

「だって、まちきれないもの。」

「ね、早く、ラッパをふいて。」

「そっちに上がっていい？」

ありたちは、わいわいはしゃいで、すいせんの葉っぱに上ってきました。

そうです。今日は、すいせんが、今年はじめてラッパをふく日なのです。

なぜラッパをふくかというとね、冬の間ねむっていたかえるたちに、春ですよ起きなさいと知らせてあげるためです。

1 いつごろのお話ですか。五字で書きぬきましょう。

2 「おはよう。すいせん。」について、

① だれの言葉ですか。

② どのように音読しますか。一つに○をつけましょう。

ア（　）明るく、元気な声で。

イ（　）ゆっくりと、ひくい声で。

ウ（　）小さな声で、そっと。

ヒント ありたちの気もちになって考えてみよう。

3 「すいせんの葉っぱに上ってきました。」とありますが、葉っぱに上ってきたありたちは、どんな気もちでしたか。一つに○をつけましょう。

ア（　）すいせんの葉っぱに上るのはたいへんだな。

イ（　）早くすいせんのラッパを聞きたいな。

ウ（　）すいせんの葉っぱに上るのは楽しいな。

学習日
月　日
教科書
上16〜28ページ
答え
2ページ

すいせんは、お日さまの高さをはかったり、風の速さをしらべたり、ラッパをプーとふいたりして、ときどき、もうすぐだというように、うんうん、うなずきます。

ありたちは、葉っぱの上で、ゆらゆらゆれて、じっとまっています。

あたたかい風が、ささあっとふきわたり、日の光が、一面にちりました。

(うん。今だ!)

すいせんは、大きくいきをすって、金色のラッパをふき鳴らします。

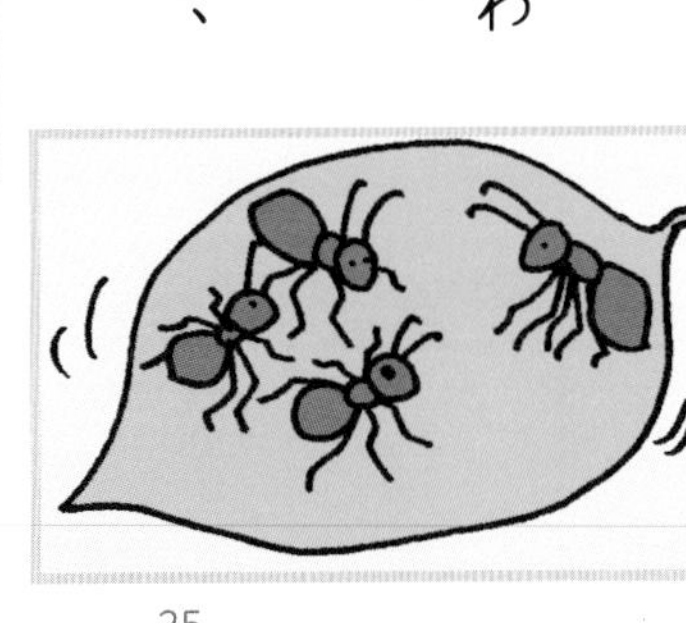

プップ・パッパ・パッパラピー・プウー
すき通った音が、池をわたり、地面をゆさぶり、おかを上って、向こうの空にきえます。ありたちは、目をまん丸にして、うんとせのびをして、まわりを見ました。

……すると、池のそばのつつじのねもとがむくっ。

(あ、あそこだ、あそこだ。)

ありたちは、ひじをつついて、ささやきます。

むくっ。むくむくむくっ。グローブみたいなかえるがとび起きました。

目をぱちぱちさせてから、すいせんを見つけると、

「やあ、今年もありがとう。」

と、大きな声で言いました。

工藤 直子「すいせんのラッパ」より

ヒント 「まちきれないもの。」という言葉にちゅう目しよう。

4 「今年はじめてラッパをふく日」とありますが、すいせんがラッパをふくのはなぜですか。

[　　　　]たちに、[　　　　]と知らせるため。

5 「プップ・パッパ・パッパラピー・プウー」について、

① これは何の音ですか。

すいせんが[　　　　]をふいた音。

② この音によってどんなことが起こりましたか。

(　　　　)で(　　　　)かえるがとび起きた。

6 「やあ、今年もありがとう。」と言ったのは、なぜですか。一つに○をつけましょう。

ア(　)今年もすいせんが起こしてくれたから。

イ(　)今年もありたちに会うことができたから。

ウ(　)まだ目がさめていなかったから。

3分でまとめ

図書館へ行こう
国語じてんの使い方
メモを取りながら話を聞こう

めあて

★図書館の本のさがし方をたしかめよう。
★国語じてんの使い方を理かいしよう。
★だいじなことを記ろくしよう。

学習日 月 日

教科書 上30〜41ページ

答え 3ページ

かきトリ 新しい漢字

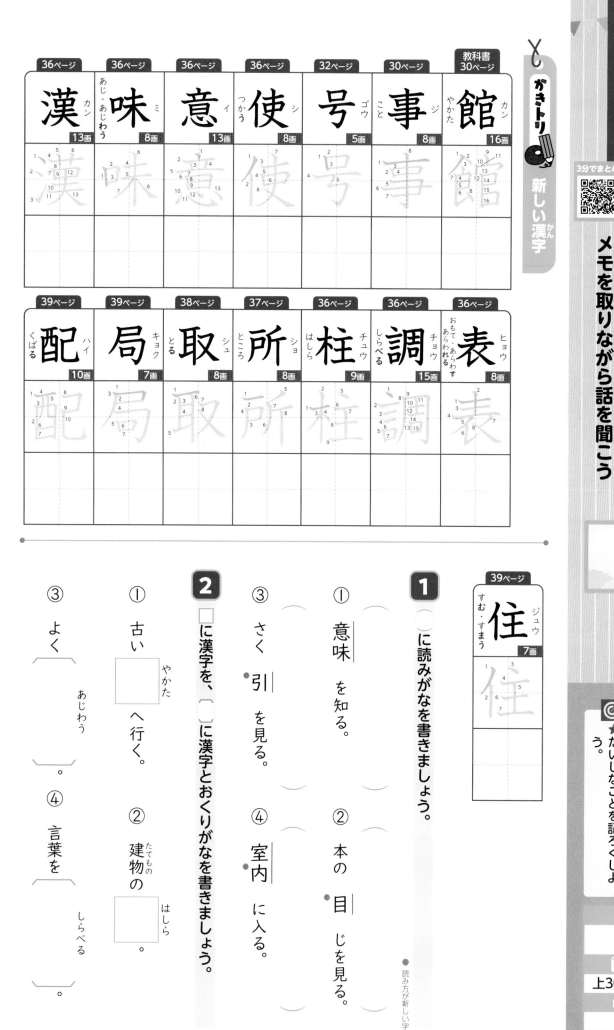

教科書30ページ	館	カン・やかた	16画
30ページ	事	ジ・こと	8画
32ページ	号	ゴウ	5画
36ページ	使	シ・つかう	8画
36ページ	意	イ	13画
36ページ	味	ミ・あじ・あじわう	8画
36ページ	漢	カン	13画
36ページ	表	ヒョウ・おもて・あらわす・あらわれる	8画
36ページ	調	チョウ・しらべる	15画
36ページ	柱	チュウ・はしら	9画
37ページ	所	ショ・ところ	8画
38ページ	取	シュ・とる	8画
39ページ	局	キョク	7画
39ページ	配	ハイ・くばる	10画
39ページ	住	ジュウ・すむ・すまう	7画

1 （　）に読みがなを書きましょう。

① 意味を知る。

② 本の●目じを見る。

③ さく●引を見る。

④ ●室内に入る。

●読み方が新しい字

2 □に漢字を、（　）に漢字とおくりがなを書きましょう。

① 古い□(やかた)へ行く。

② 建物(たてもの)の□(はしら)。

③ よく（あじわう）。

④ 言葉を（しらべる）。

図書館へ行こう

3 **つぎの文の（　）に当てはまる言葉を［　］からえらんで、記号を書きましょう。**

知りたいことを、本でしらべるときは（　　）やさく引を活用しましょう。さく引とは、本に出ている言葉を（　　）にならべて、出ているページをしめしたもののことです。

図書館の本は、（　　）でせい理されてならんでいるので、手がかりにしてさがすようにしましょう。

ア　日本十進分類法（にほんじっしんぶんるいほう）　イ　目次（もくじ）
ウ　読書記録（どくしょきろく）　エ　五十音じゅん

国語じてんの使い方

4 **国語じてんの見出し語のならび方として正しいもの一つに○をつけましょう。**

①（　　）「いし」より「いす」のほうが前にのっている。
②（　　）「そり」より「とり」のほうが前にのっている。
③（　　）「うら」より「せみ」のほうが前にのっている。
④（　　）「はな」より「ばら」のほうが後にのっている。
⑤（　　）「パス」より「バス」のほうが後にのっている。

5 **国語じてんで言葉をさがします。つぎの言葉がじてんにならんでいるじゅんに、番号を書きましょう。**

①
（　　）いちおう
（　　）いちぐん
（　　）いちいち
（　　）いちぞく
（　　）いちにち

②
（　　）かおいろ
（　　）かけあし
（　　）かえりみち
（　　）かしこい
（　　）かかえる

メモを取りながら話を聞こう

6 **つぎは、インタビューで取ったメモの一部です。メモのくふうとして正しいもの一つに○をつけましょう。**

インタビューメモ
「ゆうびん配たつのしごとでたいへんなこと」

①まちがえないように
　はいたつ
・同じ名前　ある
②手紙やはがきをたい
　せつに
・雨やゆきのひ
　→ぬれないように
③ねんがじょう
・日本中いっせいに
　すべて正月に

ア（　　）自分の考えをメモに書いている。
イ（　　）くわしく、長い文しょうで書いている。
ウ（　　）記号を使って分かりやすく書いている。

音読を聞き合おう

あなたのこと、教えて ～メモを取りながら話を聞こう

時間 20分 ／100 ごうかく 80点

学習日 月 日

教科書 上14～41ページ

答え 4ページ

文しょうを読んで、答えましょう。　思考・判断・表現

すいせんは、いよいよ元気にラッパをふきます。

ピピピプー・ピポピポ・ピッピー

こんどは、どんなかえるが目をさますかな。

（あれ…か…な？）

すいせんのそばの土が、ちょろっとうごいて、豆つぶみたいなかえるが、ぴいんととび起きました。

「やあもう春だ。ん？　ぼく、こんなに上手に目がさめるなんて……なぜだ？　なぜだ？」

目をこすりながら、きょろきょろしています。

「ラッパですよう。すいせんのラッパで目がさめたんだよう。」

ありたちが、口をそろえて教えました。

「ラッパ？　あ、その金色のラッパ。そうだったの……。ありがとう！」

よく出る

1 「元気にラッパをふきます。」について、

① こんどは、どんなかえるが目をさましましたか。10点

（　　　　）かえる。

② どこで、かえるが目をさましましたか。10点

［　　　　］の土。

2 「なぜだ？　なぜだ？」について、

① かえるが「なぜだ？」と言っているのは、どんなことについてですか。10点

（　　　　）

② どのように音読しますか。一つに○をつけましょう。10点

ア（　）大きな声で、おこったように。

イ（　）元気よく、うれしそうに。

ウ（　）様子が分からず、ふしぎそうに。

3 「ありたちが、口をそろえて教えました。」とありますが、どんなことをかえるに教えたのですか。書きぬきましょう。

豆つぶのようなかえるは、ぴん、とおじぎをして、

「うれしいな。うれしいな。うれしいな。
ぴこぴん・ぴこぴん・ぴこぴんぴん。」

と、林の方へとんでいきました。

「あはは、かわいいかえる。」

「今年がはじめてだったんだ。」

「ぼくたちラッパのこと教えてあげたね。」

「うん。よかったね。」

ありたちは、にこにこして見おくりました。

すいせんは、たくさんたくさんラッパをふきました。それに合わせて、かえるもたくさんたくさんとび起きました。

あたりは、どんどんにぎやかになり、おまつりみたいです。

ありたちは、ラッパに合わせて歌ったり、かえるのまねをしてとんだり……。

まだねむっているかえるは、いませんか？

工藤　直子「すいせんのラッパ」より

（　　　　）10点

4 「ありがとう！」と言ったかえるは、このあと、どうしましたか。 一つ5点(10点)

（　　　　）をして、林の方へ（　　　　）こと。

できたらスゴイ！

5 「にぎやか」とありますが、なぜですか。二つ書きましょう。 一つ10点(20点)

・すいせんが（　　　　）から。

・かえるが（　　　　）から。

考えを書こう

6 かえるの会話文はどのように音読するとよいと思いますか。「かえる」という言葉をつかって書きましょう。 20点

はじめて春に目をさます、（　　　　）が分かるようにくふうして読む。

ふりかえり ⑤が分からないときは、3ページの 3分でワンポイント にもどってかくにんしてみよう。

音読を聞き合おう

あなたのこと、教えて ～メモを取りながら話を聞こう

時間 20分

／100

ごうかく 80点

学習日 月 日

教科書 上14～41ページ

答え 5ページ

1 読みがなを書きましょう。 一つ2点(20点)

① 一面の雪げしき。（　）

② 山の向こう。（　）

③ 記号を書く。（　）

④ 大豆をにる。（　）

⑤ 九州地方（　）

⑥ 早朝にでかける。（　）

⑦ コインの表。（　）

⑧ ゆうびん局へ行く。（　）

⑨ 海が見える場所。（　）

⑩ 大切な出来事。（　）

2 □に漢字を、〔　〕に漢字とおくりがなを書きましょう。 一つ2点(20点)

① 高□（そく）道路（ろ）

② きれいな□（は）っぱ。

③ □□（ものがたり）を読む。

④ 数字の□□（ごうけい）。

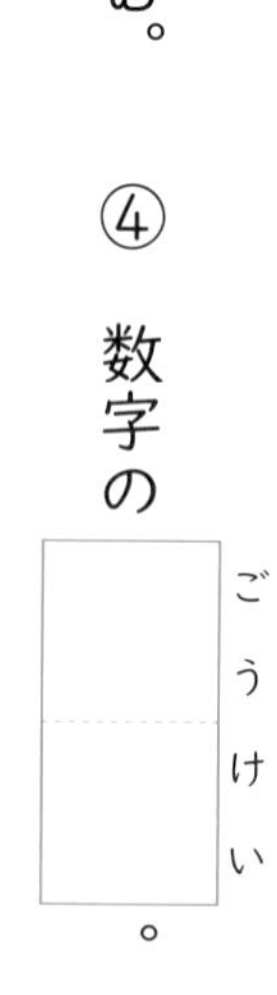

⑤ 横だん□□（ほどう）

⑥ □□（ばんごう）をつける。

⑦ 家の□□（じゅうしょ）。

⑧ 町の□□□（としょかん）。

⑨ 手紙を〔　（くばる）　〕。

⑩ 書き〔　（あらわす）　〕。

3 つぎの文の（　）に当てはまる言葉を［　］からえらんで、記号を書きましょう。　一つ4点(20点)

① まいごの子どもが（　）とあたりを見回す。
② あしたは遠足なので、気もちが（　）する。
③ 風が（　）とふきわたる。
④ おばあさんはいつも（　）とわらっている。
⑤ 原っぱで子どもたちが（　）はしゃぐ。

ア うきうき　イ ささあっ　ウ にこにこ
エ きょろきょろ　オ わいわい

4 つぎの言葉を国語じてんでさがすときには、どのようにおきかえますか。〈れい〉にならって書きましょう。　一つ4点(16点)

〈れい〉ボール　→（ボオル）

① テープ　→（　）
② ミキサー　→（　）
③ チョーク　→（　）
④ コーナー　→（　）

5 つぎの――線の言葉は、国語じてんにはどんな形でのっていますか。〈れい〉にならって書きましょう。　一つ4点(16点)

〈れい〉外を走ろう。→（走る）

① 兄と学校まで歩いていった。→（　）
② となり町の公園は広かった。→（　）
③ あたりがまぶしく光る。→（　）
④ つくえの上をきれいにする。→（　）

6 上の言葉の意味を下からえらんで、――線でつなぎましょう。　一つ2点(8点)

① メモ　・　・ア 話の中心となるぶ分のこと。
② 要点(よう)　・　・イ 決(き)まった手じゅんのこと。
③ じゅんじょ　・　・ウ きちんとすること。
④ せい理　・　・エ だいじなことをみじかい言葉で書くこと。

ぴったり1 じゅんび

読んで考えたことをつたえ合おう
自然のかくし絵
漢字を使おう2
全体と中心

矢島 稔

めあて
★文しょう全体の組み立てから、だんらくの内ようをとらえよう。
★文しょう全体からつたえたいことの中心を考えよう。

学習日
月　日
教科書
上42〜55ページ
答え
5ページ

がきトリ 新しい漢字

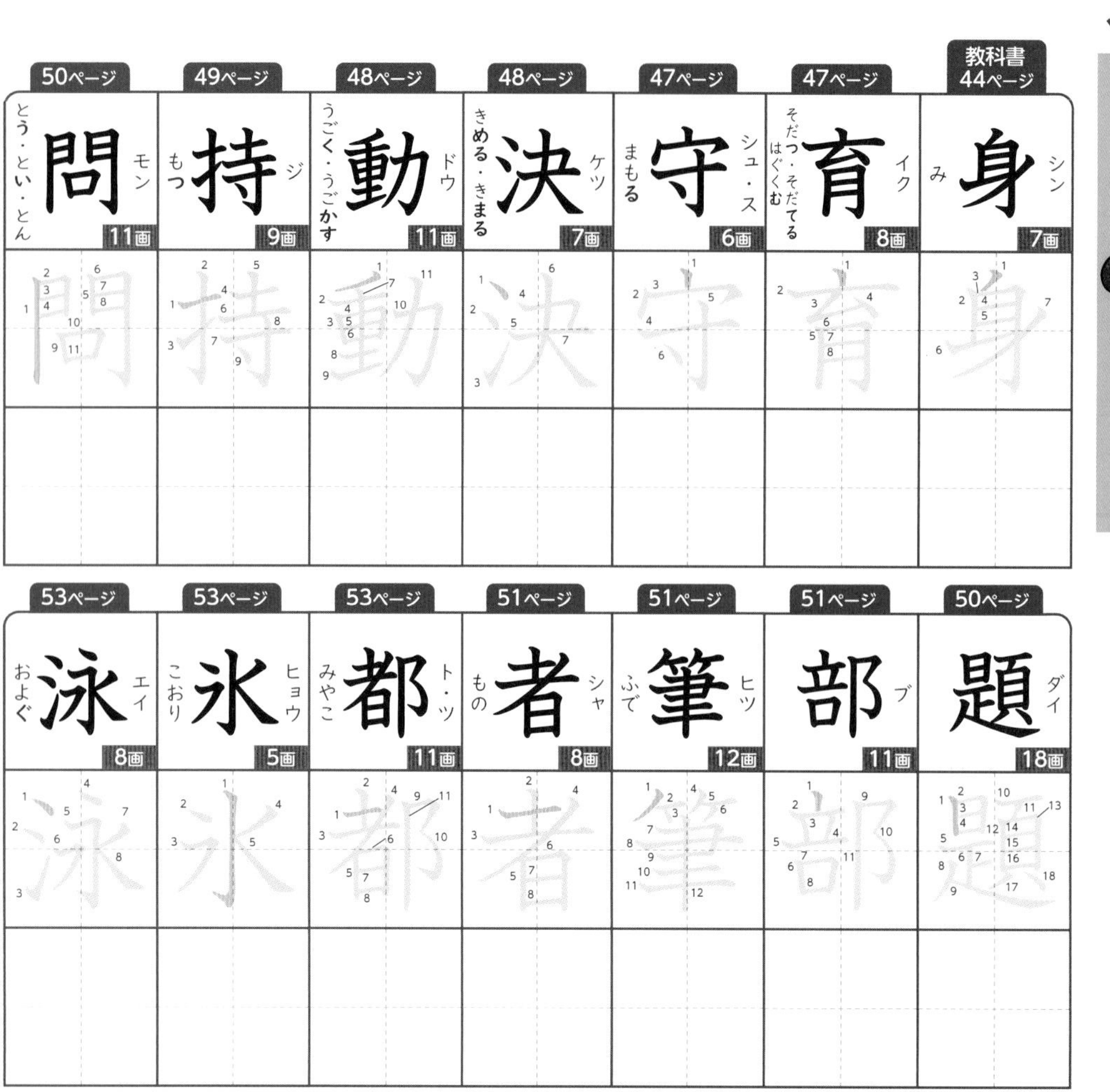

教科書44ページ 身 シン み 7画
47ページ 育 イク そだつ・そだてる はぐくむ 8画
47ページ 守 シュ・ス まもる 6画
48ページ 決 ケツ きめる・きまる 7画
48ページ 動 ドウ うごく・うごかす 11画
49ページ 持 ジ もつ 9画
50ページ 問 モン とう・とい・とん 11画
50ページ 題 ダイ 18画
51ページ 部 ブ 11画
51ページ 筆 ヒツ ふで 12画
51ページ 者 シャ もの 8画
53ページ 都 ト・ツ みやこ 11画
53ページ 氷 ヒョウ こおり 5画
53ページ 泳 エイ およぐ 8画

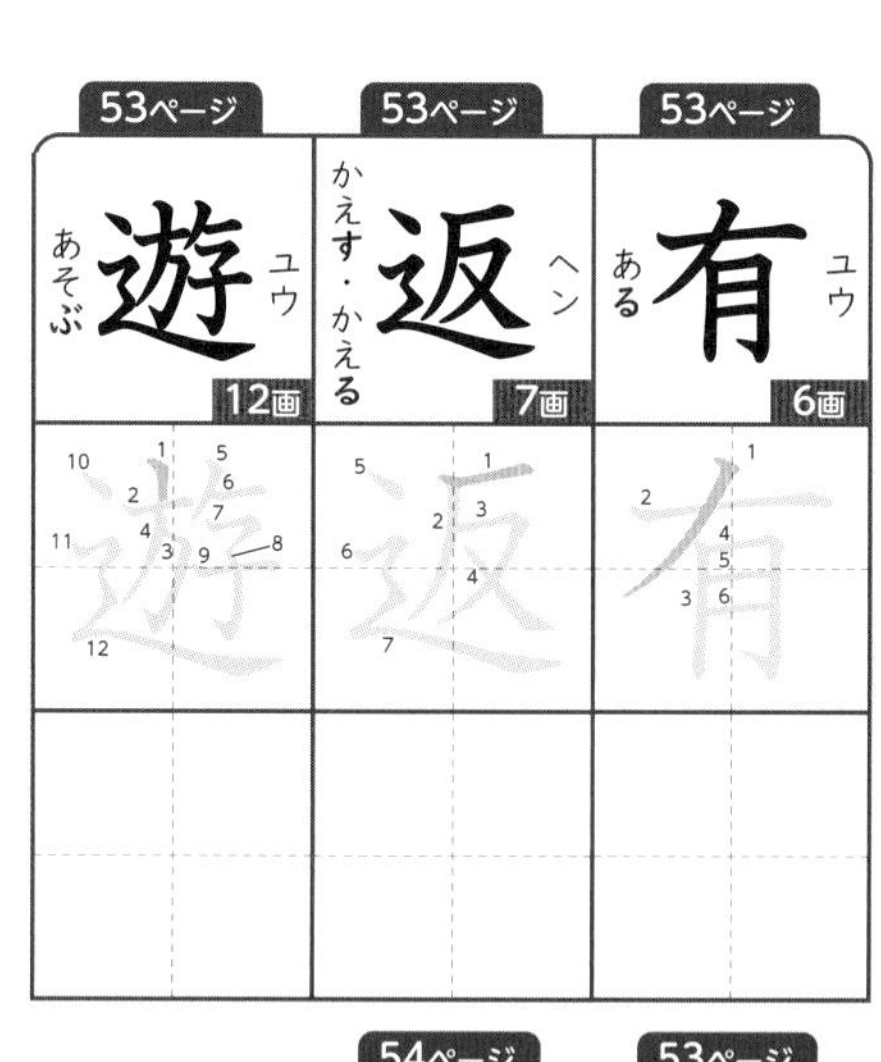

53ページ 有 ユウ ある 6画
53ページ 返 ヘン かえす・かえる 7画
53ページ 遊 ユウ あそぶ 12画
53ページ 開 カイ あける・あく ひらく・ひらける 12画
54ページ 全 ゼン すべて・まったく 6画

1 （　）に読みがなを書きましょう。

① よう虫が 育つ。

② かばんを 持つ。

③ プールで 泳ぐ。

④ ●明らかな答え。

⑤ ●氷山 にのぼる。

⑥ 公園で 遊ぶ。

●読み方が新しい字

2

□に漢字を、〔 〕に漢字とおくりがなを書きましょう。

●読み方が新しい字

① 少しの □□（どうさ●）。

② 算数の □□（もんだい）。

③ 大事な □□（ぶぶん）。

④ 物語の □□（ひっしゃ）。

⑤ 身を〔 まもる 〕。

⑥ とびらを〔 ひらく 〕。

全体と中心

3

つぎの話では、どんなことをつたえようとしていますか。文に――線をひきましょう。

わたしは、くだものの中でいちごが一番すきです。
あまくておいしいし、へたをとればすぐに食べることができる、という食べやすい点もすきなところです。
春には、毎年家ぞくで、いちごがりに行ってたくさんのいちごを食べます。

自然のかくし絵

3分でワンポイント

だんらくの内ようをとらえよう。

★①〜③の（ ）に合う言葉を□の中からえらんで記号を書きましょう。
どのようにてきから身をかくしているのかな。

4だんらく	5だんらく	6だんらく
コノハチョウ	トノサマバッタ	ゴマダラチョウのよう虫
羽のうらは、かれ葉のような色 ←羽をとじると… （①　）と見分けがつかない。 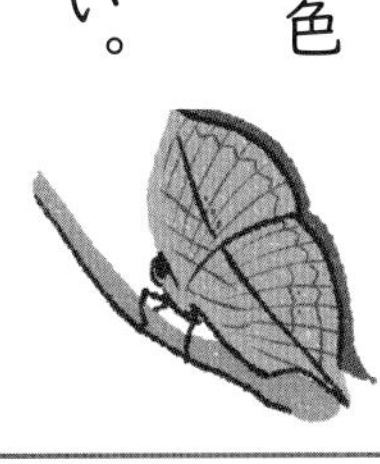	・緑色…草むら ・かっ色…かれ草やおち葉の上 ← （②　）で、すむ場所をえらぶ。	エノキの葉が黄色…体の色も黄色 ← （③　）がへんかすると体の色がかわる。

ア　体の色　イ　まわりの色　ウ　かれ葉

読んで考えたことをつたえ合おう

自然（ぜん）のかくし絵

文しょうを読んで、答えましょう。

木のみきに止まったはずのセミや、草のしげみに下りたはずのバッタを、ふと見うしなうことがあります。

セミやバッタは、木のみきや草の色と見分けにくい色をしています。まわりの色と見分けにくい体の色は、てきから身をかくすのにやく立ちます。身をかくすのにやく立つ色のことをほご色といいます。

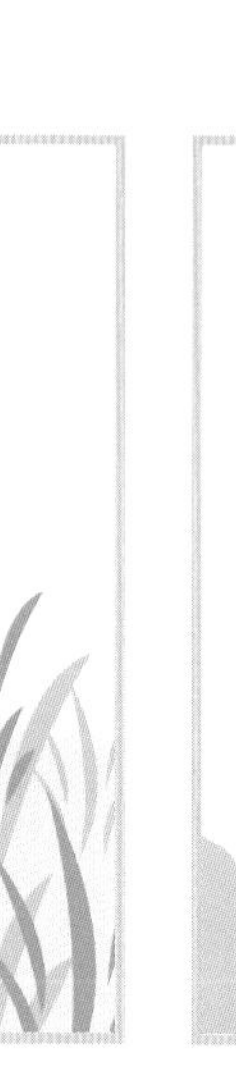

1 「ふと見うしなうことがあります。」について、

① 何を見うしなうのですか。二つ書きぬきましょう。

□□　□□□

② 見うしなうのは、なぜですか。

□□□□や□の色と□□の色と□□□□体の色をしているから。

ヒント 「見うしなう」という意味を考えよう。

2 「ほご色」とは、どんな色のことですか。

（　　　　）から（　　　　）のにやく立つ（　　　　）のこと。

学習日
月　日
教科書
上42〜52ページ
答え
6ページ

こん虫は、ほご色によって、どのようにてきから身をかくしているのでしょうか。

たとえば、コノハチョウの羽は、表はあざやかな青とオレンジ色ですが、うらは、かれ葉のような色をしています。それに、羽をとじたときの形も木の葉そっくりです。そのため、木のえだに止まっていると、えだにのこったかれ葉と見分けがつきません。

矢島　稔「自然のかくし絵」より

3

① 「コノハチョウ」について、羽の色は、それぞれどんな色ですか。文しょうから書きぬきましょう。

・表（　　　　）

・うら（　　　　）

② 羽をとじたときの形は、何にそっくりの形ですか。

（　　　　）

③ てきに見つからないのはなぜですか。

□□□にとまっていると、えだにのこった□□□と見分けがつかないから。

4 この文しょうでは、どんなことを説明（せつめい）していますか。一つに○をつけましょう。

ア（　）こん虫が、ほご色によって身をかくしていること。

イ（　）こん虫は、あざやかな色でもかくれられること。

ウ（　）こん虫を見つけるのは、かんたんだということ。

ヒント　「ほご色」「身をかくす」という言葉がくり返し出てくるよ。

ぴったり1 じゅんび

「わたし」の説明文を書こう
漢字の表す意味

めあて
★つたえたいことの全体と、いちばんつたえたい中心を考えよう。
★漢字の表す意味を考えよう。

学習日 月 日
教科書 上56〜63ページ
答え 6ページ

かきトリ 新しい漢字

教科書57ページ 始 シ はじめる・はじまる 8画
57ページ 係 ケイ かかり・かかる 9画
57ページ 世 セイ・セ よ 5画
57ページ 終 シュウ おわる・おえる 11画
58ページ 苦 ク にがい・にがる・くるしい・くるしむ・くるしめる 8画
58ページ 族 ゾク 11画
59ページ 章 ショウ 11画
62ページ 曲 キョク まがる・まげる 6画
62ページ 板 バン・ハン いた 8画
62ページ 品 ヒン しな 9画
63ページ 皿 さら 5画
63ページ 委 イ ゆだねる 8画
63ページ 員 イン 10画
63ページ 発 ハツ 9画

63ページ 島 トウ しま 10画

1 □に読みがなを書きましょう。

① 書き始める。
② 全●力でたたかう。
③ 動物の世話。
④ 本を参考●にする。
⑤ 苦いくすりをのむ。
⑥ 校歌●をえんそうする。
⑦ 長い文章を読む。
⑧ 大きな島が見える。

●読み方が新しい字

2 □に漢字を、（　）に漢字とおくりがなを書きましょう。

① 図書□（がかり）になる。

② □□（かぞく）とでかける。

③ □□（こくばん）に書く。

④ □（さら）にもりつける。

⑤ 道を（　　）（まがる）。

⑥ 身を（　　）（ゆだねる）。

「わたし」の説明文を書こう

3 話の中心がつたわるように書くときの手じゅんになるように、（　）に番号を書きましょう。

（　）まとまりに分けて、組み立てを考える。

（　）友だちと気づいたことなどをつたえ合う。

（　）つたえたいことの中心を決める。

（　）下書きを作って見直し、かんせいさせる。

（　）つたえたいことをノートに書き出す。

自分のつたえたいこと（＝話の中心）がつたわるようにくふうしよう。

漢字の表す意味

4 つぎの漢字の表す意味を□からえらんで、記号を書きましょう。

① 空
- 空白（　）
- 空中（　）

② 表
- 表紙（　）
- 発表（　）

ア あらわす。　イ からっぽ。ものがない。
ウ おもて。外がわ。　エ そら。

5 □に同じところのある漢字を書きましょう。

①
- □（あたら）しいノート。
- 母□（おや）はやさしい。

②
- □（みち）を歩く。
- 前を□（とお）る。

③
- 世かいの□（くに）。
- □（ず）工の時間。

④
- 話を□（き）く。
- 寺の□（もん）をくぐる。

ぴったり3 たしかめのテスト①

読んで考えたことをつたえ合おう

自然（ぜん）のかくし絵 ～ 漢字の表す意味

時間 20 分

／100

ごうかく 80 点

学習日 月 日

教科書 上42～63ページ

答え 7ページ

文章を読んで、答えましょう。　思考・判断・表現

　では、こん虫は、どんなときでもてきから身を守ることができるのでしょうか。

　こん虫を食べる鳥やトカゲなどが色を見分ける力は、人間と同じくらいです。ですから、こん虫のほご色は、人間の目をだますのと同じくらいに、これらのてきの目をだまして身をかくすのにやく立っていると考えられます。

　こん虫をかんさつしてみると、一日のうちの決まった時間だけ活動し、ほかの時間はじっと休んでいます。多くのこん虫は、この長い時間休む場所の色に、にた色をしてい

1 この文章は、ぜんぶで何だんらくありますか。　10点

（　　）だんらく

よく出る

2 「これらのてき」とありますが、何のことですか。二つ書きぬきましょう。　一つ10点（20点）

（　　）

（　　）

3 こん虫の体の色の説明（せつめい）として、正しいものはどれですか。一つに○をつけましょう。　10点

ア（　）休んでいる場所の色と、にた色をしている。

イ（　）活動している場所の色と、にた色をしている。

ウ（　）えさを食べる場所の色と、にた色をしている。

4 「ほご色」について、

① 「ほご色」は、何をだますのと同じくらいてきをだましているのですか。四字で書きぬきましょう。　10点

［　　　　］をだますのと同じくらい。

② 身をかくすのに「ほご色」がやく立つのは、どんなときですか。七字で書きぬきましょう。　10点

ます。じっとしているかぎり、ほご色は、身をかくすのにやく立ちます。

ところが、こん虫が自分の体の色と同じような色をした所にいたとしても、動いたときなどには、鳥やトカゲに食べられてしまうことがあります。鳥やトカゲなどは、ちょっとした動作を見のがさない、するどい目を持っているからです。

このように、ほご色は、どんな場合でもやく立つとはかぎりませんが、てきにかこまれながらこん虫が生きつづけるのに、ずいぶんやく立っているのです。ほご色は、自然のかくし絵だということができるでしょう。

矢島　稔「自然のかくし絵」より

自分の体と同じような色をした所で
[　　　　]
とき。

できたらスゴイ!

③「ほご色」になる所にいても、こん虫が動いたとき、鳥やトカゲに見つかってしまうのは、なぜですか。 10点

鳥やトカゲなどは、
[　　　　]
するどい目を持っているから。

5 「ところが」という言葉は、文章の中でどんなやくわりをしていますか。一つに○をつけましょう。 10点

ア（　）前に書かれていることの理ゆうをのべる。

イ（　）前に書かれていることとぎゃくのことをのべる。

ウ（　）前に書かれていることのれいをあげる。

考えを書こう

6 筆者がこの文章に「自然のかくし絵」と題名をつけたのはなぜですか。「ほご色」という言葉を使って、考えて書きましょう。 20点

自然の中でこん虫が、

ふりかえり 6が分からないときは、13ページの 3分でワンポイント をたしかめよう。

読んで考えたことをつたえ合おう

自然のかくし絵 ～ 漢字の表す意味

1 読みがなを書きましょう。 一つ2点(20点)

① 身長（　　）を計る。
② 決意（　　）をかためる。
③ 算数の 問題（　　）。
④ お気に入りの 筆（　　）ばこ。
⑤ 有（　　）り合わせの物。
⑥ 開始の 合図（　　）。
⑦ 返事（　　）を書く。
⑧ 外国の 作曲（　　）家。
⑨ 大切な 品物（　　）。
⑩ 日本は 島国（　　）である。

2 □に漢字を、（　）に漢字とおくりがなを書きましょう。 一つ2点(20点)

① すばやく □（うご）く。
② 大切な □□（ぶぶん）。
③ □□（とかい）でくらす。
④ □□（すいえい）教室に通（かよ）う。
⑤ 公園の □（ゆう）具（ぐ）。
⑥ 生き物の □□（せわ）。
⑦ □（にが）いのみもの。
⑧ □□（はっぴょう）する。
⑨ ひなを（　　　）（はぐくむ）。
⑩ （　　　）（まったく）知らない。

時間 20分

／100

ごうかく 80点

学習日

月　　日

教科書

上42～63ページ

答え

8ページ

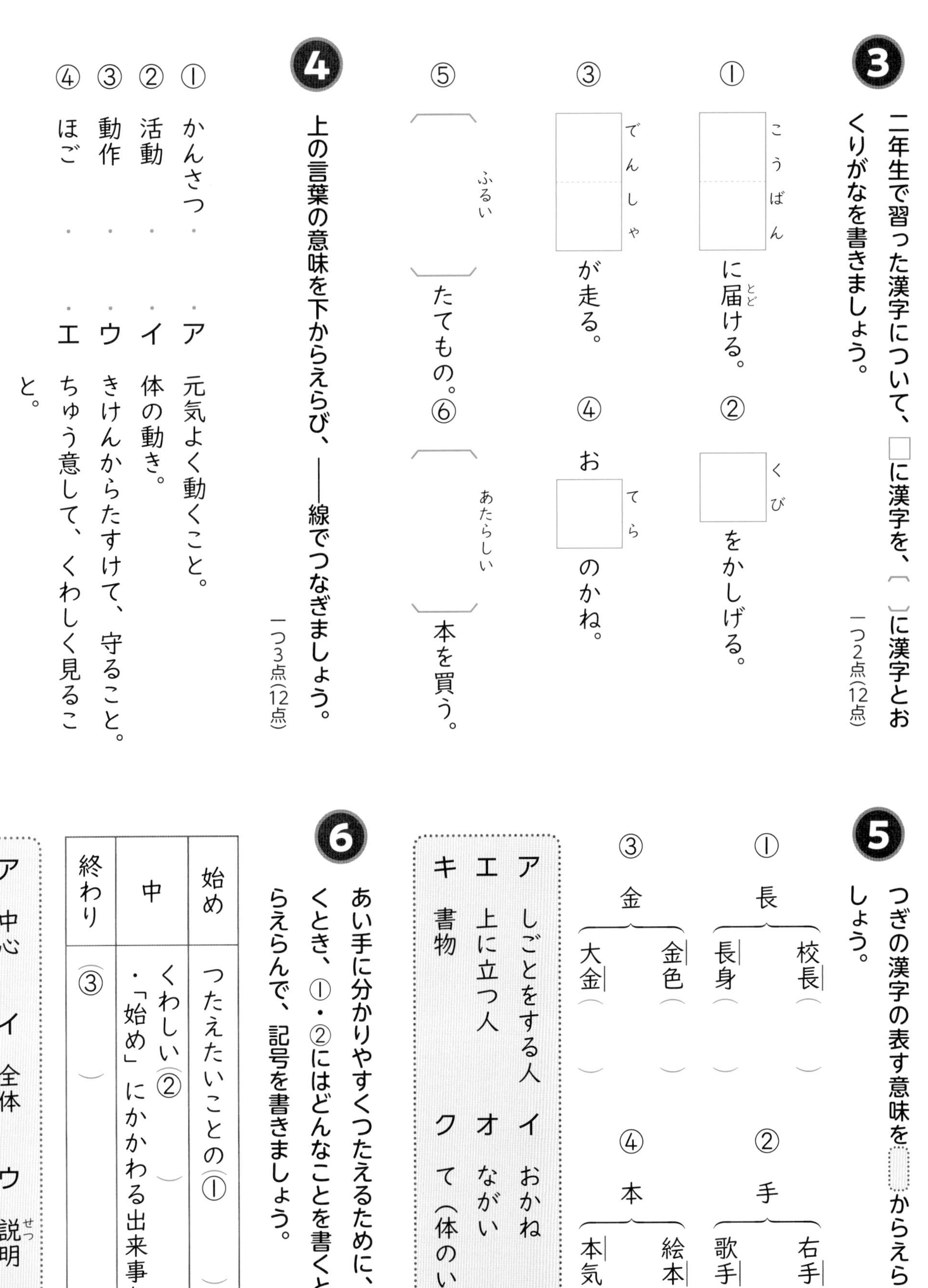

3 二年生で習った漢字について、□に漢字を、〔　〕に漢字とおくりがなを書きましょう。

一つ2点（12点）

① □□（こうばん）に届（とど）ける。

② □（くび）をかしげる。

③ □□（でんしゃ）が走る。

④ お□（てら）のかね。

⑤ 〔　　〕（ふるい）たてもの。

⑥ 〔　　〕（あたらしい）本を買う。

4 上の言葉の意味を下からえらび、——線でつなぎましょう。

一つ3点（12点）

① かんさつ・　　・ア 元気よく動くこと。

② 活動・　　・イ 体の動き。

③ 動作・　　・ウ きけんからたすけて、守ること。

④ ほご・　　・エ ちゅう意して、くわしく見ること。

5 つぎの漢字の表す意味を□からえらんで、記号を書きましょう。

一つ3点（24点）

① 長　校長（　　）　長身（　　）

② 手　右手（　　）　歌手（　　）

③ 金　金色（　　）　大金（　　）

④ 本　絵本（　　）　本気（　　）

ア しごとをする人　イ おかね　ウ ほんとうの
エ 上に立つ人　オ ながい　カ おうごん
キ 書物　ク て（体のいちぶ）

6 あい手に分かりやすくつたえるために、つぎの組み立てで書くとき、①・②にはどんなことを書くとよいですか。□からえらんで、記号を書きましょう。

一つ4点（12点）

始め	つたえたいことの①（　　）
中	くわしい②（　　） ・「始め」にかかわる出来事など
終わり	③（　　）

ア 中心　イ 全体　ウ 説明（せつ）　エ まとめ

物語をみじかくまとめてしょうかいしよう

ワニのおじいさんのたから物

漢字を使おう3

人物やものの様子を表す言葉

川崎（かわさき） 洋（ひろし）

めあて

★場面ごとに出来事をせい理して読もう。
★出来事のへんかにちゅう意して読もう。
★様子を表す言葉を考えよう。

学習日　　月　　日

教科書 上64～79ページ

答え 8ページ

かきトリ 新しい漢字

教科書66ページ 寒 カン さむい 12画
67ページ 相 ソウ あい 9画
67ページ 死 シ しぬ 6画
68ページ 君 クン きみ 7画
69ページ 安 アン やすい 6画
69ページ 急 キュウ いそぐ 9画
71ページ 橋 キョウ はし 16画
74ページ 登 トウ・ト のぼる 12画
77ページ 血 ケツ ち 6画
77ページ 申 もうす 5画
77ページ 由 ユ・ユウ 5画
78ページ 想 ソウ 13画

1 （　）に読みがなを書きましょう。

① 冬の 寒（　　）い日。

② 君（　　）の考えを聞く。

③ 橋（　　）をわたる。

④ 血（　　）が出る。

2 □に漢字を、（　）に漢字とおくりがなを書きましょう。

① □（そう）談（だん）する。

② 日記に書き□（●しる）す。

③ □□（とう●じょう）人物

④ □□（や●ちょう）のかんさつ。

⑤ 先を（　いそぐ　）。

⑥ 消（け）しゴムが（　やすい　）。

●読み方が新しい字

3 正しい意味に○をつけましょう。

① この土地（と）とはえんがない。

ア（　）つながりがないこと。

イ（　）お金がないこと。

② お母さんが、すっとんきょうな声を出した。

ア（　）とても大きな声。

イ（　）調子はずれの声。

③ トンネルをくぐりぬける。

ア（　）走って通ること。

イ（　）通りぬけること。

4 つぎの文の（　）に入る言葉を［　］からえらんで、記号を書きましょう。

① テレビがおもしろくて、（　）わらう。

② おいしいごはんを（　）食べる。

［ア ゆらゆら　イ ばらばら　ウ もりもり　エ しげしげ　オ げらげら］

3分でワンポイント

場面ごとの出来事をせい理して、あらすじをつかもう。

★①～③の（　）に合う言葉を［　］の中からえらんで、記号を書きましょう。

場面	出来事
おにの子がワニと出会う。	ワニ　じっとして動かない。 おにの子　ワニは①（　）と思う。
ワニが目を開ける。	ワニ　たから物を取ろうとするやつからにげてきたと話す。 おにの子　②（　）を知らない。
地図を手に入れる。	ワニ　おにの子にたから物の地図を教え、たしかめるようつたえる。
たから物をみつける。	おにの子　たから物とは世かい中でいちばんすてきな③（　）だと思う。

［ア 夕やけ　イ たから物　ウ 死んだんだ］

物語をみじかくまとめてしょうかいしよう

ワニのおじいさんのたから物

文章を読んで、答えましょう。

ある天気のいい日に、ぼうしをかぶったおにの子は、川ぎしを歩いていて、水ぎわでねむっているワニに出会いました。

ワニを見るのは生まれてはじめてなので、おにの子は、そばにしゃがんで、しげしげとながめました。

相当年を取っていて、はなの頭からしっぽの先まで、しわしわくちゃくちゃです。人間でいえば、百三十さいくらいの感じ。

ワニは、ぜんぜん動きません。

死んでいるのかもしれない――と、おにの子は思いました。

1 この場面には、どんなおにの子が出てきますか。一つに○をつけましょう。

ア（　）ぼうしをかぶったおにの子。
イ（　）しわしわくちゃくちゃのおにの子。
ウ（　）頭につのが生えたおにの子。

2 「しげしげとながめました。」とありますが、なぜワニをしげしげとながめたのですか。文章から書きぬきましょう。

ワニを［　　　　　　　　］見たから。

ヒント すぐ前の文に注目しよう。

3 おにの子が出会ったのはどんな様子のワニでしたか。

年を取っていて、（　　　）から（　　　）まで、（　　　）で、（　　　）

学習日　月　日
教科書 上64〜76ページ
答え 9ページ

「ワニのおじいさん。」

と、よんでみました。

ワニは、目をつぶり、じっとしたまま。

あ、おじいさんでなくて、おばあさんなのかもしれない――と思いました。

「ワニのおばあさん。」

やっぱり、ワニはぴくりとも動きません。

死んだんだ――と、おにの子は思いました。

おにの子は、そのあたりの野山を歩いて、地面におちているホオノキの大きな葉っぱをひろっては、ワニの所にはこび、体のまわりにつみ上げていきました。

朝だったのが昼になり、やがて夕方近くなって、ワニの体は、半分ほどホオノキの葉っぱでうまりました。すると、

「ああ、いい気持ちだ。」

と、ワニはつぶやきながら目を開けたのです。

川崎　洋「ワニのおじいさんのたから物」より

人間でいうと、（　　　　）さいくらいのワニ。

4 「地面におちているホオノキの大きな葉っぱをひろっては、ワニの所にはこび、体のまわりにつみ上げていきました。」について、

① おにの子がワニの体のまわりにホオノキの葉っぱをつみ上げていったのは、なぜですか。一つに○をつけましょう。

ア（　）どれぐらいつみ上げていくと、ワニが目をさますかたしかめようと思ったから。

イ（　）天気のいい日とは言え、道でじっとしていると寒いだろうと思ったから。

ウ（　）声をかけてもぴくりとも動かないので、「死んだんだ」と思ったから。

ヒント　すぐ前の文に注目しよう。

② おにの子は、どれくらいの時間、どれくらいホオノキの葉っぱをはこびましたか。

朝から（　　　　）なるまではこび、

ワニの体が（　　　　）うまるくらいはこんだ。

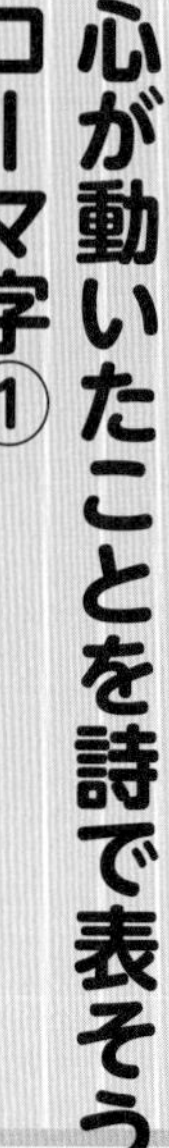

心が動いたことを詩で表そう
ローマ字①

★めあて
★心にのこっているものをテーマに、言葉をえらんで詩を作ろう。
★ローマ字の書き方をたしかめよう。

学習日　月　日
教科書　上80～89ページ
答え　9ページ

かきトリ　新しい漢字

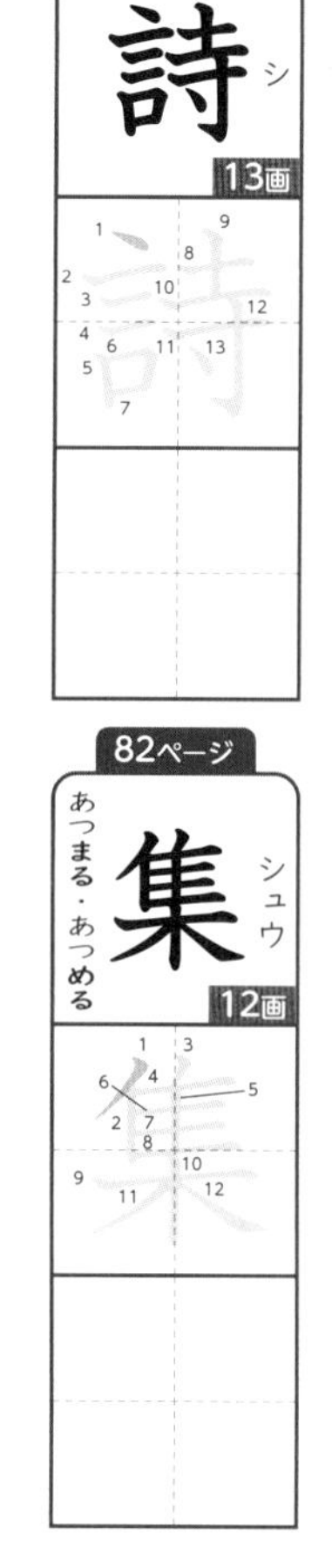

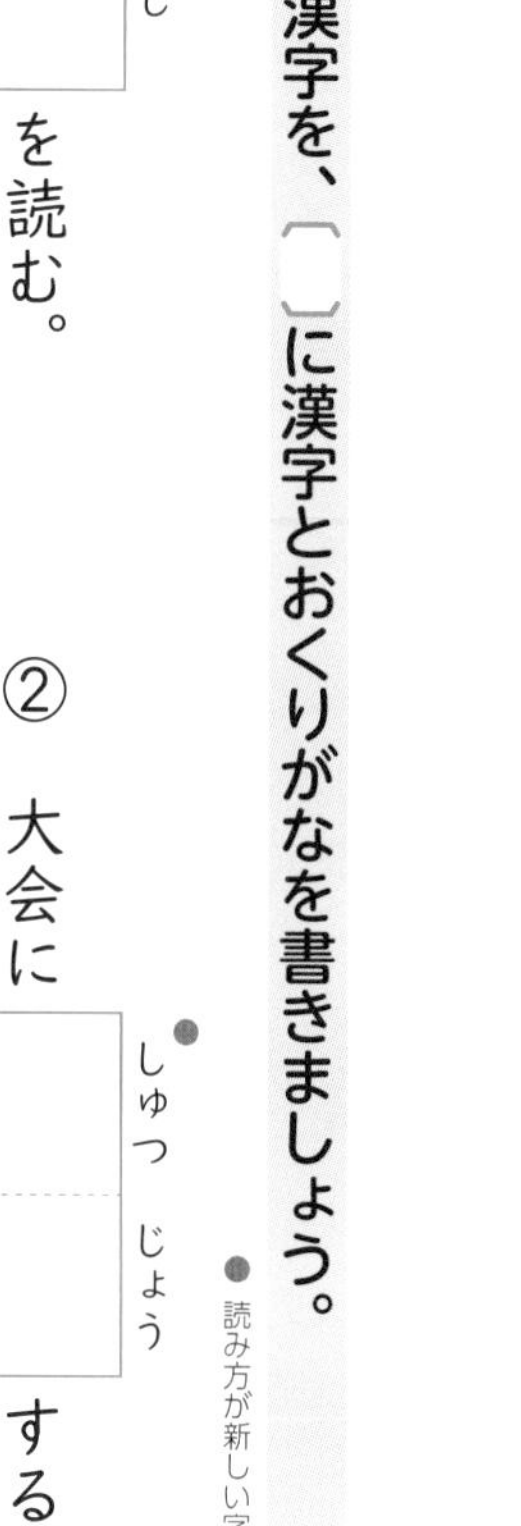

1 □に漢字を、〔　〕に漢字とおくりがなを書きましょう。　●読み方が新しい字

① □（し）を読む。
② 大会に□□（しゅつじょう）する。
③ 全校□□（しゅうかい）
④ やさしい□□（ことば）。
⑤ コインを〔　　（あつめる）〕。
⑥ 歌で〔　　（あらわす）〕。

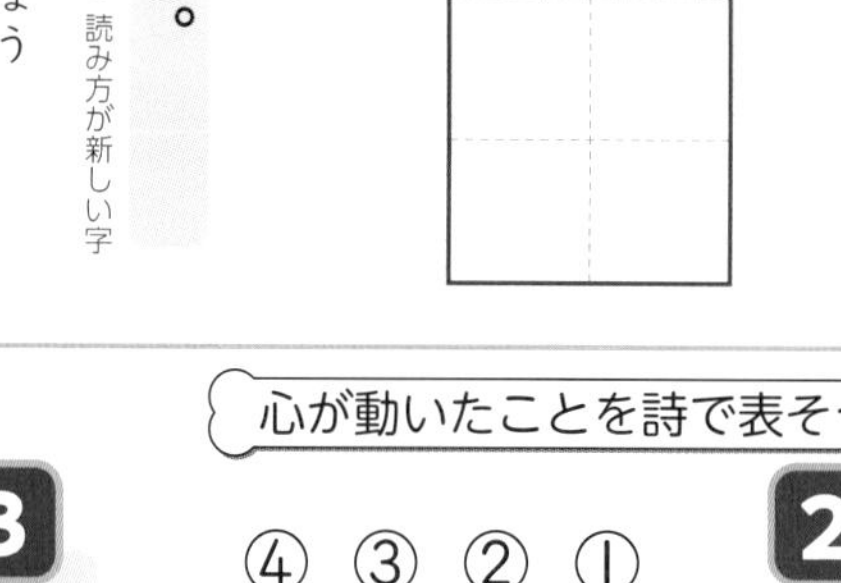

心が動いたことを詩で表そう

2 詩の作り方として正しいもの全てに○をつけましょう。

①（　）心にのこっていることからえらぶ。
②（　）ものの形や色などを思い出して言葉を集める。
③（　）にているものにたとえて書くとよい。
④（　）長い文章で書くとよい。

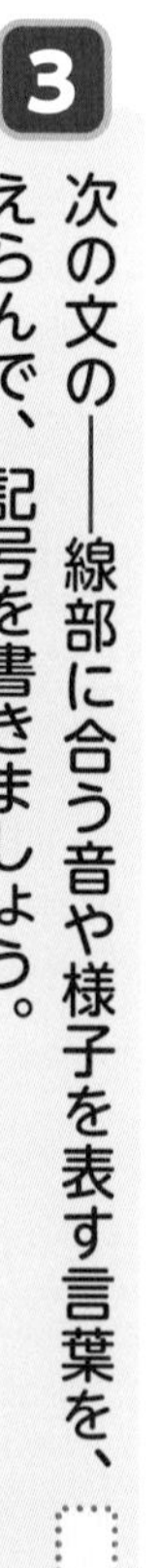

3 次の文の——線部に合う音や様子を表す言葉を、［　］からえらんで、記号を書きましょう。

①（　）お母さんが、部屋（へや）のとびらをたたく。
②（　）赤ちゃんが、気持ちよさそうにねている。
③（　）夏の太陽（たいよう）がまぶしく照（て）っている。
④（　）雨がしずかにふっている。

ア　すやすや　イ　ぎらぎら
ウ　コンコン　エ　しとしと

4 つぎのひらがなを表すローマ字を書きましょう。

① か
② き
③ く
④ け
⑤ こ
⑥ びゃ
⑦ びゅ
⑧ びょ

5 つぎのローマ字を、ひらがなに直しましょう。

① hon
（　　　）
② obâsan
（　　　）
③ syakai
（　　　）
④ byôin
（　　　）
⑤ gin'iro
（　　　）

6 つぎのひらがなを、ローマ字に直しましょう。

① いか
② お母さん（おかあさん）
③ でんわ
④ がっき
⑤ めだか
⑥ 北海道（ほっかいどう）
⑦ おかし（二つの書き方で）
⑧ しゅみ（二つの書き方で）

ほかの書き方ができるものも、合わせておぼえよう。

物語をみじかくまとめてしょうかいしよう

ワニのおじいさんのたから物 〜 ローマ字①

時間 20分

／100

ごうかく 80点

学習日

月　日

教科書 上64〜89ページ

答え 10ページ

文章を読んで、答えましょう。

思考・判断・表現

「君は、たから物というものを知らないのかい？」

ワニのおじいさんは、おどろいて、すっとんきょうな声を出しました。

そして、しばらくまじまじとおにの子の顔を見ていましたが、やがて、そのしわしわくちゃくちゃの顔で、にこっとしました。

「君に、わしのたから物をあげよう。これで、わしも、心おきなくあの世へ行ける。うん、そうしよう。」

ワニのおじいさんのせなかのしわが、じつは、たから物のかくし場所を記した地図になっていたのです。

ワニのおじいさんに言われて、おにの子は、おじいさんのせなかのしわ地図を、しわのない紙にかきうつしました。

「では、行っておいで。わしは、この葉っぱのふとんでもうひとねむりする。たから物ってどういうものか、君の目でたしかめるといい。」

そう言って、ワニのおじいさんは目をつぶりました。

1 「すっとんきょうな声を出しました。」とありますが、ワニのおじいさんがこのような声を出したのはなぜですか。 10点

ア（　）おにの子が、たから物を見つけられなかったから。

イ（　）おにの子が、ワニのおじいさんのたから物をほしがったから。

ウ（　）おにの子が、たから物を知らないことにおどろいたから。

よく出る

2 ワニのおじいさんのたから物のかくし場所が記された地図はどのようなものでしたか。 10点

ワニのおじいさんの（　　　　）。

3 「地図の×じるしの場所」について、おにの子が、その場所へたどりつくまでの道のりとして、正しいじゅん番になるように、数字を入れましょう。 すべてできて20点

おにの子は、地図を見ながら、とうげをこえ、けもの道を横切り、つり橋をわたり、谷川にそって上り、岩あなをくぐりぬけ、森の中で何ども道にまよいそうになりながら、やっと地図の×(ばつ)じるしの場所へたどりつきました。

そこは、切り立つようながけの上の岩場でした。

そこに立ったとき、おにの子は目を丸くしました。口で言えないほどうつくしい夕やけが、いっぱいに広がっていたのです。

思わず、おにの子はぼうしを取りました。

これがたから物なのだ――と、おにの子はうなずきました。

ここは、世かい中でいちばんすてきな夕やけが見られる場所なんだ――と思いました。

その立っている足もとに、たから物を入れたはこがうまっているのを、おにの子は知りません。

おにの子は、いつまでも夕やけを見ていました。

川崎　洋「ワニのおじいさんのたから物」より

（　）谷川にそって上る。
（　）とうげをこえる。
（　）つり橋をわたる。
（　）けもの道を横切る。
（　）岩あなをくぐりぬける。
（　）森の中でまよう。

できたらスゴイ!

4 「これがたから物なのだ」とありますが、おにの子とワニのおじいさんの「たから物」は、何ですか。　一つ20点(40点)

・おにの子

・ワニのおじいさん

考えを書こう

5 「おにの子は、いつまでも夕やけを見ていました。」とありますが、なぜですか。考えて書きましょう。　20点

ふりかえり　5が分からないときは、23ページの 3分でワンポイント にもどってかくにんしてみよう。

物語をみじかくまとめてしょうかいしよう
ワニのおじいさんのたから物 ～ ローマ字①

時間 20分

／100

ごうかく 80点

学習日 月 日

教科書 上64～89ページ

答え 11ページ

1 読みがなを書きましょう。 一つ2点(20点)

① 話し相手。（　）

② 生と死。（　）

③ 安心する気持ち。（　）

④ 急に暑(あつ)くなる。（　）

⑤ 書き記す。（　）

⑥ 歩道橋をわたる。（　）

⑦ 物語の登場人物。（　）

⑧ 金づちを使う。（　）

⑨ 理由を伝(つた)える。（　）

⑩ 気持ちを想像(ぞう)する。（　）

2 □に漢字を、（　）に漢字とおくりがなを書きましょう。 一つ2点(20点)

① □(きみ)のおかげだ。

② ねだんが□(やす)い。

③ つり□(ばし)がゆれる。

④ □□(こうどう)する。

⑤ ひざから□(ち)が出る。

⑥ □(し)を読む。

⑦ 言葉の□□(ゆらい)。

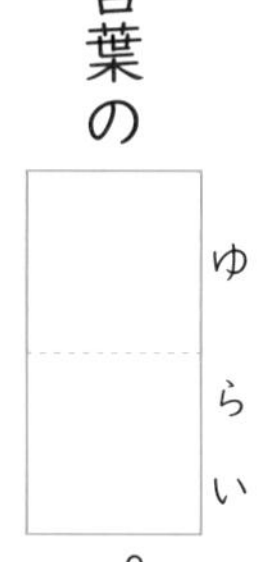

⑧ 町の□□□(としょかん)。

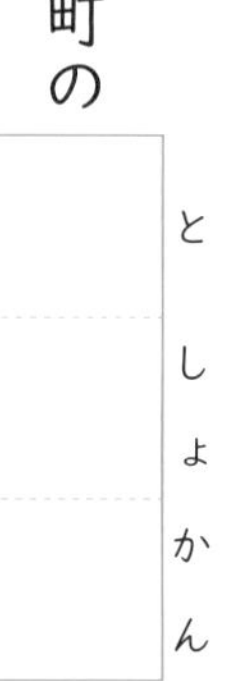

⑨ 冬は（さむい）。

⑩ かき（あつめる）。

3 つぎのひらがなを、ローマ字に直しましょう。

一つ5点(25点)

① いもうと

② せっけん

③ としょかん

④ せんぷうき

⑤ とうきょう

4 つぎのローマ字を、ひらがなに直しましょう。

一つ5点(20点)

① tokei
(　　　　)

② ryokan
(　　　　)

③ onîsan
(　　　　)

④ mokkin
(　　　　)

5 思考・判断・表現

つぎの「人物やものの様子を表す言葉」を使って、みじかい文を作りましょう。

一つ5点(15点)

① げらげら

② わいわい

③ ぽつぽつ

ふりかえり ⑤が分からないときは、23ページの④にもどってかくにんしてみよう。

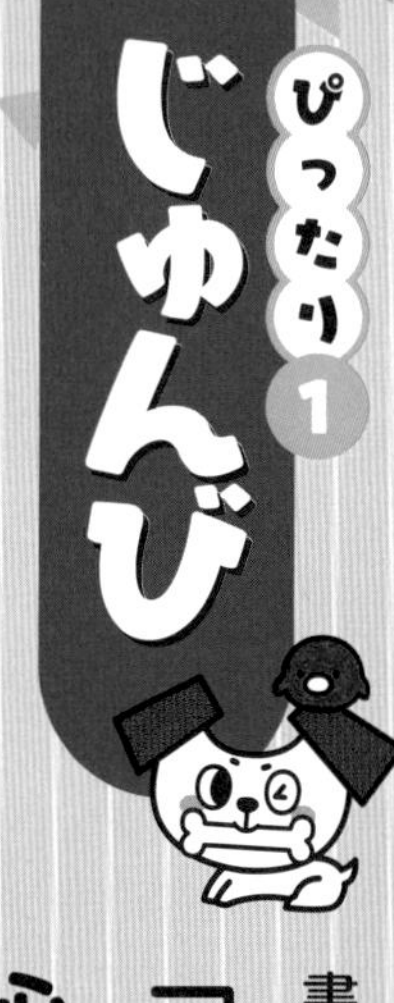

書き手のくふうを考えよう

「給食(きゅう)だより」を読みくらべよう

心の養分(ようぶん)

めあて

★書き手のくふうから、つたえたいことをとらえよう。

★図や表などと文章のつながりを考えながら読もう。

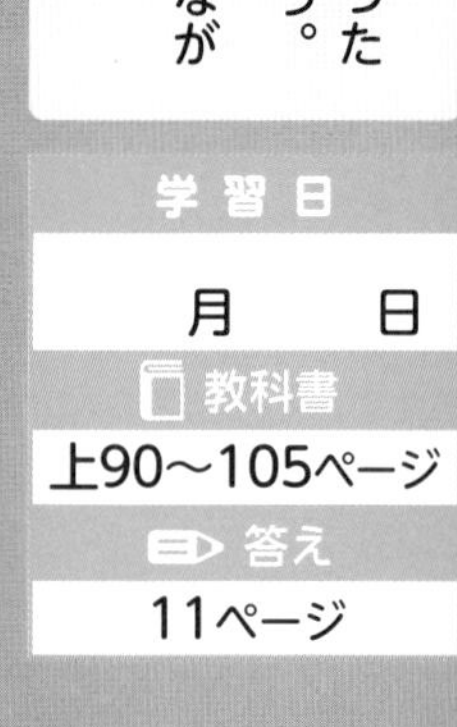

学習日
月　日
教科書
上90〜105ページ
答え
11ページ

かきトリ 新しい漢字

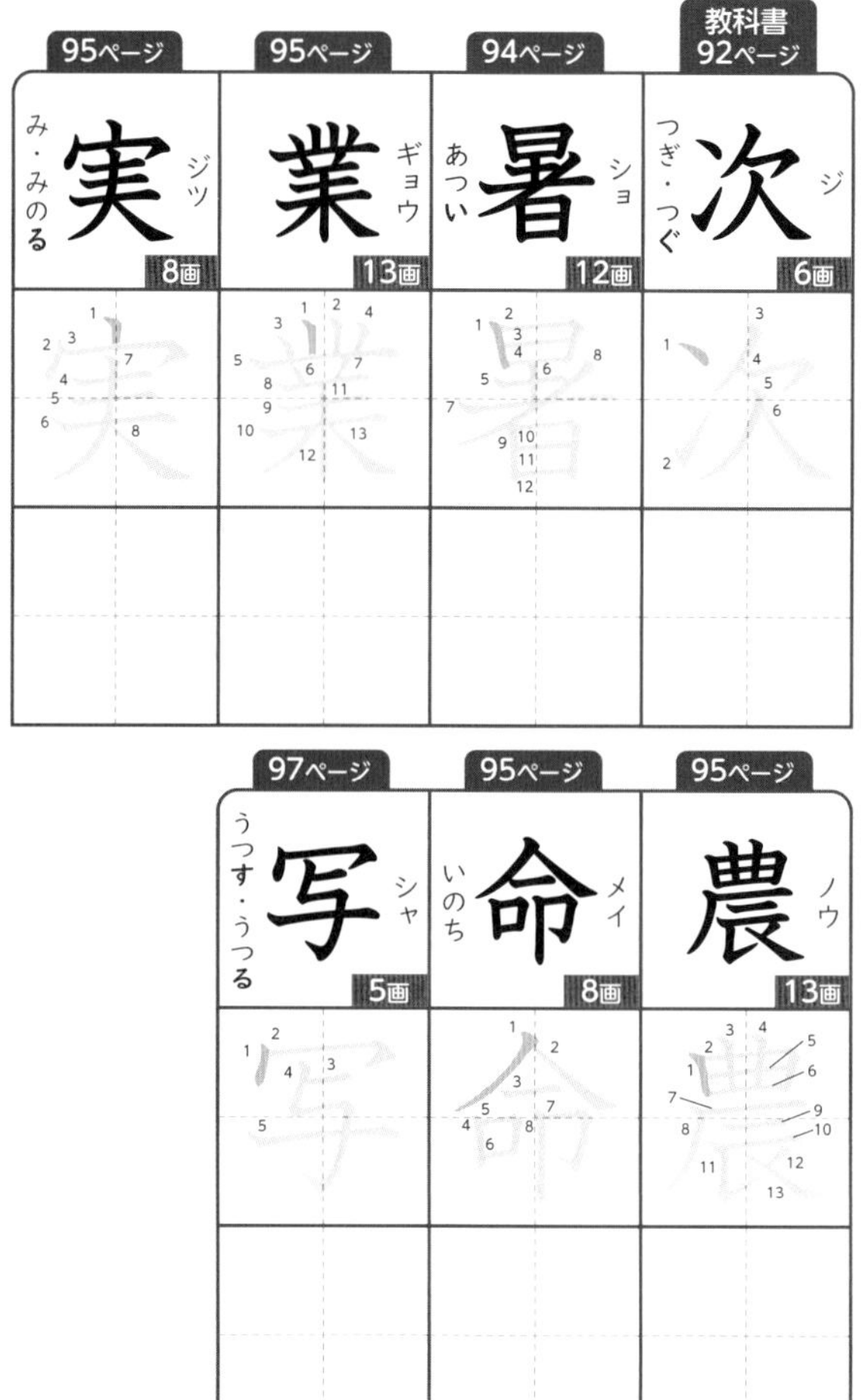

教科書92ページ	94ページ	95ページ	95ページ
次 ジ つぎ・つぐ 6画	暑 ショ あつい 12画	業 ギョウ 13画	実 ジツ み・みのる 8画

95ページ	95ページ	97ページ
農 ノウ 13画	命 メイ いのち 8画	写 シャ うつす・うつる 5画

1 （　）に読みがなを書きましょう。

① 次回（　）のよてい。

② りんごの実（　）がなる。

2 □に漢字を、（　）に漢字とおくりがなを書きましょう。

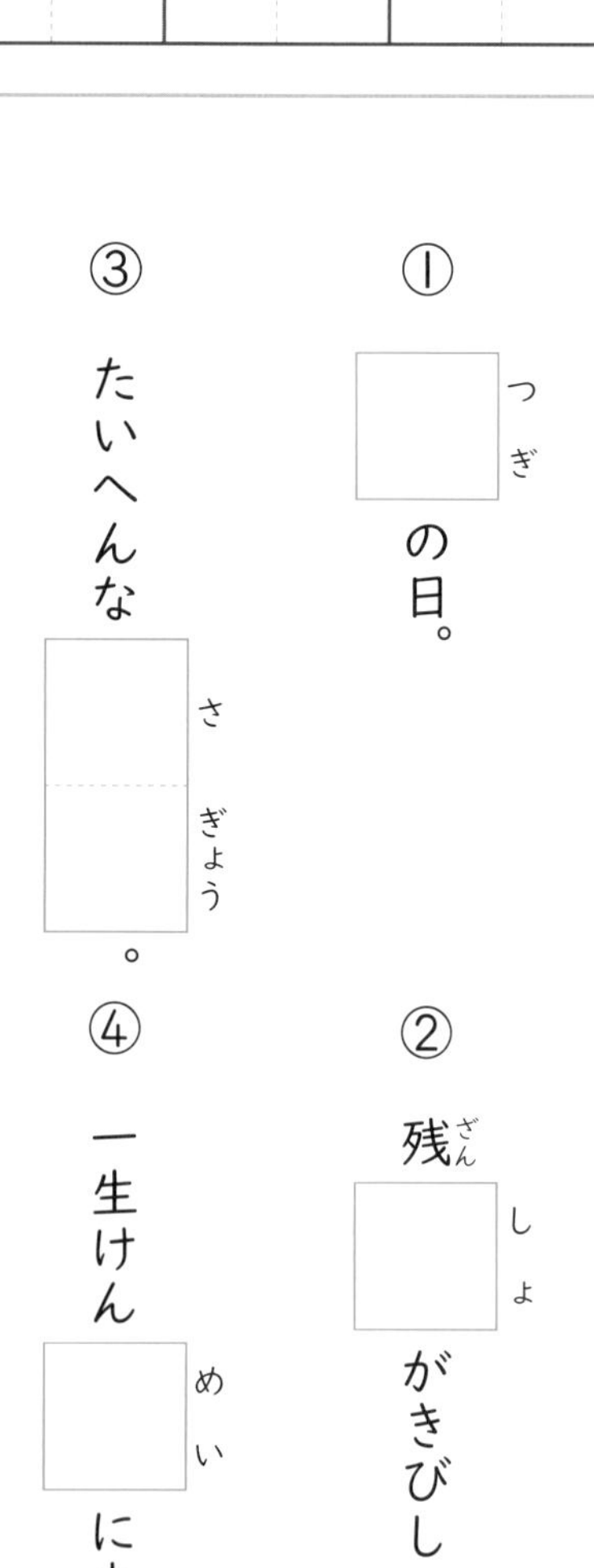

① □(つぎ)の日。

② 残(ざん)□(しょ)がきびしい。

③ たいへんな□□(さぎょう)。

④ 一生けん□(めい)に走る。

⑤ □□(のうか)ではたらく。

⑥ □(しゃ)しんをとる。

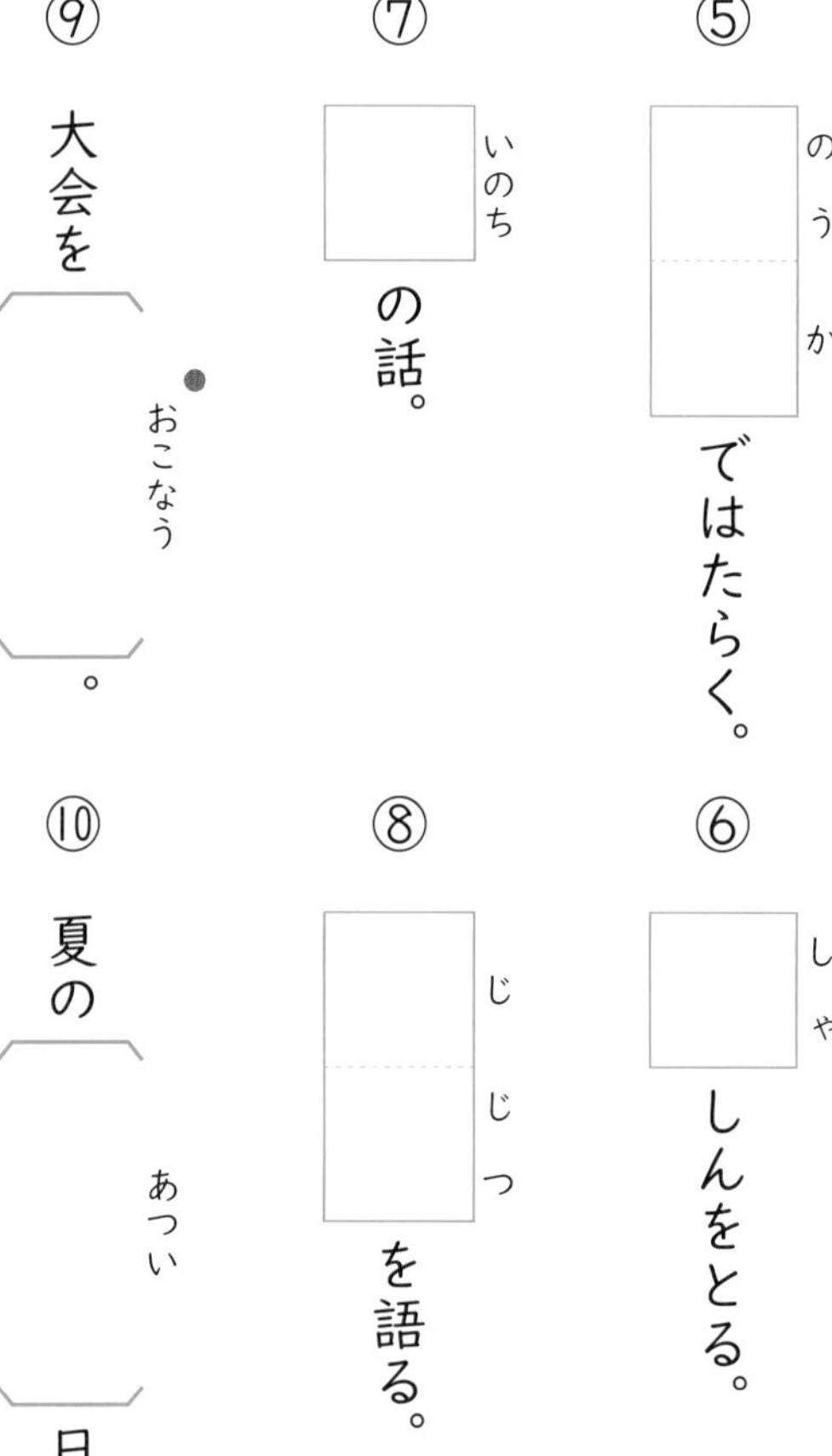

⑦ □(いのち)の話。

⑧ □□(じじつ)を語る。

⑨ 大会を（　　）(●おこなう)。

⑩ 夏の（　　）(あつい)日。

● 読み方が新しい字

3 正しい意味に○をつけましょう。

① かみの毛をととのえる。
ア（　）きちんとする。
イ（　）様子をみる。

② つかれて、体がだるい。
ア（　）びょう気になって、あちこちがいたむ。
イ（　）元気がなく、体を動かしたくない感じだ。

③ 考えがかたよる。
ア（　）ほかに気になるものがあること。
イ（　）つりあいがとれていないこと。

4 次の言葉の意味を下からえらんで、——線でつなぎましょう。

① 養分 ・　　・ア ほしいものを店にたのむこと。
② ちゅう文 ・　　・イ いろいろな記事などがのった、きまったじきに発行される書物。
③ ざっし ・　　・ウ 体などが育つためのえいようになる、せい分。

3分でワンポイント

二つの文章を読みくらべよう。

二つの「給食だより」を読みくらべてみましょう。

★①～③の（　）に合う言葉を［　］の中からえらんで、記号を書きましょう。

	たより①	たより②
内よう	・トマトやキュウリには①（　）がある。 ・食べると夏のつかれをふせいでくれる。	・育てている人たちのあいじょうがこめられている。 ・のこすと②（　）の問題につながる。

→ たより①もたより②も、いちばんつたえたいことは、③（　）ということ。

ア しっかりと野菜(さい)を食べよう
イ 食品ロス
ウ えいよう

書き手のくふうを考えよう

「給食だより」を読みくらべよう
心の養分

時間 20分　／100　ごうかく 80点

学習日　月　日

教科書 上90〜105ページ　答え 12ページ

文章を読んで、答えましょう。　思考・判断・表現

たより①

給食で出した野菜が毎日のこっています。わたしたちは、みなさんに、しっかりと野菜を食べてほしいと思っています。なぜなら、野菜には、大切なえいようがあるからです。

たとえば、夏の野菜であるトマトには、ビタミンというものがふくまれています。このビタミンは、体の調子をととのえるのに、なくてはならないものです。同じ夏の野菜であるキュウリには、カリウムというものがふくまれています。これは、体の中の水分を調節するはたらきをするものです。このほか、トマトやキュウリには水分も多くふくまれているので、あせをかく暑いときに食べるのに、ちょうどよい野菜です。

また、暑くなってくると、食よくがなくなったり体調をくずしやすくなったりします。食よくがなくなってくると、食べやすいものやさっぱりしたものしか食べたくなくなり、えいようがかたよってしまいがちです。そうすると、よけいに体がだるくなったり、つかれやすくなったりします。そんな夏のつかれをふせぐためにも、えい

よく出る

1 この二つの文章について、

(1) 何について書かれていますか。それぞれ二つずつあとからえらんで、記号を書きましょう。　一つ5点(20点)

・たより①（　）（　）　たより②（　）（　）

ア 野菜にえいようがあることについて。
イ 野菜を育ててくれている人について。
ウ 食品ロスが発生していることについて。
エ 給食を作ってくれている人について。
オ 野菜がつかれをふせぐことについて。

(2) どちらも同じことをつたえようとしています。それは何ですか。　一つ10点(20点)

給食で野菜が（　　　　）いるので、
しっかりと野菜を（　　　　）ということ。

2 たより①によると、トマトとキュウリのとくちょうは何ですか。　一つ5点(20点)

この本の終わりにある「夏のチャレンジテスト」をやってみよう！

ようがたくさんふくまれる野菜を食べることが大切なのです。

たより②

給食で出した野菜が毎日のこっています。わたしたちは、みなさんに、しっかりと野菜を食べてほしいと思っています。なぜなら、育てている人たちのあいじょうがこめられた野菜をのこすのは、もったいないことだからです。

たとえば、夏の野菜であるトマトを作るためには、「わきめかき」という作業がいります。わきめとは、えだと葉の間から生えてくるめのことで、トマトの実を大きく育てるためには、このわきめをつみとらなければなりません。わきめかきは、一つ一つ手作業で行うのでとてもたいへんな作業ですが、トマトをおいしく食べてもらうために、あいじょうをこめて行っているのです。

また、みなさんは「食品ロス」ということを知っていますか。これは、本来食べることができたはずの食品が、多くすてられてしまっているという問題です。日本では、１年間にやく６００万トンもの食品ロスが発生しているといわれています。これは、一人一人が、毎日茶わん１ぱい分のごはんをすてているのと同じくらいの計算になります。農家のかたが一生けん命に育ててくれた野菜をのこしてしまうと、ざんねんなことに、この食品ロスの一部となってしまいます。

「『給食だより』を読みくらべよう」より

トマトには、（　　　）がふくまれていて、（　　　）をととのえてくれる。

キュウリには、（　　　）がふくまれていて、（　　　）を調節してくれる。

できたらスゴイ！

3 「『わきめかき』という作業」が、トマトを作るためにいるのは、なぜですか。 20点

トマトの実を［　　　　　　］ため。

考えを書こう

4 二つの文章を読んで、あなたが野菜の大切さを感じたのは、どちらですか。一つえらんで〇をつけて、理由を書きましょう。 20点

（　）たより①　（　）たより②

理由

ふりかえり ④が分からないときは、33ページの 3分でワンポイント にもどってかくにんしてみよう。

詩を読もう

紙ひこうき
夕日がせなかをおしてくる
案内の手紙を書こう

めあて
★様子を表す言葉に気をつけて、詩を読もう。
★つたえたいことを考えて、手紙を書こう。

学習日
月　日

教科書
上108〜115ページ

答え
13ページ

1 （　）に読みがなを書きましょう。

●読み方が新しい字

① まっかな●太（　）よう。
② 歌を●合（　）しょうする。
③ 学校に●通（　）う。

2 上の言葉につながる言葉を下からえらんで、――線でつなぎましょう。

① ゆうらゆら・　　・ア　とぶ。
② きらきら・　　・イ　ゆれる。
③ すういと・　　・ウ　ふりむく。
④ ぐるりと・　　・エ　光る。

どんな様子を表す言葉か考えよう。

3 正しい意味に○をつけましょう。

① ヘリコプターがちゃくりくする。
ア（　）地上から空へとびたつこと。
イ（　）空から地上におりること。

② 兄がうっかりして、ねすごす。
ア（　）起きる時間になってもねている。
イ（　）ふとんの中でだらだらとする。

③ サッカークラブのかんとくがどなる。
ア（　）大きな声でさけぶ。
イ（　）小さめの声でちゅう意する。

④ 言葉を書き足す。
ア（　）いらない部分をけずること。
イ（　）たりない部分をくわえること。

4 詩についての次の文の（　）に合う言葉を［　］からえらんで、記号を書きましょう。

① 詩の中のまとまりを（　）という。一つ目の連(れん)を（　）、二つ目の連をだい二連という。

② 詩を読むときは、（　）を表す言葉や、声の（　）などをくふうしながら読む。

ア だい一連　イ 様子　ウ 名前
エ 連　オ 段落(だんらく)　カ 強弱

5 次の（　）のしじにしたがって、まちがいをさがして、れいのように右に書き直しましょう。

れい　運動(うん)会が（を）始めます。

①（言葉の使い方を正しく直しましょう。）
・日曜日に、小学校に運動会があります。

②（文の終わりをていねいな言い方に直しましょう。）
・みなさんで、運動会を見に来てよ。

6 だいじなことがつたわる手紙の書き方について（　）に合う言葉を［　］からえらんで、記号を書きましょう。

おじいちゃんへ
　さわやかな秋風がふくころになりました。おかわりありませんか。

　十月五日の午前九時から午後四時まで、わたしたちの小学校で運動会があります。一年生から六年生までのかくクラスを赤色と白色の二色に分けて、きそいます。

　わたしたちのクラスは、赤色です。わたしは、「ときょうそう」や「色べつたいこうリレー」などに出場します。一生けん命走って一番でゴールできるように、がんばるので、おじいちゃんに見に来てほしいです。

　プログラムと学校の地図をいっしょにおくります。ぜひ、見に来てください。

山本　ゆい

①（　）あいさつの言葉
②（　）どんな行事か
来てほしい気持ち
③（　）

ア 自分の名前　イ 手紙を出す相手
ウ 手紙を出した日　エ 行事の日時、場所

3分でまとめ

慣用句（かんようく）を使おう／グループの合い言葉を決めよう
漢字を使おう4／主語とじゅつ語、つながってる？

◎めあて
★慣用句の使い方や意味を理かいしよう。
★話し合いのときの役わりを知ろう。
★主語とじゅつ語をたしかめよう。

学習日　月　日

教科書 上116～129ページ

答え 13ページ

かきトリ 新しい漢字

教科書ページ	漢字	読み	画数
117ページ	助	ジョ／たすける・たすかる	7画
118ページ	落	ラク／おちる・おとす	12画
120ページ	進	シン／すすむ・すすめる	11画
122ページ	役	ヤク	7画
123ページ	負	フ／まける・まかす・おう	9画
123ページ	勝	ショウ／かつ	12画
125ページ	区	ク	4画
127ページ	丁	チョウ	2画
127ページ	県	ケン	9画
127ページ	屋	オク／や	9画
127ページ	根	コン／ね	10画
127ページ	投	トウ／なげる	7画
127ページ	球	キュウ／たま	11画
127ページ	打	ダ／うつ	5画
128ページ	主	シュ／ぬし・おも	5画

1 （　）に読みがなを書きましょう。

① 勝負（　　）に勝つ。

② 家の 屋根（　　）。

③ ●町内（　　）のおまつり。

④ 県（　　）立（りつ）の図書館。

●読み方が新しい字

2 □に漢字を、（　）に漢字とおくりがなを書きましょう。

① 人と □（たす）け合う。

② ボールを □（う）つ。

③ ペンを（おとす）。

④ 足を（すすめる）。

慣用句を使おう

3 次の慣用句の意味に○をつけましょう。

① 道草を食う。

ア（　）目てき地に行くとちゅうでほかのことをする。

イ（　）道ばたの花や草をつみながら歩く。

② ねこの手もかりたい。

ア（　）見かけだけで、役には立たない。

イ（　）人手が足りなくて、とてもいそがしい。

4 次の慣用句の意味を［　］からえらんで、記号を書きましょう。

① 雲をつかむ（　）

② うり二つ（　）

③ 頭をひねる（　）

ア 顔などがとてもにている様子。
イ とらえどころがない。
ウ よく考える。

グループの合い言葉を決めよう

5 話し合いの進行についてまとめた次の文の（　）に合う言葉を［　］からえらんで、記号を書きましょう。

司会（しかい）

① 話し合う事がらや、出てきた意見、（　）ことをつたえる。

② 話し合いの進め方にそって、（　）をうながす。

さんかする人

③（　）について自分の意見を持つ。

④（　）の進行にそって、話題について考えたり発言したりする。

ア 司会　イ 決まった
ウ 話題　エ 発言

話し合いを進める役わりを司会というね。

主語とじゅつ語、つながってる？

6 次の文の主語とじゅつ語をさがして、書きましょう。

① わたしは　水曜日に　水泳教室に　通っている。

主語（　）　じゅつ語（　）

② お父さんは　きのう　家で　ごはんを　食べた。

主語（　）　じゅつ語（　）

詩を読もう

紙ひこうき ～主語とじゅつ語、つながってる？

時間 20分

／100

ごうかく 80点

学習日 月 日

教科書 上108～129ページ

答え 14ページ

詩を読んで、答えましょう。

思考・判断・表現

紙ひこうき

神沢(かんざわ) 利子(としこ)

ぼくの　とばした　紙ひこうき
すういと　とんで
くるりと　まわって
まつの木の　上に　ちゃくりく
ぼくには　とどかない　たかい枝(えだ)

おうい、おりてこいよ
かぜが　枝を　ゆすっても
おちてこない　紙ひこうき
かあさんに　だかれて　ゆうらゆら
いいきもちで　いるみたい

うまれる　まえは
森の　木だった　紙……

1 この詩は、いくつのまとまりに分かれていますか。 10点

（　　）つ

2 この「紙ひこうき」は、どこにちゃくりくしましたか。 10点

□の上。

3 「おうい、おりてこいよ」は、だれが、だれに言った言葉ですか。 一つ5点(10点)

（　　）が（　　）に。

できたらスゴイ！

4 この詩の内ようと合っているものはどれですか。一つに○をつけましょう。 10点

ア（　）紙ひこうきの紙は、森の木からできているから、森の木が紙ひこうきのかあさんだ。

イ（　）紙ひこうきは、「ぼく」が作ったから、「ぼく」が紙ひこうきのかあさんだ。

ウ（　）紙ひこうきがとぶためには、風がひつようだから、風が紙ひこうきのかあさんだ。

詩を読んで、答えましょう。

思考・判断・表現

夕日がせなかをおしてくる

阪田寛夫

夕日がせなかをおしてくる
まっかなうででおしてくる
歩くぼくらのうしろから
でっかい声でよびかける
さよなら　さよなら
さよなら　きみたち
ばんごはんがまってるぞ
あしたの朝ねすごすな

夕日がせなかをおしてくる
そんなにおすなあわてるな
ぐるりふりむき太陽に
ぼくらも負けずどなるんだ
さよなら　さよなら
さよなら　太陽
ばんごはんがまってるぞ
あしたの朝ねすごすな

よく出る

5 この詩は、いつの時間の出来事ですか。一つに○をつけましょう。 10点

ア（　）朝方　イ（　）昼間　ウ（　）夕方

6 「まっかなうででおしてくる」とは、どんな様子を表していますか。一つに○をつけましょう。 10点

ア（　）夕日が太いうででおしてくる様子。
イ（　）まっかな夕日の光がてらしている様子。
ウ（　）赤い夕日がしずんでいく様子。

7 この詩に書かれている様子として合っているものはどれですか。一つに○をつけましょう。 10点

ア（　）遊びを終えて、家に帰る子どもたちの様子。
イ（　）いつまでも友だちと遊ぶ子どもたちの様子。
ウ（　）家の中で友だちと遊ぶ子どもたちの様子。

8 二つの「さよなら　さよなら」は、だれの言葉ですか。 一つ5点(10点)

・第一連（　　　　）・第二連（　　　　）

考えを書こう

9 第二連の「まってるぞ」「ねすごすな」から、だれのどんな気持ちがわかりますか。 一つ10点(20点)

（　　　　）が（　　　　）を持っている気持ち。

ふりかえり ①が分からないときは、37ページの④にもどってかくにんしよう。

詩を読もう

紙ひこうき
～主語とじゅつ語、つながってる？

1 読みがなを書きましょう。　一つ2点（20点）

① 大根を食べる。

② 友だちと助け合う。

③ 落ちついて話す。

④ 電車が進む。

⑤ てきに勝つ。

⑥ 区切りをつける。

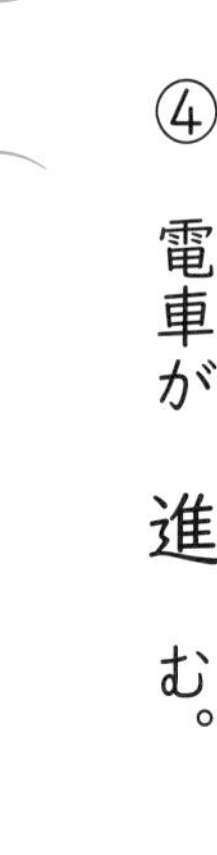

⑦ 市長にえらばれる。

⑧ 屋内のしせつ。

⑨ 主な内よう。

⑩ 速い球。

2 □に漢字を、〔　〕に漢字とおくりがなを書きましょう。　一つ2点（20点）

① □（じょげん）する。

② ボールが□（らっ）かする。

③ 司会（しかい）□（しんこう）する。

④ 大事な□（やく）わり。

⑤ □（しょうぶ）のゆくえ。

⑥ 三□（ちょう）目に住む。

⑦ 心を□（う）つ。

⑧ 物語の□（しゅじん）公。

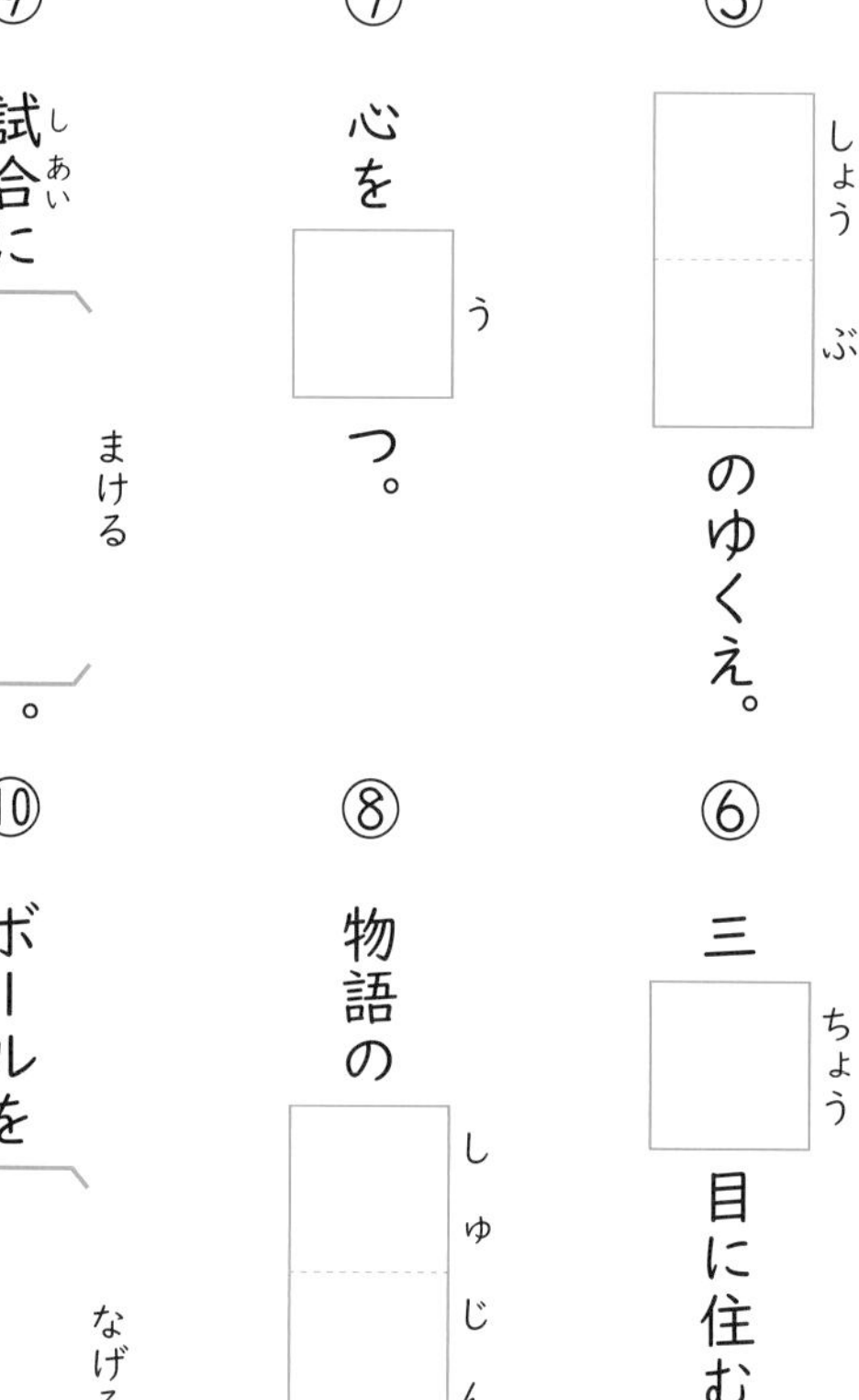

⑨ 試合（しあい）に〔まける〕。

⑩ ボールを〔なげる〕。

時間 20分

／100

ごうかく 80点

学習日　月　日

教科書 上108～129ページ

答え 15ページ

3 案内の手紙を書くときの正しいじゅん番になるように、（　）に数字を書きましょう。 ぜんぶできて8点

（　）書いた手紙をふうとうに入れて、相手にとどける。

（　）手紙に書く内ようをたしかめる。

（　）下書きを読み直して、まちがいがないかたしかめたあと、手紙をかんせいさせる。

（　）手紙を出す相手や、相手につたえたいことを考えて、下書きをする。

4 次の文の主語とじゅつ語をさがして、書きましょう。 一つ3点（24点）

① 弟は　今日　友だちと　えい画に　出かけた。
主語（　　）じゅつ語（　　）

② 学校の　庭に　さいた　チューリップは　赤い。
主語（　　）じゅつ語（　　）

③ 夕日に　てらされた　ふじ山が　きれいだ。
主語（　　）じゅつ語（　　）

④ ライオンは　サーカスでも　いちばんの　人気ものだ。
主語（　　）じゅつ語（　　）

5 次の慣用句の意味を［　］からえらんで、記号を書きましょう。 一つ4点（16点）

① 火に油をそそぐ（　）
② 一から十まで（　）
③ 耳にたこができる（　）
④ のれんを下ろす（　）

ア　その日のしょう売を終えて、店をしめる。
イ　いきおいの強いものに、さらにいきおいをくわえる。
ウ　同じことを何回も聞かされて、聞きあきる。
エ　何から何まで全部。

6 次の文の□に当てはまる体の一部に関係のある言葉を、［　］からえらんで書きましょう。 一つ4点（12点）

① 父は□がかたいから、だれにも話さないと思う。
② むずかしい問題に□をかかえる。
③ 学校は□とはなの先にある。

［目　口　頭］

ぴったり1 じゅんび

中心人物について考えたことをまとめよう

サーカスのライオン

漢字を使おう5

川村(かわむら) たかし

めあて

★中心人物について考えよう。

★人物の行動や会話、様子などに注目して、気持ちを考えて読みましょう。

学習日　月　日

教科書 上130～149ページ

答え 15ページ

かきトリ 新しい漢字

教科書132ページ 化 カ ばける・ばかす 4画
133ページ 鉄 テツ 13画
133ページ 真 シン ま 10画
134ページ 客 キャク 9画
134ページ 着 チャク きる・きせる・つく・つける 12画
136ページ 送 ソウ おくる 9画
136ページ 院 イン 10画
137ページ 皮 ヒ かわ 5画
139ページ 受 ジュ うける・うかる 8画
141ページ 消 ショウ きえる・けす 10画
141ページ 荷 に 10画
141ページ 運 ウン はこぶ 12画
149ページ 陽 ヨウ 12画
149ページ 路 ロ じ 13画

1 （　）に読みがなを書きましょう。

① 鉄（　）でできたなべ。

② ●円（　）いまど。

③ 動物の毛皮（　）。

④ 自分の●部屋（　）。

●読み方が新しい漢字

2 □に漢字を、（　）に漢字と送りがなを書きましょう。

① □□（にもつ）をとどける。

② ●□（らく）な仕事。

③ 通学□（ろ）を歩く。

④ □□（にゅういん）する。

⑤ 学校に（　　）（つく）。

⑥ 火が（　　）（きえる）。

●読み方が新しい漢字

3 正しい意味に○をつけましょう。

① みんなの前で弟はおどけてみせた。
ア（　）おどって。
イ（　）ふざけて。

② その日は夜ふけまで宿題（しゅくだい）をした。
ア（　）夜明け。
イ（　）夜中。

③ 角（かど）からだしぬけにあらわれた。
ア（　）くりかえし。
イ（　）とつぜん。

4 次の文の（　）に当てはまる言葉を［　］からえらんで、記号を書きましょう。

① 兄は海水よくに（　）して出かけた。
② 大きな犬が道路に（　）と立ちふさがった。
③ つかれたので、バスの中で（　）してしまった。
④ 真っ赤なほのおが（　）ともえる。

ア うとうと　イ ぬうっ　ウ めらめら
エ うきうき

3分でワンポイント

じんざの気持ちの変化（へんか）を読み取ろう。

★それぞれの場面に合うじんざの気持ちを［　］の中からえらんで、①～③に記号を書きましょう。

場面	気持ち
テントのかげで、一日中ねむったり、サーカスの曲芸（きょくげい）をしたりしているとき。	たいくつだ
サーカスの外に散歩（さんぽ）に出て出会った男の子に、「お見まいに来たんだよ」と言われたとき。	①（　）
サーカスがあしたで終わるという日、男の子に「あしたサーカスに来る」と言われたとき。	②（　）
火事になったアパートに、「中に子どもがいるぞ」と聞いて、火の中にとびこんでいったとき。	③（　）

ア がんばるぞ
イ うれしい
ウ たすけるぞ

中心人物について考えたことをまとめよう

サーカスのライオン

学習日　　月　　日
教科書 上130〜148ページ
答え 16ページ

文章を読んで、答えましょう。

そこで、ライオンは人間のふくを着た。分からないように、マスクもかけた。くつをはき、手ぶくろもはめた。ライオンのじんざはうきうきして外へ出た。

「外はいいなあ。星がちくちくゆれて、北風にふきとびそうだなあ。」

ひとり言を言っていると、

「おじさん、サーカスのおじさん。」

と、声がした。

男の子が一人、立っていた。

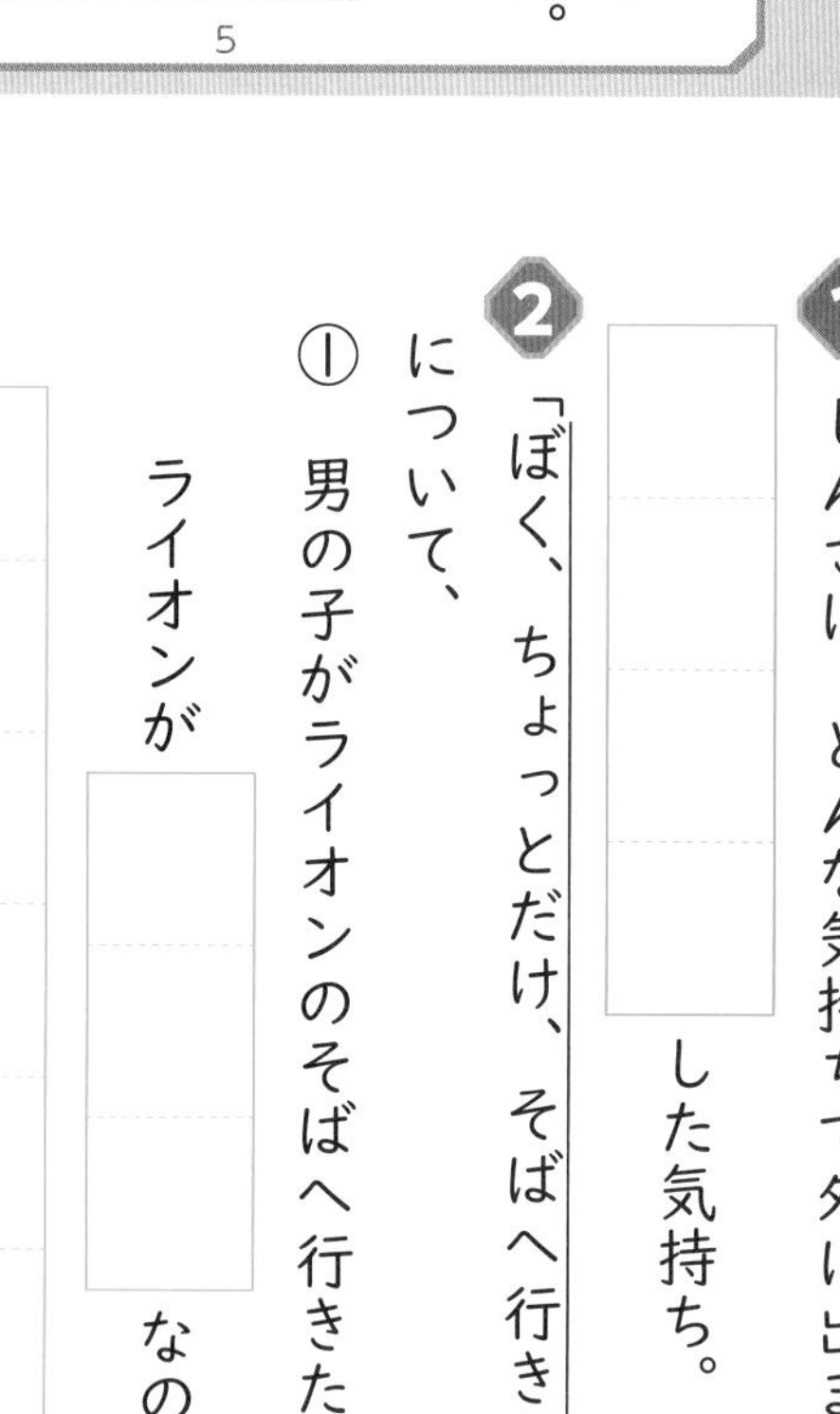

「もう、ライオンはねむったかしら。ぼく、ちょっとだけ、そばへ行きたいんだけどなあ。」

じんざはおどろいて、もぐもぐたずねた。

「ライオンがすきなのかね。」

「うん、大すき。それなのに、ぼくたち昼間サーカスを見たときは、何だかしょげていたの。だから、お見まいに来たんだよ。」

じんざは、ぐぐっとむねのあたりがあつくなった。

1 じんざは、どんな気持ちで外に出ましたか。

［　　　　］した気持ち。

2 「ぼく、ちょっとだけ、そばへ行きたいんだけどなあ。」について、

① 男の子がライオンのそばへ行きたいのは、なぜですか。

ライオンが［　　　　］なのに、昼間見たときに［　　　　　　　　］のが心配で、［　　　　］に来たから。

② ①の理由を聞いたじんざは、どんな気持ちになりましたか。一つに○をつけましょう。

ア（　）男の子がサーカスを見に来てくれてうれしい。

イ（　）男の子のするどいかんさつに、びっくりした。

ウ（　）男の子のやさしい気持ちにうれしくなった。

ヒント　男の子の言葉を聞いたじんざの様子に注目しよう。

「ぼく、サーカスがすき。おこづかいためて、また来るんだ。」

「そうかい、そうかい、来ておくれ。ライオンもきっとよろこぶよ。でも、今夜はおそいから、もうお帰り。」

じんざは男の子の手を引いて、家まで送っていくことにした。

男の子のお父さんは、夜のつとめがあって、るす。お母さんが入院しているので、つきそいのために、お姉さんも夕方から出かけていった。

「ぼくはるす番だけど、もうなれちゃった。それより、サーカスの話をして。」

「いいとも。ピエロはこんなふうにして……。」

じんざが、ひょこひょことおどけて歩いているときだった。くらいみぞの中にゲクッと足をつっこんだ。

「あいたた。ピエロもくらい所は楽じゃない。」

じんざは、くじいた足にタオルをまきつけた。すると、男の子は、首をかしげた。

「おじさんの顔、何だか毛が生えてるみたい。」

「う、ううん。なあに、寒いので毛皮をかぶっているのじゃよ。」

川村　たかし「サーカスのライオン」より

3 「ぼくはるす番だけど」とありますが、男の子の家ぞくはどうしているのですか。

・お父さん…（　　　　）がある。

・お母さん…（　　　　）している。

・お姉さん…（　　　　）。

4 「男の子は、首をかしげた。」とありますが、なぜですか。一つに○をつけましょう。

ア（　）おじさんはピエロなのに、足をくじいたから。

イ（　）おじさんの顔を、見たことがあったから。

ウ（　）おじさんの顔に、毛が生えているみたいだから。

ヒント　男の子は、じんざを人間だと思っているよ。

5 「寒いので毛皮をかぶっている」とありますが、じんざがこう答えたのはなぜですか。

自分が［　　　　］であることを、［　　］に気づかれたくなかったから。

ぴったり2

練習②

中心人物について考えたことをまとめよう

サーカスのライオン

文章を読んで、答えましょう。

次の日、ライオンのおりの前に、ゆうべの男の子がやってきた。じんざは、タオルをまいた足をそっとかくした。まだ、足首はずきんずきんといたかった。夜の散歩(さんぽ)もしばらくはできそうもない。

男の子は、チョコレートのかけらをさし出した。

「さあ、お食べよ。ぼくと半分こだよ。」

じんざは、チョコレートはすきではなかった。けれども、目を細くして受け取った。じんざはうれしかったのだ。

それから男の子は、毎日やってきた。

じんざは、もうねむらないでまっていた。やってくるたびに、男の子はチョコレートを持ってきた。そして、

1 「男の子は、チョコレートのかけらをさし出した。」とありますが、だれにチョコレートをさし出したのですか。

[　　　]

2 「目を細くして受け取った。」とありますが、すきではないチョコレートを受け取ったのは、なぜですか。

男の子のやさしい気持ちが[　　　]から。

3 「男の子は、毎日やってきた。」とありますが、じんざはどんな気持ちでしたか。一つに○をつけましょう。

ア（　）チョコレートをもらうことに、うんざりする気持ち。

イ（　）男の子しかやってこないので、さびしい気持ち。

ウ（　）男の子がやってくるのが、楽しみな気持ち。

ヒント じんざの様子に気をつけて考えよう。

4 男の子はやってくるたびに、じんざにどんなことを話して聞かせましたか。文章から書きぬきましょう。

学習日　月　日

教科書 上130～148ページ

答え 16ページ

お母さんのことを話して聞かせた。じんざはのり出して、うなずいて聞いていた。

いよいよ、サーカスがあしたで終わるという日、男の子はいきをはずませてとんできた。

「お母さんがね、もうじき、たい院するんだよ。それにおこづかいもたまったんだ。あしたサーカスに来るよ。火の輪（わ）をくぐるのを見に来るよ。」

男の子が帰っていくと、じんざの体に力がこもった。目がぴかっと光った。

「……ようし、あした、わしはわかいときのように、火の輪を五つにしてくぐりぬけてやろう。」

その夜ふけ……。

だしぬけに、サイレンが鳴りだした。

「火事だ。」

と、どなる声がした。うとうとしていたじんざははね起きた。

川村　たかし「サーカスのライオン」より

男の子の（　　　　　　）のこと。

5 じんざは、どんな様子で、男の子の話を聞いていましたか。

（　　　　　　）聞いていた。

6 「いきをはずませてとんできた。」とありますが、男の子はどんなことをじんざに知らせにきたのですか。一つに○をつけましょう。

ア（　）サーカスがあしたで終わること。
イ（　）お母さんがたい院すること。
ウ（　）おこづかいをもらえたこと。
エ（　）火の輪が五つにふえること。

ヒント　もっともつたえたいことは、はじめに言うことが多いよ。

7 「男の子が帰っていく」とありますが、その後、じんざの様子はどうなりましたか。

・体に［　　　　　　］。
・目が［　　　　　　］。

中心人物について考えたことをまとめよう

サーカスのライオン ～ 漢字を使おう5

時間 20分

／100

ごうかく 80点

学習日 月 日

教科書 上130～149ページ

答え 17ページ

文章を読んで、答えましょう。 思考・判断・表現

「中に子どもがいるぞ。助けろ。」

と、だれかがどなった。

「だめだ。中へは、もう入れやしない。」

それを聞いたライオンのじんざは、ぱっと火の中へとびこんだ。

「だれだ、あぶない。引き返せ。」

後ろで声がしたが、じんざはひとりでつぶやいた。

「なあに。わしは火には、なれていますのじゃ。」

けれども、ごうごうとふき上げるほのおはかいだんをはい上り、けむりはどの部屋からもうずまいてふき出ていた。

じんざは足を引きずりながら、男の子の部屋までたどり着いた。

部屋の中で、男の子は気をうしなってたおれていた。じんざはすばやくだきかかえて、外へ出ようとした。けれども、表はもう、ほのおがぬうっと立ちふさがってしまった。

よく出る

1 「ライオンのじんざは、ぱっと火の中へとびこんだ。」とありますが、何のためですか。 一つ5点(10点)

火の中にいる（　　　）を（　　　）ため。

2 「じんざは、思わず身ぶるいした。」とありますが、このときのじんざはどんな気持ちでしたか。一つに○をつけましょう。 10点

ア（　）もうすぐ助かると、安心する気持ち。

イ（　）ほのおが大きくなってきて、不安な気持ち。

ウ（　）とても高さがあって、おそろしい気持ち。

3 「じんざは力のかぎりほえた。」について、

① その声を聞いて、何がやってきましたか。 10点

（　　　）

② ①が来ると、じんざは何をしましたか。 10点

男の人に（　　　）。

石がきの上のまどから首を出したじんざは、思わず身ぶるいした。高いので、さすがのライオンもとびおりることはできない。

じんざは力のかぎりほえた。

ウオーッ

その声で気がついた消ぼう車が下にやってきて、はしごをかけた。上ってきた男の人にやっとのことで子どもをわたすと、じんざはりょう手で目をおさえた。けむりのために、もう何にも見えない。

見上げる人たちが声をかぎりによんだ。

「早くとびおりるんだ。」

だが、風にのったほのおは真っ赤にアパートをつつみこんで、火の粉をふき上げていた。ライオンのすがたはどこにもなかった。

やがて、人々の前に、ひとかたまりのほのおがまい上がった。そして、ほのおはみるみるライオンの形になって、空高くかけ上がった。ぴかぴかにかがやくじんざだった。もう、さっきまでのすすけた色ではなかった。

金色に光るライオンは、空を走り、たちまちくらやみの中に消えさった。

川村 たかし「サーカスのライオン」より

③ じんざはどんな気持ちでほえたのですか。 15点

（　　　　）という気持ち。

できたらスゴイ!

4 「早くとびおりるんだ。」について、

① だれがだれに言ったのですか。 一つ5点(10点)

（　　　　）が（　　　　）に。

② どんな気持ちで言ったのですか。一つに○をつけましょう。 15点

ア（　）どうか助かってほしいという気持ち。

イ（　）かっこいいすがたを見たいという気持ち。

ウ（　）もう助からないという気持ち。

考えを書こう

5 「ほのおはみるみるライオンの形になって、空高くかけ上がった。」とありますが、じんざはじっさいにはどうなったのですか。考えて書きましょう。 20点

（　　　　）

ぴったり3 たしかめのテスト②

中心人物について考えたことをまとめよう

サーカスのライオン ～ 漢字を使おう5

時間 20分

／100

ごうかく 80点

学習日　月　日

教科書 上130～149ページ

答え 18ページ

1 読みがなを書きましょう。　一つ2点(20点)

① お化けやしき

② びょう院へ行く。

③ たくさんの客。

④ ゴールにとう着する。

⑤ 体の皮ふ。

⑥ 真っ赤なトマト。

⑦ 部屋をそうじする。

⑧ 消ぼう車が来る。

⑨ 大きな荷物。

⑩ 運動会が始まる。

2 □に漢字を、〔　〕に漢字と送りがなを書きましょう。　一つ2点(20点)

① □□(てつどう)が通る。

② 家族しゃ□(しん)をとる。

③ テレビを□(け)す。

④ □□(ようき)なせいかく。

⑤ □□(どうろ)を走る。

⑥ 明日□□(らいきゃく)がある。

⑦ ふくを□(き)る。

⑧ いすを□(はこ)ぶ。

⑨ 手紙を〔　　(おくる)　　〕。

⑩ テストを〔　　(うける)　　〕。

3 二年生で習った漢字について、□に漢字を、（　）に漢字と送りがなを書きましょう。

一つ2点(10点)

① よく□(は)れている。　② 自然(ぜん)ゆたかな□□(さとやま)。

③ きれいな鳥の□(はね)。　④ □□(きいろ)にそまった葉。

⑤ （たかい）山にのぼる。

4 次の言葉の使い方としてよいほうに○をつけましょう。

一つ5点(10点)

① たちまち

ア（　）二時間かかって、たちまち宿(しゅく)題が終わった。

イ（　）姉のすがたは、たちまち見えなくなった。

② あわてて

ア（　）走ったりとんだり、あわてて遊んだ。

イ（　）おくれそうになったので、あわてて走った。

5 次の言葉を使って、みじかい文を作りましょう。

一つ5点(15点)

① よそ見

（　　　　　　　　　　）

② まっしぐら

（　　　　　　　　　　）

③ 身ぶるい

（　　　　　　　　　　）

6 次の文の（　）に当てはまる言葉を□からえらんで、記号を書きましょう。

一つ5点(25点)

① 牛が（　）と歩いている。

② おいしそうなごはんのにおいに、鼻(はな)を（　）させた。

③ 男の子は、重(おも)たい荷物を（　）と持ち上げた。

④ キャンプファイヤーの火が（　）ともえている。

⑤ けがをしたひざが（　）といたむ。

ア ずきんずきん　イ のそり　ウ ぐうん
エ ひくひく　オ ごうごう

きょうみを持ったことをしょうかいしよう

せっちゃくざいの今と昔
分ける

早川（はやかわ）　典子（のりこ）

めあて

★文章の中のだいじな言葉や文から、内ようをようやくしよう。
★じょうほうをせい理しよう。

学習日
月　日
教科書
下8〜21ページ
答え
18ページ

かきトリ　新しい漢字

14ページ	14ページ	15ページ	16ページ
温　オン　あたたか・あたたかい・あたたまる・あたためる　12画	度　ド　9画	美　ビ　うつくしい　9画	短　タン　みじかい　12画

ひつじゅんにも気をつけてね！

1 （　）に読みがなを書きましょう。

① 今と昔。（　）
② 両手を広げる。（　）
③ 気温が高い。（　）
④ 短い線を引く。（　）

2 □に漢字を、（　）に漢字と送りがなを書きましょう。

① お気に入りの□（ふく）。
② □□（どうぐ）を使う。
③ おふろの□□（おんど）。
④ 姉は□□（びじん）だ。
⑤ （かるい）荷物。
⑥ （あたたかい）お茶。

せっちゃくざいの今と昔

3 正しい意味に○をつけましょう。

① ふべん
ア（　）役に立つこと。
イ（　）かってがよくないこと。

② 安全
ア（　）きけんのないこと。
イ（　）心が落ちつくこと。

③ とくちょう
ア（　）みんなと同じように見えること。
イ（　）ほかとちがって、目立っていること。

分ける

4 同じなかまのじょうほうを、［　］からすべてえらんで、記号で書きましょう。

① すきな場所（　　　）
② とくいなこと（　　　）

ア 学校　イ 家　ウ なわとび
エ 料理（りょう）　オ 公園

せっちゃくざいの今と昔

3分でワンポイント
だいじな言葉や文を見つけてまとめよう。

★①〜③に合う言葉を［　］の中からえらんで記号を書きましょう。

まとまり	だん落	だん落の要約（ようやく）
始め	一	物と物をくっつけるはたらきをする。
中	二〜十	・①（　）で使われている。 ［れい］ゼッケン、飛行機（ひこうき）、電車など。 ・自然（しぜん）にあるもので作るせっちゃくざいには、②（　）もある。 ［れい］くさりやすい。くっつきにくい。 ・自然にあるもののよさを生かす。 ［れい］体に安全。古いものにも安心。
終わり	十一	それぞれに合った使い方は、③（　）をゆたかにする。

ア ふべんな点　イ くらし　ウ 身の回り

きょうみを持ったことをしょうかいしよう

せっちゃくざいの今と昔

学習日
月　日
教科書
下8～18ページ
答え
19ページ

文章を読んで、答えましょう。

さて、今使われているせっちゃくざいの多くは、工場で作られていますが、わたしたちは昔から、自然にあるざいりょうを使って、せっちゃくざいを作ってきました。その中には、料理に使うようなざいりょうから作ったものもありました。

その一つが、米から作るのりです。たいた米をへらですりつぶし、水をまぜてよく練っていくと、のりができあがります。八十年くらい前までは、そうやって家でのりを作り、ふうとうのふたをとじたりしょうじをはりかえたりするのに使っていました。

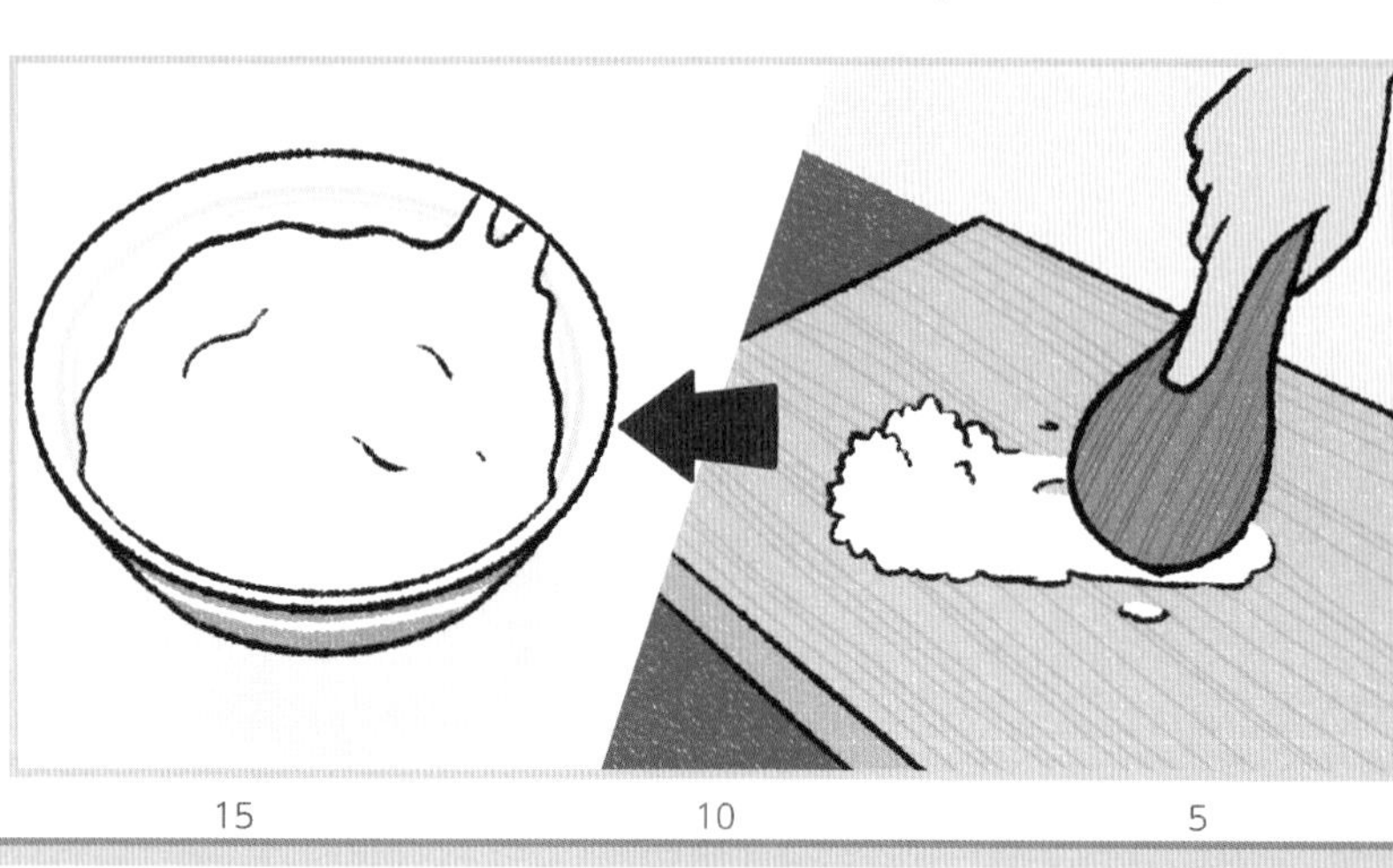

1 「せっちゃくざい」は、今と昔でどのように作られていますか。

今使われるせっちゃくざいの多くは［　　］で作られ、

昔のせっちゃくざいは、［　　］を使って、作ってきた。

2 「米から作るのり」は、どのような方法で作られますか。

（　　）をすりつぶし、（　　）をまぜて練っていく。

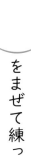

ヒント 11行目の「のりができあがります」に注目しよう。

3 「にかわ」について、

① 「にかわ」とは、どのようなものですか。

［　　］を

長い時間にて、にたしるを

もう一つが、「にかわ」です。にかわは、動物のほねや皮を長い時間にた後に、にたしるをかわかしてかためて作ります。使うときには、使う分のにかわを水に入れ、火にかけてとかして使います。にかわは、家具や楽器を作るときや、絵の具を作るときに使われてきました。にかわは食べ物ではありませんが、料理に使うゼラチンは、にかわと同じように動物のほねや皮から作られたものです。

　このように、わたしたちは昔から、自然にあるものを使ってせっちゃくざいを作ってきました。ただ、これらのせっちゃくざいには、ふべんな点もありました。それは、くさりやすかったり、寒いときにきちんとくっつかなかったりするという点です。

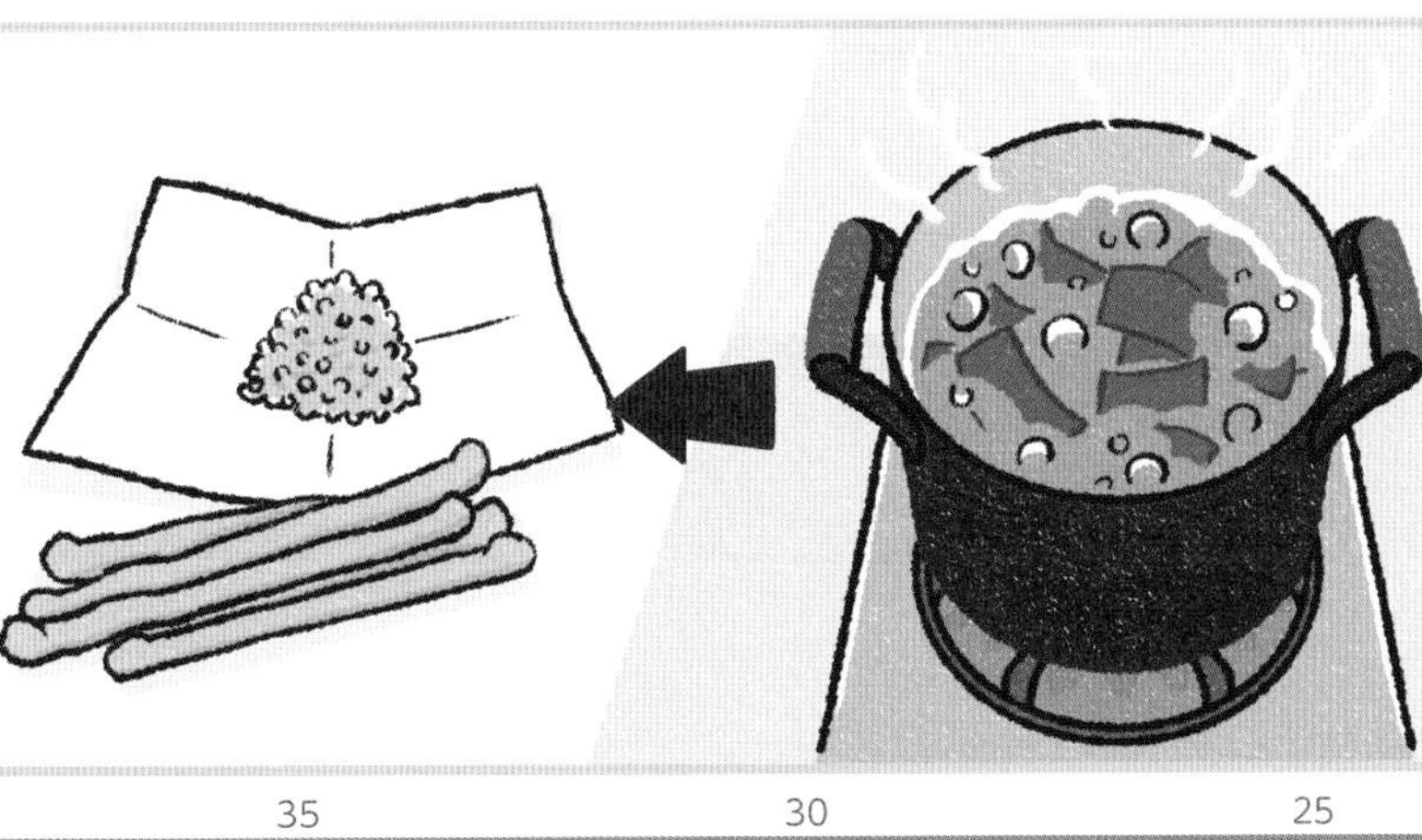

早川　典子「せっちゃくざいの今と昔」より

（　　　　）もの。

② 「にかわ」と同じように作られた、料理に使うものは何ですか。

（　　　　）

4 「米から作るのり」と「にかわ」は、それぞれどんなときに使われてきましたか。それぞれ二つずつあとからえらんで、記号を書きましょう。

・米から作るのり（　）（　）
・にかわ（　）（　）

ア 家具や楽器を作るとき
イ 機械を作るとき
ウ しょうじをはりかえるとき
エ ふうとうのふたをとじるとき
オ 絵の具を作るとき

5 昔からのせっちゃくざいの「ふべんな点」とは、何ですか。一つに○をつけましょう。

ア（　）作るのに、時間がかかってしまう点。
イ（　）くさりやすいことや、くっつかないときがある点。
ウ（　）ざいりょうを手に入れることが、むずかしい点。

すぐ後の「それは」に注目しよう。

道具のひみつをつたえよう こそあど言葉

3分でまとめ

めあて
★調べたことを整理して、分かりやすくつたえよう。
★こそあど言葉の使い方を理かいしよう。

学習日 月 日
教科書 下22～29ページ
答え 19ページ

かきトリ 新しい漢字

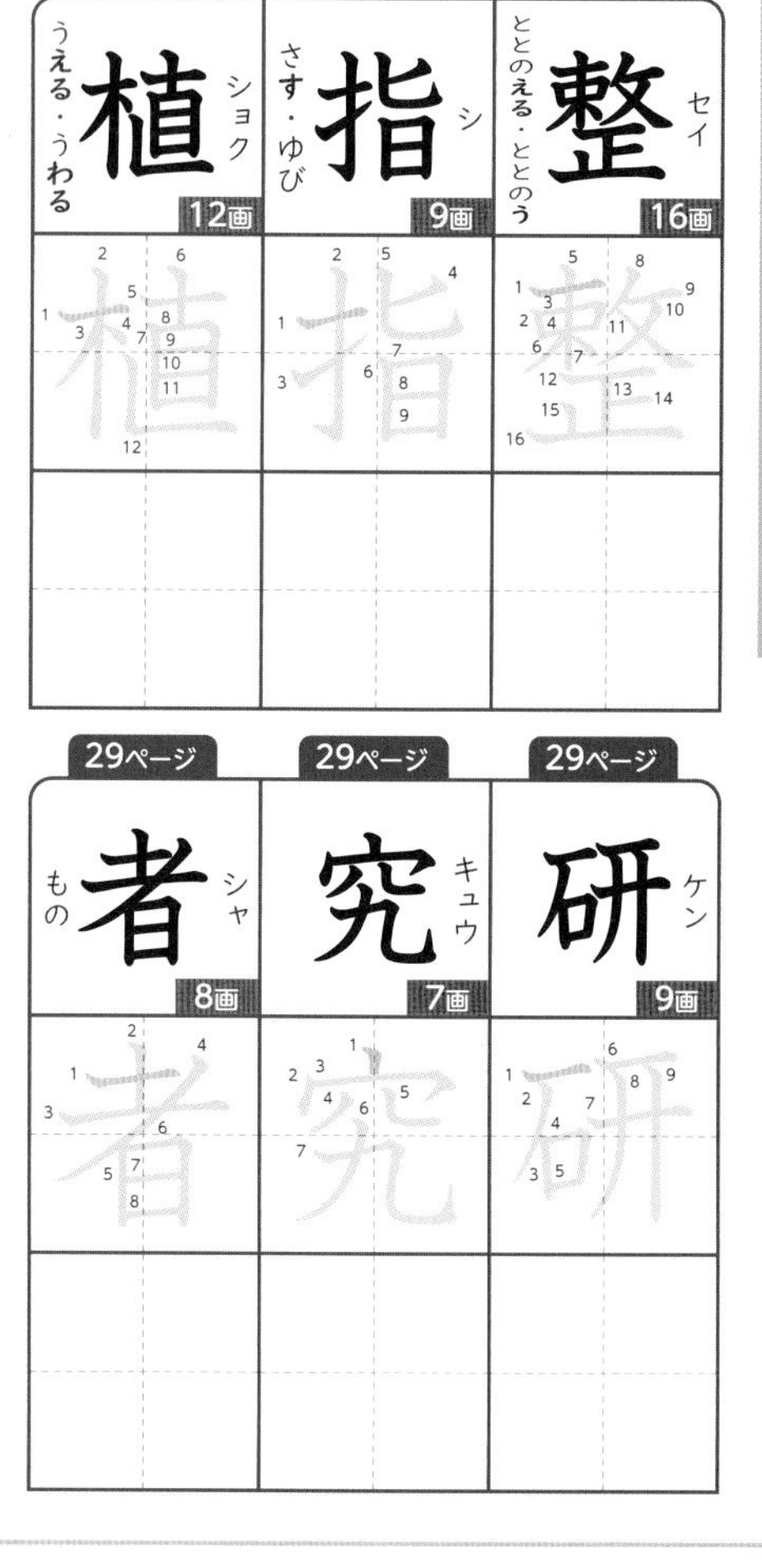

整	指	植
教科書22ページ	28ページ	29ページ
セイ ととのえる・ととのう	シ さす・ゆび	ショク うえる・うわる
16画	9画	12画

研	究	者
29ページ	29ページ	29ページ
ケン	キュウ	シャ もの
9画	7画	8画

1 （　）に読みがなを書きましょう。

① 車を整びする。（　　）
② 指を広げる。（　　）
③ 木を植える。（　　）
④ 何者かたずねる。（　　）

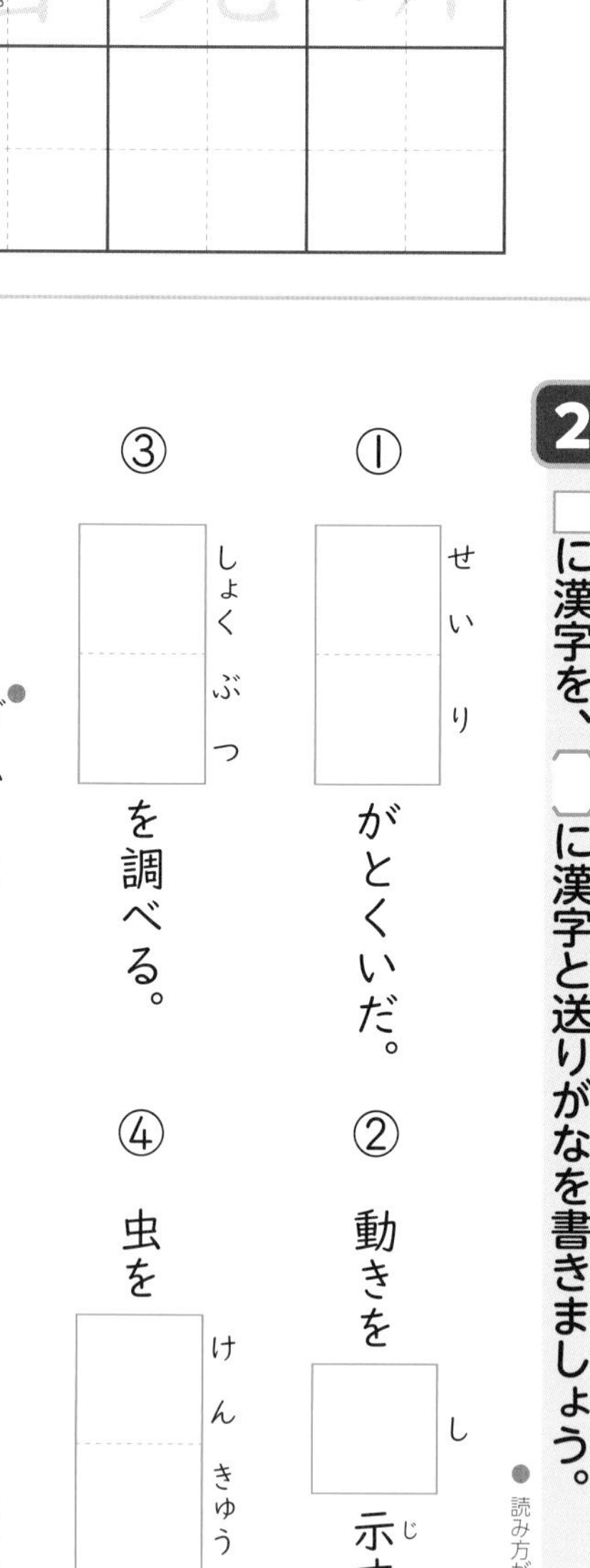

2 □に漢字を、（　）に漢字と送りがなを書きましょう。

●読み方が新しい漢字

① □□（せいり）がとくいだ。
② 動きを□（し）示する。
③ □□（しょくぶつ）を調べる。
④ 虫を□□（けんきゅう）する。
⑤ ガラス□□（ざいく）
⑥ じゅんびが□（ととの）う。
⑦ 部屋を（ととのえる）。
⑧ 花を（うえる）。
⑨ ペンで文を（さす）。

3 **正しい意味に○をつけましょう。**

① 発明
ア（　）新しく考え出すこと。
イ（　）今までのものをよりよくすること。

② くふう
ア（　）よい方法を考えること。
イ（　）人から教わること。

③ ちえ
ア（　）本や新聞などからえられること。
イ（　）物事のすじ道が分かり、使いこなせる力。

④ 原りょう
ア（　）もととなるそざいのこと。
イ（　）できあがった製品のこと。

4 **レポートを書くときのじゅん番に、番号を書きましょう。**

（　）方法を決めて、調べる。
（　）レポートを書く。
（　）調べることを決める。
（　）組み立てを考える。

5 **調べたことを整理する方法として正しいものすべてに○をつけましょう。**

①（　）同じ事がらごとにグループに分ける。
②（　）調べたじゅん番にならべてひとまとめにする。
③（　）見出しを立てる。

こそあど言葉

6 **「こそあど言葉」の「こ・そ・あ・ど」の使い分けに合うものを下からえらんで、——線でつなぎましょう。**

① こ ・　　・ ア 指すものがはっきりしないとき。
② そ ・　　・ イ 話し手からも聞き手からも遠くにあるものを指すとき。
③ あ ・　　・ ウ 話し手に近いものを指すとき。
④ ど ・　　・ エ 聞き手に近いものを指すとき。

7 **次の（　）に当てはまる「こそあど言葉」を［　］からえらんで、記号を書きましょう。**

① すてきな物がたくさんあって、（　）にするかまよう。
② エレベーターは（　）がわにありますよ。

ア この　イ そんな　ウ あちら　エ どれ

ぴったり1 じゅんび

3分でまとめ

話したいな、すきな時間
漢字の読み方
ローマ字②

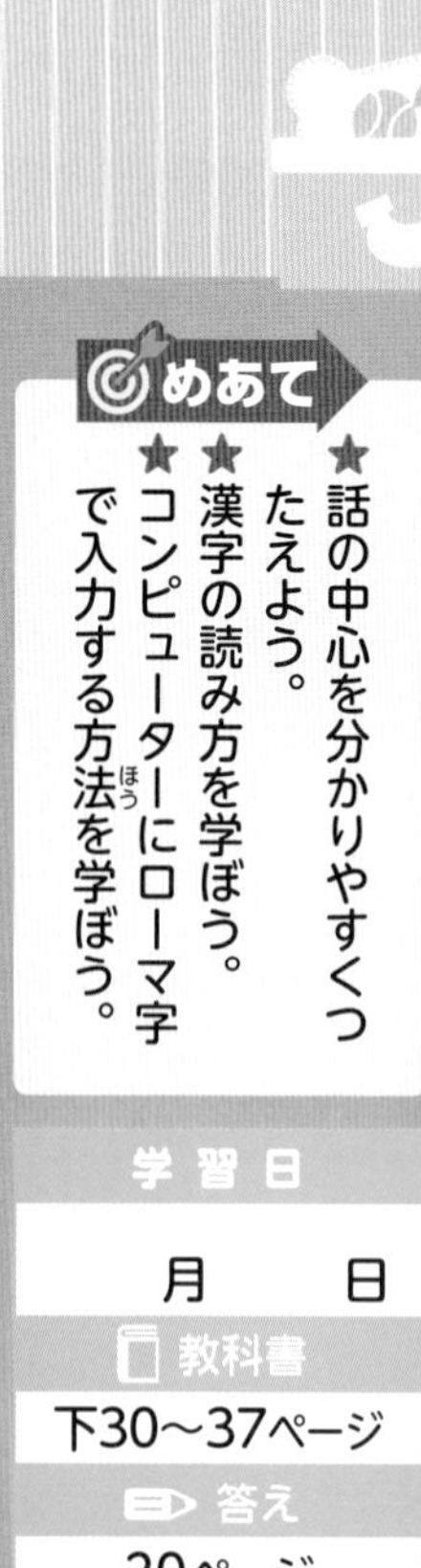

かきトリ 新しい漢字

教科書31ページ	深	シン	ふかい・ふかまる・ふかめる	11画
31ページ	代	ダイ・タイ	かわる・かえる・よ	5画
34ページ	乗	ジョウ	のる・のせる	9画
34ページ	飲	イン	のむ	12画
34ページ	流	リュウ	ながれる・ながす	10画
34ページ	炭	タン	すみ	9画
35ページ	平	ヘイ・ビョウ	ひら・たいら	5画
35ページ	和	ワ		8画
35ページ	銀	ギン		14画

今回は、読みが新しい漢字もたくさんあるよ！

1 （　）に読みがなを書きましょう。

① 馬に乗る。（　）

② 店頭にならぶ。（　）

③ 川が流れる。（　）

④ 銀の色えんぴつ。（　）

読み方が新しい漢字

2 □に漢字を、（　）に漢字と送りがなを書きましょう。

① □□（だいひょう）をえらぶ。

② き□（ば）戦（せん）を見る。

③ □（すみ）火で肉を焼（や）く。

④ □□（へいわ）な世かい。

⑤ （ふかい）海。

⑥ はさみを（もちいる）。

読み方が新しい漢字

話したいな、すきな時間

3 話の中心がつたわるように話すときの手じゅんになるように、（　）に番号を書きましょう。

（　）どのようなじゅんじょで話すか話の組み立てを考える。

（　）聞き手の様子を見ながら話をする。

（　）書き出したメモを見ながら、話すことをえらぶ。

（　）話の中心を決めて、話すざいりょうをメモに書き出す。

漢字の読み方

4 音(おん)と訓(くん)の説明(せつ)として当てはまるものを［　］からすべてえらんで、記号を書きましょう。

① 音（　　　　　）

② 訓（　　　　　）

ア　意味に合う日本語を漢字に当てはめた読み方。

イ　漢字が日本につたわったときの中国の発音をもとにした読み方。

ウ　送りがながひつような場合がある。

エ　聞いただけでは意味が分かりにくいものが多い。

オ　聞くとすぐに意味が分かるものが多い。

ローマ字②

5 コンピューターに、ローマ字で文字を入力するとき、次の字は、どのように入力しますか。ローマ字で書きましょう。

① ぢ　［　］［I］

② づ　［　］［U］

③ を　［　］［O］

④ ん　［N］［　］

6 次の言葉を、①ローマ字に直しましょう。②コンピューターに入力するときのように、ローマ字で書きましょう。

(1) さんすう

①

② ［S］［A］［　］［　］［S］［　］［　］

(2) カッター

①

② ［K］［A］［T］［　］［　］［　］

せっちゃくざいの今と昔 〜 ローマ字②

時間 20分　／100　ごうかく 80点

学習日　月　日
教科書 下8〜37ページ
答え 21ページ

文章を読んで、答えましょう。　思考・判断・表現

けれども、自然にあるもののよさを生かして使われているせっちゃくざいもあります。ゼラチンや、トウモロコシやジャガイモから作るのりは、じょうざいを作るときに、くすりのこなをくっつけてかためるために使われています。食べられるざいりょうでできていて、体の中の水と温度でゆっくりとけていくため、体にとって安全だと考えられているからです。

また、古いものをしゅう理するときにも昔からのせっちゃくざいがよく使われます。百年前からあるせっちゃくざ

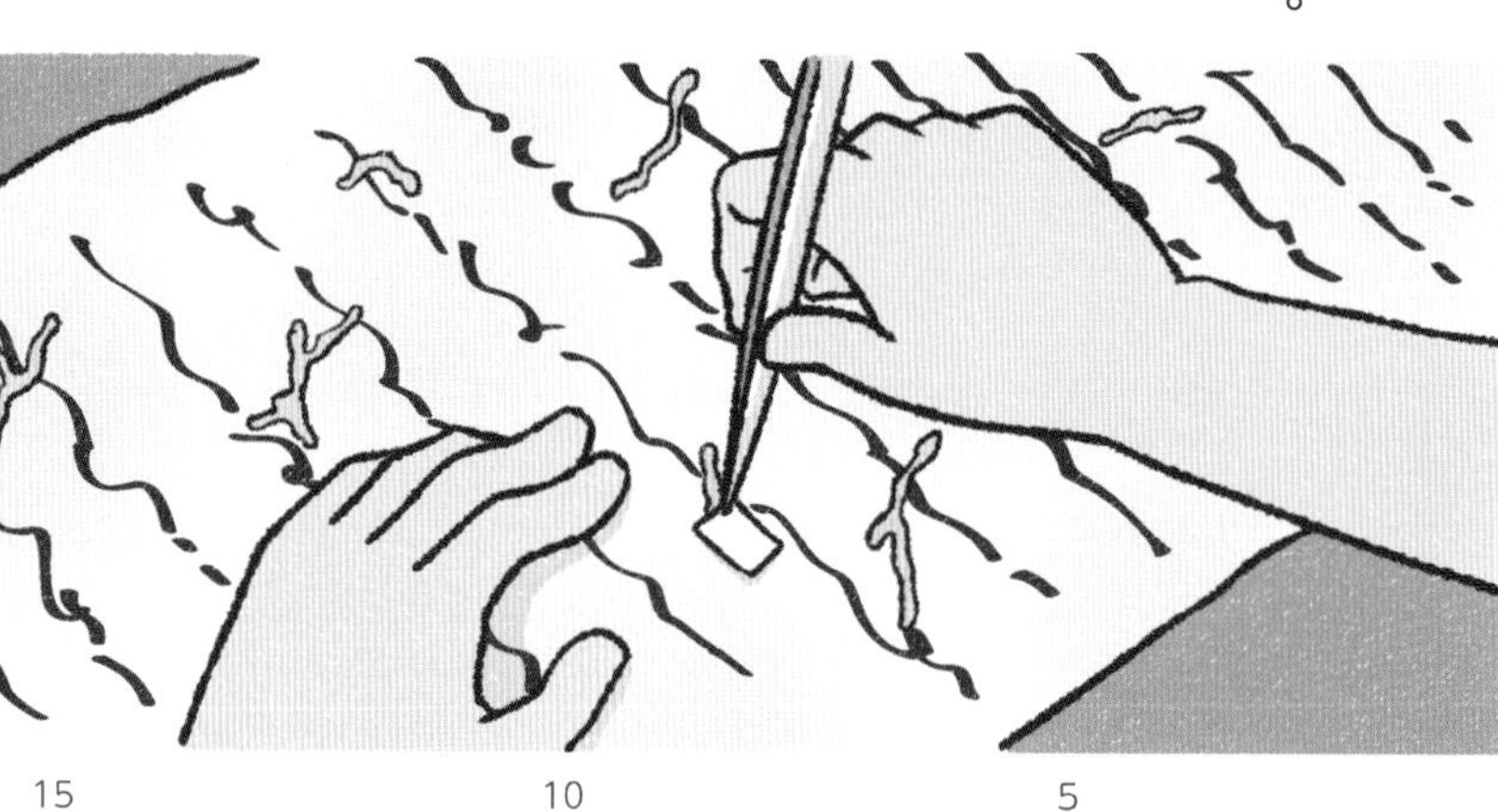

よく出る

1 「自然にあるもののよさを生かして使われているせっちゃくざい」について、

① 何から作られていますか。　10点

（　　　　）

② このせっちゃくざいは何に使われますか。　10点

（　　　　）

③ ②が「自然にあるもののよさを生かして使われているせっちゃくざい」を使って作られているのはなぜですか。一つに○をつけましょう。　10点

ア（　）くさることがなくて、よくくっつくから。
イ（　）食べられるざいりょうで、体に安全だから。
ウ（　）水でとけることがなくて、長持ちするから。

2 「古いもの」とはどんなものですか。　10点

（　　　　）

3 「昔からのせっちゃくざい」には、どんなよさがありますか。　一つ5点(20点)

いは、百年の間にどうかわるのかが分かっています。使い方もはがす方法も分かっているので、古いものにも安心して使うことができるのです。昔の絵や美術品のしゅう理では、米や小麦から作ったのりや、にかわが活やくしています。

　わたしたちは、はるか昔から今にいたるまで、さまざまなざいりょうとそのとくちょうを生かしてせっちゃくざいを作り、物をくっつけるのに使ってきました。新しいざいりょうだからよい、古いざいりょうだからよくないということではなく、それぞれのせっちゃくざいのとくちょうに合った使い方をすることで、くらしをゆたかにしているのです。

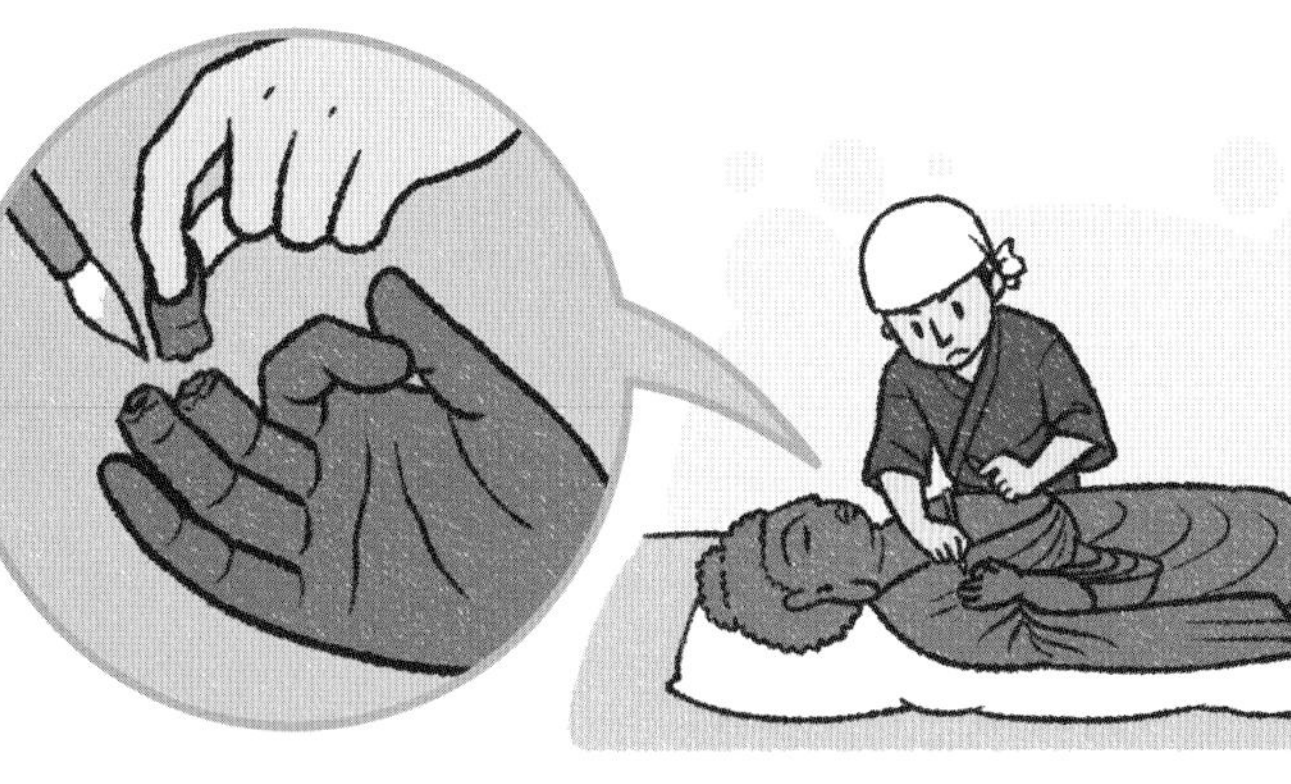

早川　典子「せっちゃくざいの今と昔」より

できたらスゴイ！

（　　　）前からあるせっちゃくざいは、（　　　）や、（　　　）も分かっているので古いものにも（　　　）して使うことができるよさがある。

考えを書こう

4 わたしたちは、どのようにしてせっちゃくざいを作って、せっちゃくざいを使ってきましたか。　一つ10点(20点)

（　　　）とその（　　　）を生かしてきた。

5 筆者は、新しいざいりょうと古いざいりょうのせっちゃくざいを、どうすることでくらしをゆたかにしていると考えていますか。考えて書きましょう。　20点

（　　　）

ふりかえり　5が分からないときは、55ページの 3分でワンポイント にもどってかくにんしてみよう。

きょうみを持ったことをしょうかいしよう

せっちゃくざいの今と昔 ～ ローマ字②

時間 20分
／100
ごうかく 80点
学習日 月 日
教科書 下8～37ページ
答え 22ページ

1 読みがなを書きましょう。 一つ2点(20点)

① 薬（くすり）を 服用（　）する。

② みそしるの 具（　）。

③ 軽（　） 自動車に乗る。

④ 美（　） しい絵。

⑤ 指（　） てきする。

⑥ 機械（きかい）の 細部（　）。

⑦ 水深（　） 十メートル

⑧ 流星（　） ぐんが見える。

⑨ 石炭（　） を集める。

⑩ 代（　） わりにえらばれる。

2 □に漢字を、〔　〕に漢字と送りがなを書きましょう。 一つ2点(20点)

① □□（おんど）をはかる。

② □□（むかしばなし）を読む。

③ 時間の□（たん）しゅく。

④ クラスの人気□（もの）。

⑤ □□（でんち）を入れる。

⑥ □（びょう）どうに分ける。

⑦ □□（ぎんこう）で働（はたら）く。

⑧ □□（しょくぶつ）園ですごす。

⑨ バスに〔　　（のる）〕。

⑩ お水を〔　　（のむ）〕。

3 次の言葉は、どのようななかまに分けて整理していますか。□からえらんで、記号を書きましょう。　一つ8点(16点)

①（　　）ねこ・犬・キリン

②（　　）赤・黄・オレンジ

ア　色	イ　植物	ウ　動物

4 次の——線の「こそあど言葉」は、どの言葉を指していますか。書きぬきましょう。　一つ3点(12点)

① たなの上のぬいぐるみが見えますか。あれを取ってください。
（　　　　　　）

② コーヒーを買ってきたよ。これ、とてもおいしいよ。
（　　　　　　）

③ おくにベンチがあります。そちらでおまちください。
（　　　　　　）

④ 駅（えき）前の本屋に行こうよ。あそこは、いい店だよね。
（　　　　　　）

5 次の——線の漢字の読みを（　）に書きましょう。□には、音（おん）と訓（くん）どちらの読みなのかを書きましょう。　一つ2点(20点)

① 平和なくらし。　読み（　　　　）　音 訓 □

② クラスの人気者。　読み（　　　　）　音 訓 □

③ 山田君と会う。　読み（　　　　）　音 訓 □

④ 絵本を読む。　読み（　　　　）　音 訓 □

⑤ 横顔を見る。　読み（　　　　）　音 訓 □

6 次の言葉を、①ローマ字に直しましょう。②コンピューターに入力するときのように、ローマ字で書きましょう。　一つ3点(12点)

(1) とうふ

①

② T□□□□

(2) ゴール

①

② G□□□□

ぴったり1 じゅんび

想ぞうしたことをつたえ合おう
モチモチの木
漢字を使おう6

斎藤(さいとう)　隆介(りゅうすけ)

めあて
★行動や会話から、登場人物のせいかくを想ぞうして読もう。
★自分とくらべて考えてみよう。

学習日　月　日
教科書　下38～57ページ
答え　22ページ

かきトリ　新しい漢字

教科書44ページ　鼻　はな　14画
45ページ　神　シン・ジン　かみ　9画
45ページ　祭　サイ　まつり・まつる　11画
47ページ　歯　シ　は　12画
47ページ　医　イ　7画
48ページ　坂　さか　7画
49ページ　薬　ヤク　くすり　16画
49ページ　箱　はこ　15画
52ページ　湯　トウ　ゆ　12画
53ページ　他　タ　ほか　5画
54ページ　対　タイ　7画
57ページ　洋　ヨウ　9画
57ページ　湖　コ　みずうみ　12画
57ページ　酒　シュ　さけ・さか　10画

57ページ　油　ユ　あぶら　8画

57ページ　拾　ひろう　9画

1 ＿＿に読みがなを書きましょう。

① ずつう 薬
② 歯 を食いしばる。
③ 他人 のかんけい。
④ ぞうの 鼻。
⑤ ギリシャの 神話。
⑥ 坂 を下る。
⑦ お湯 を用意する。
⑧ 洋服 を買う。

2 □に漢字を書きましょう。

① 山の□□（かみさま）。

② 地いきのお□（まつ）り。

③ □□（いしゃ）を呼ぶ。

④ □□（くすりばこ）の中身。

⑤ □（たい）立する意見。

⑥ ペンを□（ひろ）う。

3 正しい意味に○をつけましょう。

① 妹はおくびょうなせいかくだ。

ア（　）こわがり。

イ（　）はずかしがり屋。

② ほっぺたが落ちるような味だ。

ア（　）とてもおいしい。

イ（　）あまりおいしくない。

③ マラソンでみごとに走りきった。

ア（　）めだって。

イ（　）りっぱに。

3分でワンポイント

登場人物のせいかくを読み取ろう。

★①～③に合う言葉を□の中からえらんで記号を書きましょう。

場面	豆太の様子や気持ち
一	夜のモチモチの木におびえて、一人でしょうべんもできない（①　）な子。
二	モチモチの木は、（②　）みたいでこわい。
三	モチモチの木のお祭りは見たいけれど、夜なんて考えただけでもむりだ。
四	じさまのために、なきながら医者様をよびに走ったとき、灯がついたモチモチの木を見た。
五	いざとなれば、一人で夜道を下って医者様をよびに行ける（③　）があるやさしい子。

ア お化け　イ おくびょう　ウ 勇気

練習① ぴったり2

想ぞうしたことをつたえ合おう

モチモチの木

文章を読んで、答えましょう。

全く、豆太ほどおくびょうなやつはいない。もう五つにもなったんだから、夜中に一人でせっちんぐらいに行けたっていい。

ところが豆太は、せっちんは表にあるし、表には大きなモチモチの木がつっ立っていて、空いっぱいのかみの毛をバサバサとふるって、両手を「ワァッ！」とあげるからって、夜中には、じさまについてってもらわないと、一人じゃしょうべんもできないのだ。

じさまは、ぐっすりねむっている真夜中に、豆太が「じさまぁ。」って、どんなに小さい声で言っても、「しょん

1 「豆太」は、どんな男の子ですか。

（　　）つになったのに、［　　　　］な男の子。

2 「夜中に一人でせっちんぐらいに行けたっていい。」について、

① 豆太は、夜中にせっちんに行くとき、だれといっしょなのですか。

（　　）

② 豆太が、夜中に一人でせっちんに行くことができないのは、なぜですか。

せっちんがある表には大きなモチモチの木があり、［　　　　］をバサバサとふるって、（　　）のがこわいから。

3 「じさまぁ。」とありますが、この部分を音読するとき、どのように読みますか。一つに○をつけましょう。

学習日　月　日
教科書 下38〜56ページ
答え 23ページ

べんか。」と、すぐ目をさましてくれる。

　いっしょにねている一まいしかないふとんを、ぬらされちまうよりいいからなぁ。

　それにとうげのりょうし小屋に、自分とたった二人でくらしている豆太がかわいそうで、かわいかったからだろう。

　けれど豆太のおとうだって、くまと組みうちして、頭をぶっさかれて死んだほどのきもすけだったし、じさまだって六十四の今、まだ青じしをおっかけて、きもをひやすような岩から岩へのとびうつりだって、みごとにやってのける。

　それなのに、どうして豆太だけが、こんなにおくびょうなんだろうか――。

斎藤　隆介「モチモチの木」より

ア（　）なきながら、わがままな調子で読む。

イ（　）はずかしそうに、あまえた調子で読む。

ウ（　）おこったように、らんぼうな調子で読む。

ヒント　豆太にとってじさまがどんなそんざいなのかをおさえよう。

4　「すぐ目をさましてくれる。」とありますが、じさまがすぐ起きてくれるのは、なぜですか。

・ふとんを（　　　　）よりもいいから。

・二人きりでくらす豆太が（　　　　）で、（　　　　）から。

ヒント　理由を表す「〜から」という言葉にちゅう目しよう。

5　「どうして豆太だけが」とありますが、豆太の「おとう」と「じさま」はどんな人ですか。

・おとう…くまと組みうちするほどの（　　　　）。

・じさま…（　　　　）さいなのに、青じしをおっかけて、岩から岩へのとびうつりができるような人。

想ぞうしたことをつたえ合おう

モチモチの木

文章を読んで、答えましょう。

モチモチの木ってのはな、豆太がつけた名前だ。小屋のすぐ前に立っているでっかいでっかい木だ。

秋になると、茶色いぴかぴか光った実をいっぱいふり落としてくれる。その実をじさまが木うすでついて、石うすでひいて、粉にする。粉にしたやつをもちにこねあげて、ふかして食べると、ほっぺたが落っこちるほどうまいんだ。

「やい木ぃ、モチモチの木ぃ！　実ぃ落とせぇ！」

なんて、昼間は木の下に立って、かた足で足ぶみして、いばってさいそくしたりするくせに、夜になると豆太は、もうだめなんだ。木がおこって、両手で、「お化けぇぇ！」って、上からおどかすんだ。夜のモチモチの木は、そっ

1 「モチモチの木」とは、どんな木ですか。

［　　］のすぐ前にある［　　］木。

2 「やい木ぃ、モチモチの木ぃ！　実ぃ落とせぇ！」について、

① 豆太が「モチモチの木」に「実ぃ落とせぇ！」と言ったのは、なぜですか。

実を粉にしたやつを［　　］にこねあげて、ふかして食べると、［　　］ほどうまいから。

② この部分を音読するとき、どのように読むとよいですか。一つに○をつけましょう。

ア（　）いばっているように、らんぼうな調子で読む。
イ（　）おねがいするように、ていねいな調子で読む。
ウ（　）楽しんでいるように、元気のよい調子で読む。

学習日　月　日
教科書　下38〜56ページ
答え　23ページ

ちを見ただけで、もうしょんべんなんか出なくなっちまう。じさまが、しゃがんだひざの中に豆太をかかえて、

「ああ、いい夜だ。星に手がとどきそうだ。おく山じゃあ、しかやくまめらが、鼻ぢょうちん出して、ねっこけてやがるべ。それ、シイーッ。」

って言ってくれなきゃ、とっても出やしない。しないでねると、あしたの朝、とこの中がこう水になっちまうもんだから、じさまはかならず、そうしてくれるんだ。五つになって「シー」なんて、みっともないやなぁ。

でも豆太は、そうしなくっちゃだめなんだ。

斎藤　隆介「モチモチの木」より

3 「じさまはかならず、そうしてくれるんだ。」とありますが、じさまは、豆太にどうしてくれるのですか。

しゃがんだひざの中に豆太をかかえて、

（　　　　　　　　　　）。

4 「豆太は、そうしなくっちゃだめなんだ。」について、

① 豆太は、そうしないとどうなってしまうのですか。

［　　　　］が出なくなってしまう。

ヒント　そして、「あしたの朝、とこの中がこう水になっちまう」んだね。

② ①のようになってしまうのは、なぜですか。

豆太は夜の［　　　　　　］がこわいから。

5 豆太は、どんなせいかくの人物ですか。一つに○をつけましょう。

ア（　）いばりやで、弱い者いじめばかりしている人物。

イ（　）身がってで、じさまにわがままを言っている人物。

ウ（　）こわがりで、じさまにあまえている人物。

ヒント　人物のせいかくは、その人の行動から考えよう。

人物の気持ちを表す言葉／いろいろなつたえ方
本から発見したことをつたえ合おう
漢字を使おう7

めあて
★人物の気持ちを表す言葉をおぼえよう。
★いろいろなつたえ方があることを理かいしよう。
★本を人にしょうかいしよう。

学習日 月 日
教科書 下58～68ページ
答え 24ページ

かきトリ 新しい漢字

64ページ 勉 ベン 10画
64ページ 期 キ 12画
62ページ 界 カイ 9画
62ページ 港 コウ みなと 12画
62ページ 駅 エキ 14画
教科書58ページ 羊 ヨウ ひつじ 6画
68ページ 反 ハン そる・そらす 4画
68ページ 談 ダン 15画
68ページ 予 ヨ 4画
68ページ 列 レツ 6画
68ページ 式 シキ 6画
68ページ 級 キュウ 9画

1 （　）に読みがなを書きましょう。

① 近くの 駅。（　）
② 読点 をうつ。（　）
③ 二 学期 が始まる。（　）
④ 先生に 相談 する。（　）

読み方が新しい漢字

2 □に漢字を書きましょう。

① □（おんせい）案内（あんない）
② □（せかい）を旅（たび）する。
③ □（べんきょう）をする。
④ □（がっきゅう）会の時間。
⑤ 一□（れつ）にならぶ。
⑥ 考えに□（はんたい）する。

読み方が新しい漢字

人物の気持ちを表す言葉

3 次の（　）に合う「気持ちを表す言葉」を［　］からえらんで、記号を書きましょう。

① ちらかった部屋をかたづけたら、気分も（　）した。
② このましっぱいしてしまうのではないかと（　）した。
③ 次にどんな楽しいことが起こるだろうと（　）する。
④ なんとか時間に間に合ったので、（　）した。

ア ひやひや　イ わくわく
ウ ほっと　エ すっきり

いろいろなつたえ方

4 相手に何かをつたえるために、次のものはどんなつたえ方をしていますか。［　］からえらんで、記号を書きましょう。

① ピクトグラム（　）
② 手話（　）
③ 点字（　）

ア 目の不自由な人が指でさわって読み取れるように、文字を、もり上がった小さな点でつたえる。
イ 文字が分からなくても、見てすぐにつたわるように、形や色で意味をつたえる。
ウ 耳が不自由な人のために、手や指、顔や体の動きなどで意味をつたえる。

本から発見したことをつたえ合おう

5 次の文の（　）に当てはまる言葉を［　］からえらんで、記号を書きましょう。

本当にあったことや記ろくをもとに書かれた①（　）の作品や、図かんなどを読んで、発見したことを友だちにしょうかいしましょう。
②（　）を読み返して、友だちにしょうかいしたい本をえらび、しょうかいカードを書きます。しょうかいカードには、本の題名、書いた人など、本のじょうほうの他に、③（　）や、感想などを書くとよいでしょう。

ア 本のラベル　イ 本から新しく知ったこと
ウ 読書記録カード　エ ノンフィクション

6 二年生で習った漢字を使って、□に教科にかんする漢字を書きましょう。

① こくご
② さんすう
③ しゃかい
④ りか

想ぞうしたことをつたえ合おう

モチモチの木 ～ 漢字を使おう7

時間 20分

／100

ごうかく 80点

学習日　月　日

教科書 下38～68ページ

答え 25ページ

文章を読んで、答えましょう。　思考・判断・表現

豆太(まめた)は真夜中に、ひょっと目をさました。頭の上でくまのうなり声が聞こえたからだ。

「じさまぁっ！」

むちゅうでじさまにしがみつこうとしたが、じさまはいない。

「ま、豆太、しんぺえすんな。じさまは、じさまは、ちょっと、はらがいてえだけだ。」

まくらもとで、くまみたいに体を丸めてうなっていたのは、じさまだった。

「じさまっ！」

こわくて、びっくらして、豆太はじさまにとびついた。けれどもじさまは、ころりとたたみにころげると、歯を食いしばって、ますますすごくうなるだけだ。

――医者様を、よばなくっちゃ！

豆太は小犬みたいに体を丸めて、表戸を体でふっとばして走りだした。

ねまきのまんま。はだしで。半道(はんみち)もあるふもとの村ま

よく出る

1 「じさまぁっ！」「じさまっ！」とありますが、この部分を音読するときは、どんなふうに読みますか。それぞれ一つえらびましょう。　一つ10点（20点）

① 「じさまぁっ！」 [　]　② 「じさまっ！」 [　]

ア　びっくりしたように、大きな声で読む。
イ　助けてもらいたい気持ちをこめて、大きな声で読む。
ウ　なさけなさそうに、小さな声で読む。

2 「表戸を体でふっとばして走りだした。」について、

① 豆太が走りだしたのは、何のためですか。　一つ5点（10点）

半道もある [　　　　　] まで行って、[　　　] をよぶため。

② 豆太は、どんなかっこうで走り出しましたか。二つ書きましょう。　一つ5点（10点）

[　　　　　　　]

で……。

外はすごい星で、月も出ていた。とうげの下りの坂道は、一面のまっ白いしもで、雪みたいだった。しもが足にかみついた。足からは血が出た。豆太はなきなき走った。いたくて、寒くて、こわかったからなぁ。

でも、大すきなじさまの死んじまうほうが、もっとこわかったから、なきなきふもとの医者様へ走った。

これも年よりじさまの医者様は、豆太からわけを聞くと、

「おうおう……。」

と言って、ねんねこばんてんに薬箱と豆太をおぶうと、真夜中のとうげ道を、えっちら、おっちら、じさまの小屋へ上ってきた。

とちゅうで、月が出てるのに雪がふり始めた。この冬はじめての雪だ。豆太は、そいつをねんねこの中から見た。

そして医者様のこしを、足でドンドンけとばした。じさまが、何だか、死んじまいそうな気がしたからな。

豆太は小屋へ入るとき、もう一つふしぎなものを見た。

「モチモチの木に灯(ひ)がついている！」

斎藤 隆介「モチモチの木」より

できたらスゴイ！

3 ① 「いたくて、寒くて、こわかったからなぁ。」について、それなのに、豆太が走ったのはなぜですか。 15点

（　　　　ほうが、もっとこわかったから。）

② ①のような行動をした豆太は、どんな人物だと思われますか。一つに○をつけましょう。 10点

ア（　）やさしいが、一人では何もできない人物。

イ（　）弱くて、いつももんくばかり言う人物。

ウ（　）いざというときは勇(ゆう)気を出せる人物。

4 ① 「もう一つふしぎなものを見た。」について、豆太が見た、「もう一つふしぎなもの」とは何ですか。 10点

（　　　　）

考えを書こう

② ①を見た豆太は、このとき、どんな気持ちでしたか。考えて書きましょう。 25点

ふりかえり ３が分からないときは、67ページの 3分でワンポイント にもどってかくにんしてみよう。

想ぞうしたことをつたえ合おう

モチモチの木 ～ 漢字を使おう7

時間 20分

／100

ごうかく 80点

学習日　月　日

教科書 下38～68ページ

答え 26ページ

1 読みがなを書きましょう。　一つ2点(20点)

① えいきゅう歯（　）

② 薬局（　）で買う。

③ 文化祭（　）を行う。

④ じゅ業の予習（　）。

⑤ せん湯（　）に入る。

⑥ あま酒（　）を飲む。

⑦ 石油（　）ストーブ

⑧ 港（　）が見える。

⑨ 天神（　）様のやしろ。

⑩ 湖（　）で泳ぐ。

2 □に漢字を、（　）に漢字と送りがなを書きましょう。　一つ2点(20点)

① □(ほか)の人の意見。

② □□(いしゃ)を目指す。

③ 急な下り□(ざか)。

④ 次の□(たい)せん相手。

⑤ きょう□(り)へ帰る。
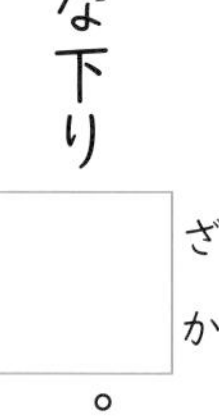

⑥ □(ひつじ)を見る。
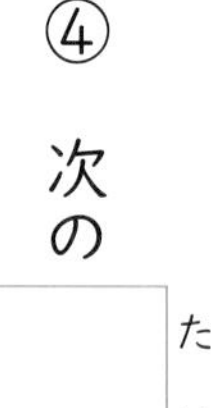
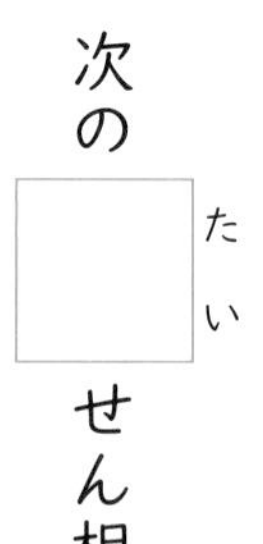

⑦ □□(きじつ)を守る。
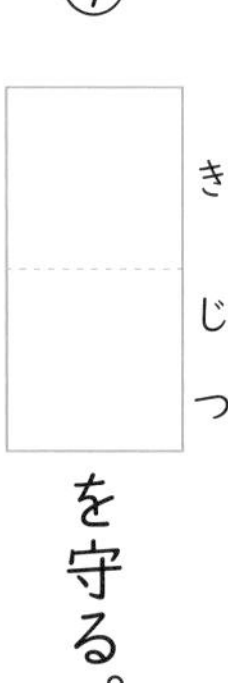

⑧ 妹の□□□(にゅうがくしき)。
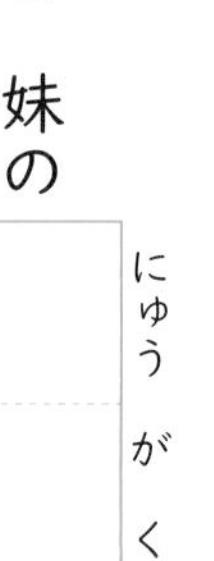

⑨ ペンを（　ひろう　）。

⑩ 体を（　そらす　）。

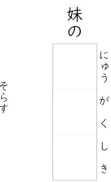

3 次の文の（　）に当てはまる言葉を［　］からえらんで、記号を書きましょう。

一つ4点（20点）

① 自転車にぶつかりかけて、（　）をひやす。
② 母のケーキは（　）が落ちるほどおいしい。
③ いたみにたえて、（　）を食いしばった。
④ 時計の音におどろいて、（　）をさます。
⑤ 寒くて、ねこのように（　）を丸めた。

ア 歯　イ きも　ウ 体
エ 目　オ ほっぺた

4 次の言葉を使って、短い文を作りましょう。

一つ5点（10点）

① 心がおどる

（　　　　）

② そわそわ

（　　　　）

5 次の文の（　）に当てはまる言葉を［　］からえらんで、記号を書きましょう。

一つ5点（15点）

文章を書くときには、漢字やひらがななどの文字の他に、句点や読点などの（　）も使います。その中には、おどろきがより強くつたわるときに使う（　）や、相手にたずねているときに使う（　）もあります。

ア ぎもん符　イ 記号
ウ ピクトグラム　エ かんたん符

6 本から発見したことを友だちとつたえ合うときの手じゅんになるように、（　）に番号を書きましょう。

ぜんぶできて15点

（　）しょうかいされた本を読んだあとは、友だちに感想をつたえる。
（　）読書記録カードを読み返して、友だちにしょうかいしたい本をえらぶ。
（　）カードをもとに本をしょうかいし合う。
（　）しょうかいカードを書く。

この本の終わりにある「冬のチャレンジテスト」をやってみよう！

俳句に親しもう

めあて
★季語や五・七・五の音に注意して俳句を読もう。

学習日　月　日
教科書　下70〜75ページ
答え　26ページ

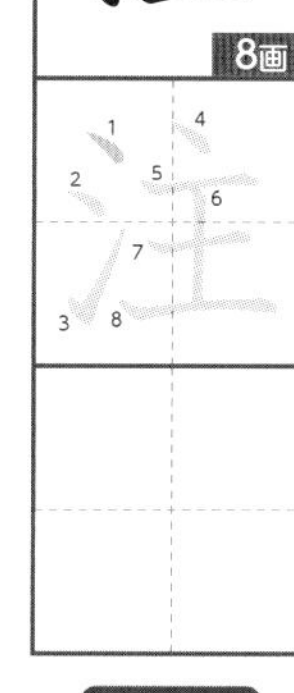

教科書70ページ　注（チュウ・そそぐ）8画

75ページ　暗（アン・くらい）13画

1 （　）に読みがなを、□に漢字を書きましょう。

●読み方が新しい漢字

① 注意（　）深く見る。

② 水を注（　）ぐ。

③ 俳句を□□（あんき）する。

④ □□（ちくりん）を育てる。

⑤ 部屋の中が□（くら）い。

俳句に親しもう

2 俳句についてまとめた次の文の（　）に当てはまる言葉を□からえらんで、記号を書きましょう。

俳句は、日本で昔から作られている短い（　）で、五・七・五の（　）の音でできています。俳句の中のきせつを表す言葉を「（　）」といいます。

ア 詩　イ 曲　ウ 三十
エ 十七　オ 季語　カ 題名

3 次の俳句を、五・七・五の音ごとに／で分けて、ひらがなで書きましょう。

① 閑かさや岩にしみ入る蝉の声　松尾芭蕉

（　）

② 人来たら蛙となれよ冷し瓜　小林一茶

（　）

4 俳句を読んで、答えましょう。

菜の花や月は東に日は西に
与謝蕪村

ひっぱれる糸まっすぐや甲虫
高野素十

をりとりてはらりとおもきすすきかな
飯田蛇笏

(1) ①「菜の花や……」の俳句、②「ひっぱれる……」の俳句の、季語と、その表すきせつを書きましょう。

① 季語（　　　）きせつ□

② 季語（　　　）きせつ□

(2) 「菜の花や……」の俳句は、一日のうちのいつごろの時間をえがいたものですか。一つに○をつけましょう。

ア（　）朝
イ（　）昼
ウ（　）夕方

(3) 「ひっぱれる……」の俳句で、糸をひっぱっているのはだれ（何）ですか。

（　　　）

(4) 「をりとりて……」の俳句にえがかれているのはどんな気持ちですか。一つに○をつけましょう。

ア（　）思ったとおりすすきがおもかったよ。
イ（　）思ったよりすすきはおもたいなあ。

ぴったり1 じゅんび

生き物についての考えを深めよう

カミツキガメは悪者か
漢字を使おう8

松沢（まつざわ）陽士（ようじ）

めあて
★筆者が考えと理由をつたえるためにあげている事例を読み取ろう。

学習日　月　日
教科書　下76〜91ページ
答え　27ページ

かきトリ　新しい漢字

教科書78ページ	80ページ	85ページ	86ページ
悪　アク　わるい　11画	岸　ガン　きし　8画	放　ホウ　はなす・はなつ　はなれる・ほうる　8画	幸　コウ　しあわせ・さいわい　8画

87ページ	91ページ	91ページ	91ページ
悲　ヒ　かなしい・かなしむ　12画	商　ショウ　11画	昭　ショウ　9画	帳　チョウ　11画

読み方がいろいろある漢字に注意しよう！

1 （　）に読みがなを書きましょう。

① 岸べにすわる。（　）
② 悪い話。（　）
③ 昭和生まれ（　）
④ 商品をとどける。（　）

2 □に漢字を、（　）に漢字と送りがなを書きましょう。

① □（たいがん）を見る。
② □（●しん●ぶん）を読む。
③ 魚を川に□（はな）つ。
④ れんらく□（ちょう）を書く。
⑤ （しあわせ）な時間。
⑥ （かなしい）顔の少女。

●読み方が新しい漢字

3 正しい意味に○をつけましょう。

① 社会にえいきょうをあたえる。
ア（　）他の物や人に、力がおよぶこと。
イ（　）自分だけに問題があること。

② あなの中に住みつく。
ア（　）一つの場所に落ち着いて住むこと。
イ（　）いろいろな場所にうつり住むこと。

③ となりの家の犬は、気があらい。
ア（　）いきおいがあって、おこりっぽい様子。
イ（　）しずかで、おだやかな様子。

④ ねこは、けいかい心が強い。
ア（　）十分に注意をしないこと。
イ（　）あらかじめ用心すること。

⑤ 夜空に星がちらばる。
ア（　）同じ場所にかたまる。
イ（　）ばらばらにはなれる。

3分でワンポイント

筆者の考えとそれをささえる理由を読み取ろう。

★①～③に合う言葉を［　］の中からえらんで記号を書きましょう。

始め
日本にいないはずの生き物がふえている。
（れい　カミツキガメ）

中
カミツキガメが日本にいると……
・もともといた生き物が①（　　）。
・足をかんだり、魚をとるあみをやぶったりして、こまる。
カミツキガメをつかまえて、②（　　）。

終わり
生き物をかうときの③（　　）を考えなければならない。

［ア　ルール　　イ　いなくなる　　ウ　取りのぞく］

生き物についての考えを深めよう

カミツキガメは悪者か

文章を読んで、答えましょう。

カミツキガメは、どんな生き物なんだろう。どのようにくらしているんだろう。カミツキガメにきょうみを持ったわたしは、毎日のように田んぼや池に通い、かんさつをつづけるようになりました。

カミツキガメは夜行せいであると知られていますが、かんさつをつづけていると、昼の池や田んぼにもよくあらわれることに気づきました。でも、見かけるのは、いつも水面からほんの少し顔を出しているすがただけ。しかも、人の気配がすると、すぐににげてしまいます。わたしにかみつこうと、向かってくるよう

1 筆者が、カミツキガメのかんさつをつづけるようになったのは、どのように考えたからですか。二つ書きましょう。

・（　　）

・（　　）

2 筆者は、カミツキガメのかんさつをつづけて、どんなことに気づきましたか。

カミツキガメは（　　）だが、（　　）こと。

ヒント 11行目の「〜に気づきました」に注目しよう。

3 筆者がかんさつしていたカミツキガメは、どんなすがたでしたか。

いつも（　　）からほんの少し

学習日
月　日
教科書
下76〜90ページ
答え
27ページ

3 次の文の（　）に当てはまる言葉を［　］からえらんで、記号を書きましょう。

① 青色がすきだ（　　）、青色の服を買った。

② 今日はきんちょうしてねむれそうにない。（　　）、明日は水泳教室のテストがあるからだ。

③ くまのぬいぐるみは、大すきなおばあちゃんに買ってもらいました。（　　）、わたしはくまのぬいぐるみを大切にしています。

ア　なぜなら　イ　このような理由から　ウ　から

4 自分の考えとその理由を次の組み立てで書くとき、①・②にはどんなことを書くとよいですか。［　］からえらんで、記号を書きましょう。

始め	中	終わり
自分の考え	①（　　）	②（　　）

ア　自分の考え　イ　考えの理由　ウ　じこしょうかい

5 次のメモの（　）に当てはまる内ようを［　］からえらんで、記号を書きましょう。

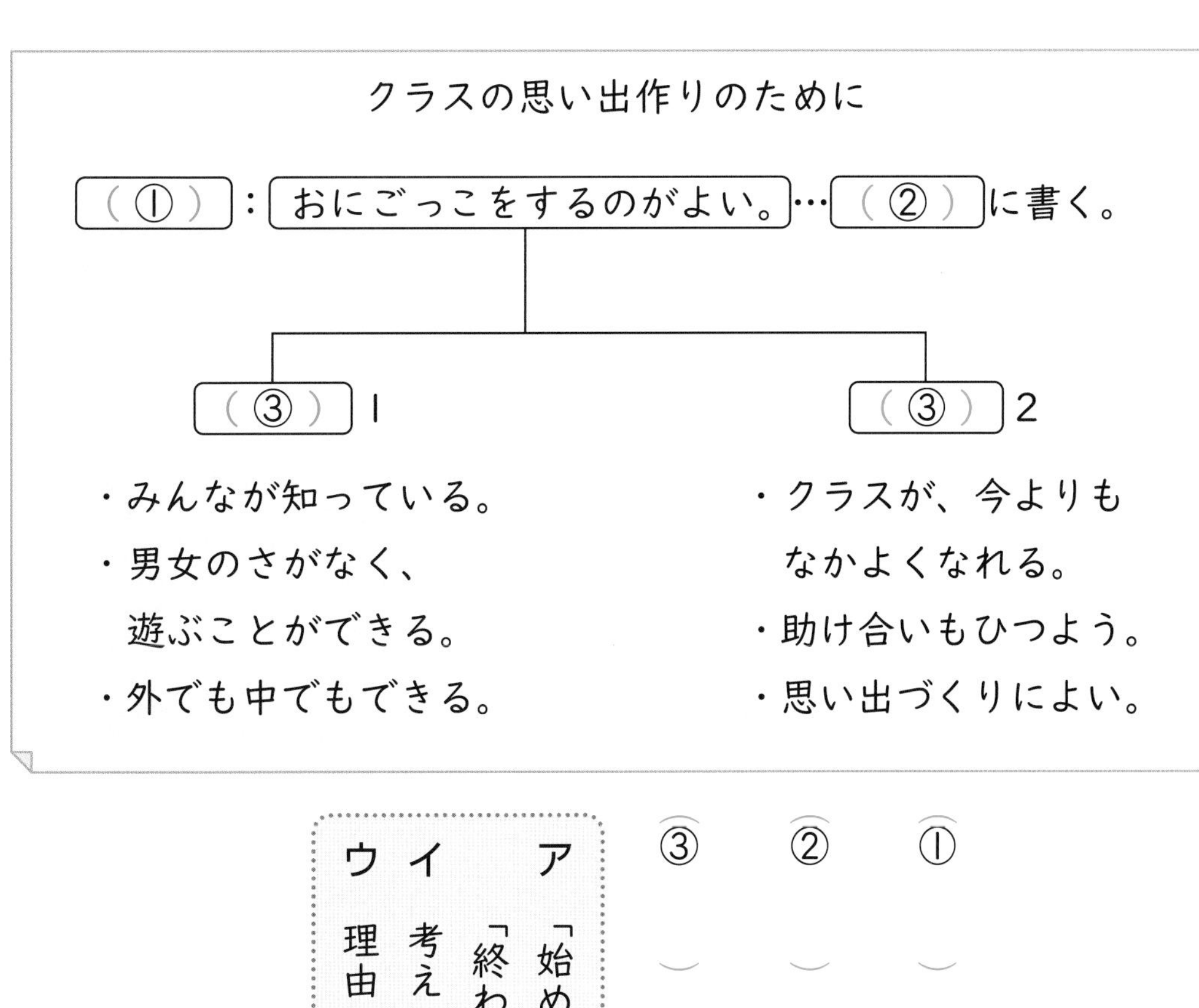

クラスの思い出作りのために
（①）：おにごっこをするのがよい。…（②）に書く。
（③）1
・みんなが知っている。
・男女のさがなく、遊ぶことができる。
・外でも中でもできる。
（③）2
・クラスが、今よりもなかよくなれる。
・助け合いもひつよう。
・思い出づくりによい。

①（　　）

②（　　）

③（　　）

ア　「始め」と「終わり」　イ　考え　ウ　理由

道具のうつりかわりを説明しよう
漢字を使おう9
くわしく表す言葉

めあて
★調べたことを説明するための話の組み立てや話し方のくふうを学ぼう。
★くわしく表す言葉をおぼえよう。

学習日　月　日
教科書　下100～109ページ
答え　28ページ

かきトリ　新しい漢字

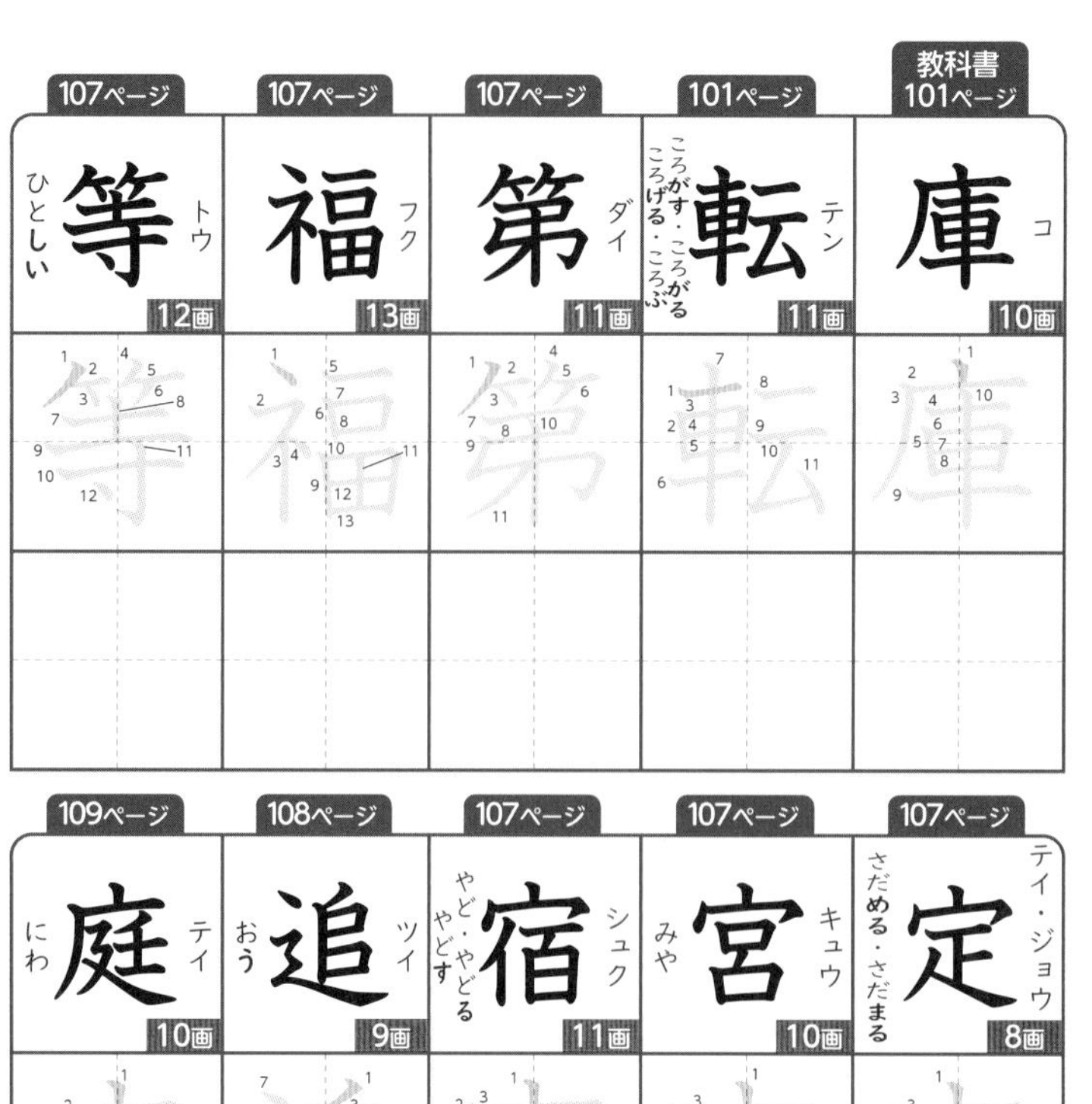

107ページ　定　テイ・ジョウ　さだめる・さだまる　8画
107ページ　宮　キュウ　みや　10画
107ページ　宿　シュク　やど・やどる・やどす　11画
108ページ　追　ツイ　おう　9画
109ページ　庭　テイ　にわ　10画

1 （　）に読みがなを書きましょう。

① そう庫を整理する。　　② 福わらいをする。

③ 古ふんをおとずれる。　④ 校庭で遊ぶ。

● 読み方が新しい漢字

2 □に漢字を、（　）に漢字と送りがなを書きましょう。

① □（じてんしゃ）に乗る。　② 安全□（だいいち）

③ □（おうきゅう）で生活する。　④ □（やど）を予やくする。

⑤ （ひとしい）数にする。　⑥ てきを（おう）。

3 **間（ま）の取り方にはどのような役わりがありますか。正しいもののすべてに〇をつけましょう。**

ア（　）次に話すことを想ぞうすることができる。
イ（　）話のまとまりを作ることができる。
ウ（　）話がつたわっているかをたしかめることができる。
エ（　）一定のリズムをたもって話すことができる。
オ（　）だいじな言葉に注意を向けることができる。

4 **説明する内ようを組み立てるために作った表の（　）に当てはまる言葉を□からえらんで、記号を書きましょう。**

	内よう	気をつけること
始め	・電話きのうつりかわり ・しょうかいする電話き	①（　）を言う。
②（　）	・電話きの発明について	

ア　電話きの発明　　イ　まとめ
ウ　何についてせつ明するか

5 **次の□の文について、答えましょう。**

ぼくは、きのう　お店で　おいしい　いちごの
ケーキを　買った。

① □の文の主語とじゅつ語をさがして、それぞれ書きましょう。

主語（　　）　じゅつ語（　　）

② □の文の「何を」をさがして書きましょう。

（　　）

③ □の文の「いつ」と「どこで」をさがして、それぞれ書きましょう。

いつ（　　）　どこで（　　）

④ □の文の「様子をくわしく表す言葉」を二つさがして書きましょう。

（　　）（　　）

④の「様子をくわしく表す言葉」は、「どんな」「何の」「どのように」などを表す言葉をさがそう。

生き物についての考えを深めよう

カミツキガメは悪者か ～ くわしく表す言葉

時間 20分

／100

ごうかく80点

学習日　月　日

教科書　下76～109ページ

答え　29ページ

文章を読んで、答えましょう。　思考・判断・表現

このようなことをふせぎ、カミツキガメのひがいを少しでもへらそうと、印旛沼(いんばぬま)やそのまわりでは、たくさんの人たちがカミツキガメをつかまえて、取りのぞいています。もし、カミツキガメをそのまま放っておけば、やがて印旛沼のまわりの水べはカミツキガメだらけになってしまうからです。

なぜ印旛沼のまわりでは、カミツキガメがふえてしまったのでしょうか。それは、ペットにするために外国からつれてきたカミツキガメを、人が放してしまったからです。さらに、印旛沼には、大きくなったカミツキガメをおそうような生き物がいません。これでは、カミツキガメがふえるのもとうぜんです。

1　たくさんの人たちが、印旛沼やそのまわりでカミツキガメをつかまえて取りのぞいているのは、なぜですか。一つに○をつけましょう。　10点

ア（　）カミツキガメだらけになるのをふせぎ、ひがいをへらすため。

イ（　）カミツキガメを自分の家や学校でかって大きくするため。

ウ（　）カミツキガメを印旛沼いがいの場所でもふやすため。

よく出る

2　印旛沼のまわりで、カミツキガメがふえてしまったのはなぜですか。二つ書きましょう。　一つ10点(30点)

・ペットにするために、（　　　）から

つれてきたカミツキガメを、（　　　）から。

・（　　　）を

おそうような生き物がいないから。

かっている生き物を、自然の中に放せば、その生き物が幸せになれると思う人もいるかもしれません。でも、それはまちがっています。そこにいなかった生き物が自然の中でふえ、もともといた生き物や人の生活にえいきょうが出るようなことになれば、その生き物は、自然の中から取りのぞかなければならなくなるからです。

カミツキガメもそうした生き物の一つです。日本の自然の中にいてはいけない生き物として、取りのぞかれていくカミツキガメ。そんなカミツキガメが幸せでないことは、きっとだれにでも分かるはずです。

カミツキガメのような悲しい生き物をふやさないためには、どうすればよいのか。わたしたち一人一人が、生き物をかうときのせきにんとルールについて考えなければなりません。

松沢　陽士「カミツキガメは悪者か」より

3 「それはまちがっています。」とありますが、どんな考えがまちがっているのですか。一つに○をつけましょう。 20点

ア（　）外国からつれてきた生き物が日本で、大きくりっぱに育つのはよいことだという考え。

イ（　）日本にいなかった生き物と、もともといた生き物がいっしょにくらすことができるという考え。

ウ（　）かっている生き物を、自然の中に放すことは生き物にとって幸せなことだという考え。

できたらスゴイ！

4 カミツキガメは、日本の自然にとってどんな生き物ですか。 20点

（　　　　）

考えを書こう

5 「生き物をかうときのせきにんとルール」とありますが、生き物をかうときにどんなことに気をつけるとよいですか。考えて書きましょう。 20点

カミツキガメのような悲しい生き物をふやさないために、

ふりかえり　5が分からないときは、81ページの 3分でワンポイント にもどってかくにんしてみよう。

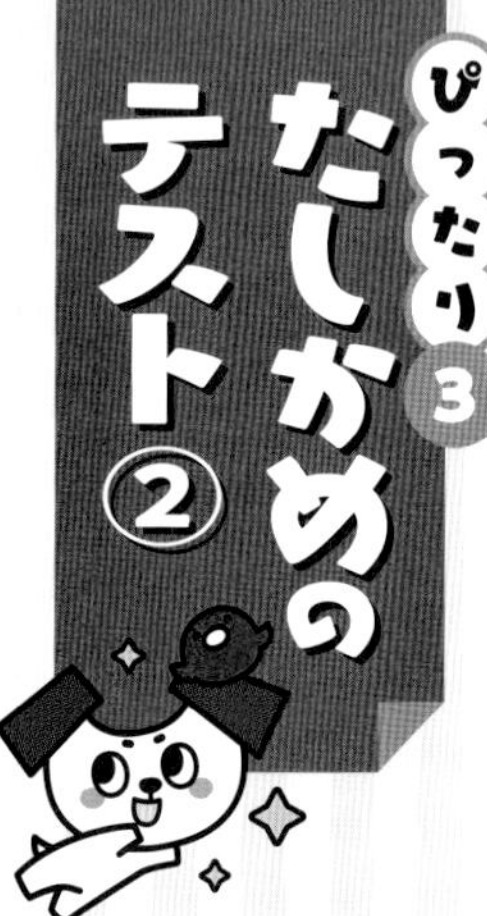

生き物についての考えを深めよう
カミツキガメは悪者か
～くわしく表す言葉

1 読みがなを書きましょう。　一つ2点(20点)

① 学級 新聞 をはる。
② 放 か後になる。
③ 八百屋 をいとなむ。
④ 大きな 悲鳴。
⑤ れいぞう 庫 を買う。
⑥ 一等 しょうを取る。
⑦ 明日の 予定。
⑧ 日記 帳 を書く。
⑨ 昭和 のくらしを学ぶ。
⑩ 太古 の化石。

2 □に漢字を、〔　〕に漢字と送りがなを書きましょう。　一つ2点(20点)

① □□(あくにん)の役。
② □□(かいがん)通りを歩く。
③ □□(こううん)な人。
④ □□(てんこう)する。
⑤ □□(けんどう)を走る。
⑥ ホテルに□(しゅく)はくする。
⑦ 三角□(じょう)ぎを使う。
⑧ □□(しょうひん)を見る。

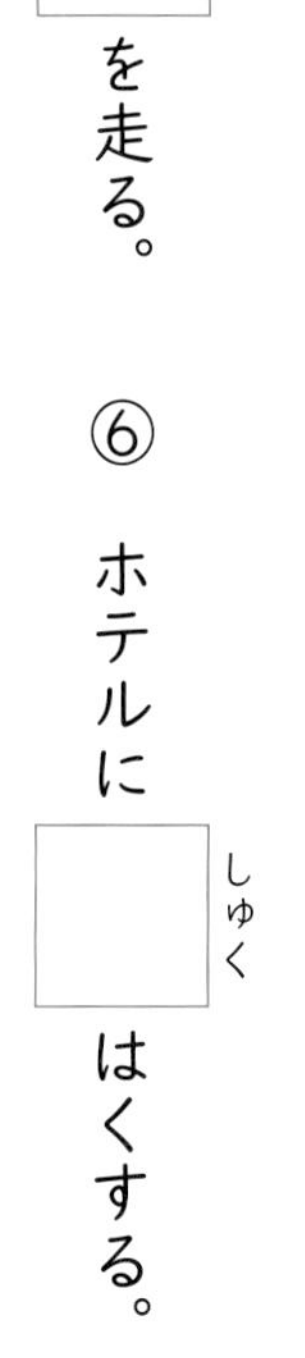

⑨ 玉を〔　　　〕(ころがす)。
⑩ 親の手が〔　　　〕(はなれる)。

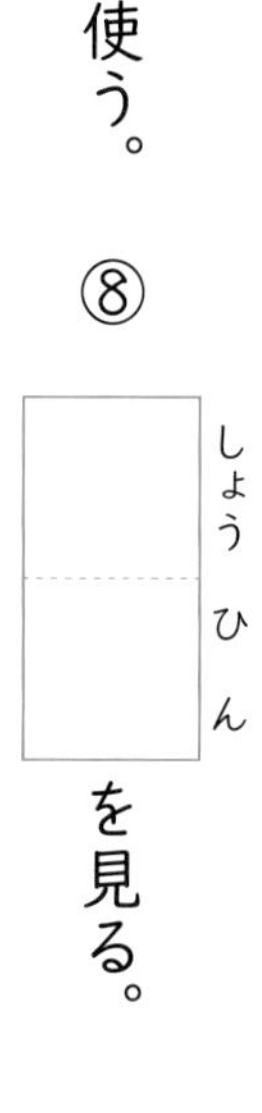

時間 20分
／100
ごうかく 80点

学習日
月　日
教科書
下76～109ページ
答え
30ページ

3 ①・②のような考えを他の人につたえるとき、どんな理由をつけくわえるとよいですか。○をつけましょう。 一つ5点(10点)

① 物語を味わうときは、テレビよりも本がよい。

ア(　)なぜなら自分の家では、テレビをあまり見ないからです。

イ(　)本は、風けいなどを自分で自由に想ぞうしながら読めるからです。

② 人にれんらくするときは、電話よりもメールがよい。

ア(　)メールなら、相手が都合のよい時に読めばいいので、めいわくにならないからです。

イ(　)電話で話すほうが、すぐに返事がもらえるし、相手の気持ちもよく分かるからです。

4 調べたことや人から聞いたことを話すときに使う言葉を次からえらんで、二つに○をつけましょう。 一つ5点(10点)

ア(　)〜そうです。

イ(　)〜と思います。

ウ(　)〜したいです。

エ(　)〜によると、

5 次の文の(　)に当てはまる言葉を[　]からえらんで、記号を書きましょう。また、(　)の言葉がくわしく表している言葉を〔　〕に書きましょう。 一つ3点(30点)

① (　)服を着る。 〔　〕

② (　)夕やけがかがやく。 〔　〕

③ 赤ちゃんが(　)歩く。 〔　〕

④ 雨が(　)ふり出した。 〔　〕

⑤ 魚が(　)泳ぐ。 〔　〕

ア 真っ赤に　イ すいすい　ウ よちよち
エ ぽつぽつ　オ 新しい

6 次の文の中から、様子をくわしく表す言葉をさがして、——線を引きましょう。 一つ5点(10点)

① 長い橋をゆっくりとわたる。

② たくさんの小さな鳥がにぎやかに歌っている。

ふりかえり 3が分からないときは、84ページの1にもどってかくにんしてみよう。

物語のしかけのおもしろさをつたえ合おう

ゆうすげ村の小さな旅館 ——ウサギのダイコン

漢字を使おう10

茂市（もいち）久美子（くみこ）

めあて
★物語に出てくる物や道具の役わりを考えてみよう。
★人物の行動や会話、様子に気をつけて読んでみよう。

学習日　月　日
教科書　下110～127ページ
答え　30ページ

かきトリ 新しい漢字

漢字	読み	画数	教科書
旅	リョ・たび	10画	112ページ
息	ソク・いき	10画	112ページ
階	カイ	12画	113ページ
重	ジュウ・チョウ・おも い・え・かさ ねる・かさ なる	9画	113ページ
畑	はたけ・はた	9画	115ページ
去	キョ・コ・さる	5画	115ページ
礼	レイ	5画	116ページ
待	タイ・まつ	9画	120ページ
秒	ビョウ	9画	127ページ
病	ビョウ・やまい	10画	127ページ
童	ドウ	12画	127ページ

読み方がいろいろある漢字に注意しよう！

1 （　）に読みがなを書きましょう。

① 色が●多少（　）ちがう。
② ●野鳥（　）をかんさつする。
③ ●土地（　）が広い。
④ ●自力（　）でのりこえる。
⑤ ●口調（　）がきつい。
⑥ き重（　）な品物。

●読み方が新しい漢字

2 □に漢字を、（　）に漢字と送りがなを書きましょう。

① □（りょこう）をする。
② □（どうわ）を読む。
③ 妹を（まつ）。
④ お皿を（かさねる）。

3 正しい意味に○をつけましょう。

① 一人で家事を切りもりする。
ア（　）うまくやりくりする。
イ（　）きれいにまとめる。

② 新しいホテルにたいざいする。
ア（　）何回も行く。
イ（　）しばらくとどまる。

③ 米をしゅうかくする。
ア（　）ほり返す。
イ（　）とり入れる。

4 次の文の（　）に当てはまる言葉を［　］からえらんで、記号を書きましょう。

① ねぼうして（　）ちこくするところだった。
②（　）、あしたは学校が休みだ。
③ ぼくは（　）より道をした。

［ア つい　イ あやうく　ウ そういえば］

3分でワンポイント

人物の様子から物語のしかけを見つけよう。

★①～③の（　）に合う言葉を［　］の中からえらんで記号を書きましょう。

美月（みづき）はどんな人物かな？

名前	とくちょう	持っていたもの
①美月（　）	・色白 ・②（　）	③（　）

← 美月の正体は「ウサギ」だとわかる。

［ア ウサギダイコン　イ 耳がよい　ウ 宇佐見（うさみ）］

物語のしかけのおもしろさをつたえ合おう

ゆうすげ村の小さな旅館 ——ウサギのダイコン

文章を読んで、答えましょう。

わか葉のきせつでした。ゆうすげ旅館では、山に林道を通す工事の人たちがとまりに来て、ひさしぶりに、六人ものたいざいのお客さんがありました。つぼみさんは、朝早くから夜おそくまで大いそがしで、息をつくひまもありませんでした。

わかいころなら、お客さんの六人ぐらい、何日とまってても平気でした。でも、年のせいでしょうか。一週間もすると、ふとんを上げたり、おぜんを持って階だんを上ったりするのが、つらくなってきたのです。

ある日、つぼみさんは、夕はんの買い物から帰るとちゅう、重い買い物ぶくろをちょっとの間、道ばたに下ろして、ついひとり言を言いました。

「せめて、今とまっているお客さんたちが帰るまで、だれか、手つだってくれる人がいないかしら。」

1 いつごろのお話ですか。七字で書きぬきましょう。

［　　　　　　　］のお話。

2 「ゆうすげ旅館」を切りもりしているのは、だれですか。

（　　　　）

3 「息をつくひまもありません」について、

① これほどまでにいそがしいのは、なぜですか。一つに○をつけましょう。

ア（　）山に林道が通ってお客さんがふえたから。

イ（　）六人ものたいざいのお客さんがあったから。

ウ（　）わかいころよりも、買う物がふえたから。

② 一週間もすると、つぼみさんはどうなってきましたか。

［　　　］を上げたり、［　　　］を持って［　　　］を上ったりするのが、［　　　］なってきた。

学習日　月　日

教科書　下110～126ページ

答え　31ページ

そのよく朝のことです。つぼみさんが、朝ごはんのかたづけをしていると、色白のぽっちゃりとしたむすめが、何本ものダイコンを入れたかごを持って、やってきました。

「おはようございます。わたし、美月（みづき）っていいます。お手つだいに来ました。」

「えっ？」

つぼみさんが、きょとんとしていると、むすめは、親しげにわらいかけました。

「ほら、きのうの午後、だれか手つだってくれる人がいないかしらって、言ってたでしょ。」

（へんねえ。買い物の帰り、だれにも会わなかったけど……。）

つぼみさんが首をかしげると、むすめは言いました。

「わたし、こちらの畑をかりてる宇佐見（うさみ）のむすめです。父さんが、よろしくって言ってました。これ、あの畑で作ったウサギダイコンです。」

むすめは、持ってきたダイコンを、つぼみさんにさし出しました。

茂市　久美子「ゆうすげ村の小さな旅館――ウサギのダイコン」より

4 「そのよく朝」について、

① 旅館には、だれがやってきましたか。

（　　　）という名前の（　　　）で（　　　）としたむすめ。

② 何をするために、やってきましたか。

つぼみさんの［　　　　］をするため。

5 「首をかしげると」とありますが、つぼみさんが「首をかしげ」たのは、なぜですか。一つに○をつけましょう。

ア（　）買い物の帰りは、だれにも会わなかったから。

イ（　）むすめが、親しげにわらいかけてきたから。

ウ（　）知り合いに、こんなわかいむすめはいないから。

ヒント　むすめは、つぼみさんのひとり言を知っていたんだよ。

6 「つぼみさんにさし出しました。」とありますが、何をさし出したのですか。

かりている畑で作った［　　　　　　］。

ヒント　むすめが持ってきたものに注目しよう。

物語のしかけのおもしろさをつたえ合おう

ゆうすげ村の小さな旅館 ――ウサギのダイコン

学習日 月 日
教科書 下110～126ページ
答え 31ページ

文章を読んで、答えましょう。

さて、ダイコンづくしの料理がつづくようになったある日、仕事から帰ってきたお客さんが言いました。

「近ごろ、耳がよくなったみたいなんですよ。小鳥の声や、動物の立てる音が、実によく聞こえるんです。おかげで、工事であやうくこわすところだった小鳥の巣を見つけて、ほかにうつしてやれましたよ。」

それを聞くと、つぼみさんは、はっとしました。そういえば、つぼみさんの耳も、近ごろ、急によくなった気がします。遠くの小鳥の声や、小川のせせらぎが、しょっちゅう聞こえてくるのです。夜など、みんながねしずまって、あたりがしいんとすると、はるか遠い山の上をふく風の音を聞いて、それが今どのあたりをふいているのか、聞き分けることができました。

（急に、どうしたのかしら。）

つぼみさんは、ふしぎに思いました。

またたく間に、二週間がすぎて、たいざいのお客さんたちは、仕事が終わり、ゆうすげ旅館を引きあげていく

1 「ダイコンづくしの料理」を食べつづけたお客さんは、どうなりましたか。一つに○をつけましょう。

ア（　）耳がよくなって、小さな声や音もよく聞こえるようになった。

イ（　）工事がはかどって、空いた時間に小鳥の巣を見つけるようになった。

ウ（　）小鳥などの小さな生き物を、より大切にするようになった。

2 「はっとしました。」とありますが、つぼみさんがはっとしたのはなぜですか。

近ごろ、つぼみさんの［　　］も、急に［　　　　］ことに気づいたから。

3 「わたしも、そろそろおいとまします。」について、

① むすめはどんな様子で言いましたか。一つに○をつけましょう。

ア（　）つぼみさんをこわがっている様子。

イ（　）つぼみさんになかなか言いにくそうな様子。

ことになりました。

お客さんが帰って、後かたづけがすむと、むすめはおずおずとエプロンを外しました。

「それじゃあ、わたしも、そろそろおいとまします。」

つぼみさんががっかりすると、むすめは、下を向きました。

「畑のダイコンが、今、ちょうど、とり入れどきなんです。父さん一人じゃたいへんだから。しゅうかくがおくれると、まほうのきき目が、なくなってしまうんです。」

「まほうのきき目って？」

「耳がよくなるまほうです。夜は、星の歌も聞こえるんですよ。山のみんなは、ウサギダイコンがとれるのを今か今かと待ってるんです。」

（まあ。だから、お客さんもわたしも、急に耳がよくなったんだ。）

つぼみさんは、大きくうなずきました。

「じゃあ、引き止めるわけにはいかないわねえ。」

茂市　久美子「ゆうすげ村の小さな旅館　――ウサギのダイコン」より

ウ（　　）すこしでも早く家に帰りたい様子。

ヒント　むすめが言い出す前の様子に気をつけて考えよう。

② むすめが帰ってしまうのは、なぜですか。

ちょうど畑の（　　　　）がとり入れどきで、（　　　　）が一人でしゅうかくするのは（　　　　）なため、手つだいをしないといけないから。

4 「お客さんもわたしも、急に耳がよくなったんだ。」とありますが、なぜそうなったのですか。

ウサギダイコンを食べて、［　　　　］にかかったから。

5 この文章では、大切な役わりをもつ物や道具として、何が出てきましたか。七字で書きぬきましょう。

［　　　　　　　］

ヒント　くり返し出てきて、出来事をへん化させたものをさがそう。

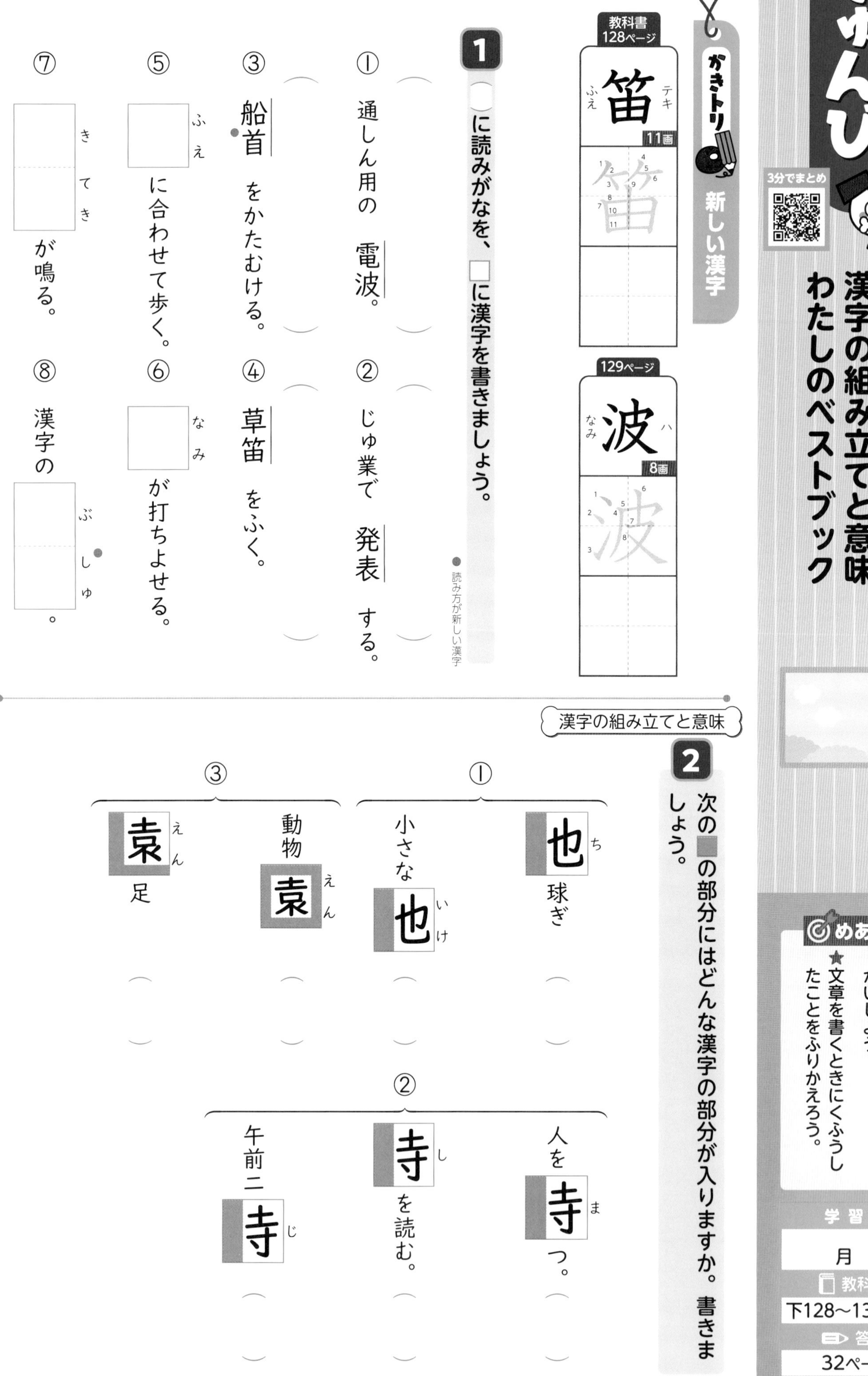

ぴったり1 じゅんび

3分でまとめ

漢字の組み立てと意味
わたしのベストブック

めあて
★漢字の組み立てと意味を理かいしよう。
★文章を書くときにくふうしたことをふりかえろう。

学習日 月 日

教科書 下128～133ページ

答え 32ページ

かきトリ 新しい漢字

教科書128ページ
笛 テキ ふえ 11画

129ページ
波 ハ なみ 8画

1 （　）に読みがなを、□に漢字を書きましょう。

●読み方が新しい漢字

① 通しん用の 電波。（　）
② じゅ業で 発表 する。（　）
③ 船首● をかたむける。（　）
④ 草笛 をふく。（　）
⑤ □（ふえ）に合わせて歩く。
⑥ □（なみ）が打ちよせる。
⑦ □□（きてき）が鳴る。
⑧ 漢字の □□（ぶ●しゅ）。

漢字の組み立てと意味

2 次の■の部分にはどんな漢字の部分が入りますか。書きましょう。

① 也（ち）球ぎ（　）　小さな 也（いけ）（　）
② 人を 寺（ま）つ。（　）　寺（し）を読む。（　）　午前二 寺（じ）（　）
③ 動物 袁（えん）（　）　袁（えん）足（　）

3 次の漢字の■の部分は、なんという部首ですか。□からえらんで、記号を書きましょう。

①   （　　）

②   （　　）

③  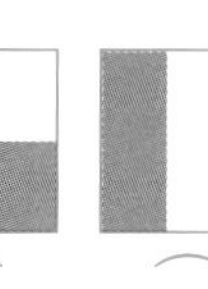 （　　）

④   （　　）

⑤   （　　）

⑥   （　　）

⑦  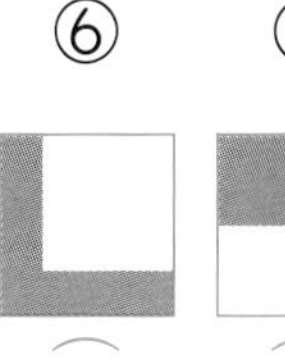  （　　）

ア　たれ　イ　つくり　ウ　かんむり　エ　かまえ
オ　へん　カ　あし　キ　にょう

4 次の漢字の部首名をひらがなで書きましょう。

① 休・作（　　）

② 校・柱（　　）

③ 国・園（　　）

④ 顔・頭（　　）

⑤ 道・遠（　　）

わたしのベストブック

5 次の文の（　）に当てはまる言葉を□からえらんで、記号を書きましょう。

一年間を通して書いた文章を（　　）、おすすめの文章を決めて、「がんばったよカード」を書く。できあがったら、文章にカードをそえて、友だちと読み合い、いちばんよいと思ったものに（　　）を送る。

それらをまとめて、一年間の学習の（　　）として、大切にとっておこう。

ア　書き直し　イ　読み返し　ウ　目ひょう
エ　記録　オ　しょうじょう

6 自分が書いたおすすめの文章につける「がんばったよカード」には、どんなことを書いたらよいですか。二つに○をつけましょう。

ア（　）文章を書くときに書きわすれたこと。

イ（　）文章を書くときに気をつけたこと。

ウ（　）文章を書くときにくふうしたこと。

エ（　）文章を書いて後かいしたこと。

物語のしかけのおもしろさをつたえ合おう

ゆうすげ村の小さな旅館――ウサギのダイコン ～わたしのベストブック

時間 20分

／100

ごうかく 80点

学習日

月　日

教科書 下110～133ページ

答え 33ページ

文章を読んで、答えましょう。　思考・判断・表現

よく日、つぼみさんは町に出かけて、むすめのために花がらのエプロンを買うと、それを持って山の畑に出かけました。

（ここに来るのは、何年ぶりかしら。エプロン、気に入ってくれるといいけど。）

畑に着いて、つぼみさんの目にとびこんできたのは、二ひきのウサギでした。

（たいへん、ウサギが、畑をあらしているわ！）

でも、すぐに、つぼみさんは、そうではないことに気がつきました。二ひきは、ダイコンをぬいているところだったのです。

（そういうことだったの……。）

1 「つぼみさんは町に出かけて」とありますが、何のために町に出かけたのですか。　一つ5点（10点）

（　　　　）に（　　　　）を買うため。

2 「二ひきのウサギ」について、

① 「二ひきのウサギ」がいた場所は、どこですか。　10点

（　　　　）

② 「二ひきのウサギ」は、何をしていたのですか。　10点

（　　　　）

よく出る

3 「そういうことだったの……。」とありますが、つぼみさんはどんなことに気づいたのですか。一つに○をつけましょう。　10点

ア（　）美月がウサギだったということ。

イ（　）ウサギたちが畑をあらしていたこと。

ウ（　）ダイコンの葉っぱが青々としていたこと。

つぼみさんは、畑のダイコンに見とれました。青々とした葉っぱの下から、雪のように真っ白な根が顔を出しています。

（山のよい空気と水で、ウサギさんたちが、たんせいこめて育てたダイコンだもの、どんなダイコンよりおいしいはずだわ。）

つぼみさんは、エプロンのつつみに「美月（みづき）さんへ」と書いて畑におき、こっそりと帰っていきました。

よく朝、ゆうすげ旅館の台所の外には、一かかえほどのダイコンがおいてあり、こんな手紙がそえられていました。

『すてきなエプロン、ありがとうございました。きのう、おかみさんが畑に来たのが、足音で分かったのですが、父さんもわたしも、ウサギのすがたを見られるのが、何だかはずかしくて、知らんぷりしてしまいました。いそがしくなったら、また、お手つだいに行きます。どうぞ、お元気で。ウサギの美月より』

茂市　久美子「ゆうすげ村の小さな旅館——ウサギのダイコン」より

4 「どんなダイコンよりおいしいはずだわ。」と、つぼみさんが思ったのは、なぜですか。　一つ10点（20点）

山の（　　　　）で、ウサギたちが、（　　　　）ダイコンだから。

できたらスゴイ！

5 「こんな手紙」とは、どんな手紙ですか。　10点

（　　　　）をもらったことを感しゃする、美月からつぼみさんへの手紙。

6 美月は、つぼみさんが来たのを、何で知りましたか。　10点

（　　　　）で知った。

考えを書こう

7 「ウサギの美月より」とありますが、実は美月がウサギであることはどんなところに表れていますか。考えて書きましょう。　20点

（　　　　）ところ。

ぴったり3 たしかめのテスト②

物語のしかけのおもしろさをつたえ合おう

ゆうすげ村の小さな旅館——ウサギのダイコン／～わたしのベストブック

時間 20分

／100

ごうかく 80点

学習日 月 日

教科書 下110～133ページ

答え 34ページ

1 読みがなを書きましょう。 一つ2点(20点)

① 息（　）をすいこむ。
② 一秒（　）を大切にする。
③ 少年（　）と遊ぶ。
④ お礼（　）をする。
⑤ 病気（　）がなおる。
⑥ 人力（　）で動く。
⑦ 階（　）だんを上る。
⑧ 多数（　）の人が集まる。
⑨ 笛（　）をふく。
⑩ 畑（　）でトマトを育てる。

2 □に漢字を、（　）に漢字と送りがなを書きましょう。 一つ2点(8点)

① □（ふね）に乗る。
② □（たび）に出る。
③ □□（きしゃ）に乗る。
④ 長い時間（まつ）。

3 ——線の漢字の読み方を、音(おん)はかたかなで、訓(くん)はひらがなで書きましょう。 一つ2点(12点)

① 重
ア 手を重（　）ねる。
イ 体重（　）をはかる。
ウ 重（　）い本。

② 去
ア 冬が去（　）る。
イ 去（　）年の出来事。
ウ か去（　）を思い出す。

4 次の――線の言葉の意味を下からえらんで、――線でつなぎましょう。　一つ2点(10点)

① たんせいをこめる。・　　・ア おわかれ。
② おいとまする。・　　・イ まごころ。
③ ひょうばんがよい。・　　・ウ ちょっとの間。
④ またたく間にすぎる。・　　・エ 気もちよく。
⑤ 畑をこころよくかす。・　　・オ まわりが決めるねうち。

5 次の漢字に共通(きょうつう)する部首と、その部首名を書きましょう。　両方できて一つ5点(20点)

		部首	部首名
① 算・答・筆	→	（　）	（　）
② 広・店	→	（　）	（　）
③ 思・意・悪	→	（　）	（　）
④ 週・道・近	→	（　）	（　）

6 次の部首がつく漢字は、何にかんけいがありますか。下からえらんで、――線でつなぎましょう。　一つ3点(15点)

① 氵(さんずい)・　　・ア 言葉
② 言(ごんべん)・　　・イ 植物
③ 艹(くさかんむり)・　　・ウ 水
④ 扌(てへん)・　　・エ 人の行動など
⑤ 亻(にんべん)・　　・オ 手の動作

7 次のしょうじょうの□に当てはまる内ようを□からえらんで、記号を書きましょう。　一つ5点(15点)

> 【①】　小山　研太どの
>
> あなたが書いた
>
> 「【②】」はたいへんよい文章です。
>
> 【③】よって、金しょうをおくります。
>
> 三月三日
>
> 南小学校　木下　明子

①（　）
②（　）
③（　）

ア 文章の名前
イ しょうのしゅるい
ウ よく書けていると思ったところ

ふりかえり　**7**が分からないときは、99ページの**5**にもどってかくにんしてみよう。

ぴったり3 たしかめのテスト

漢字と言葉の練習

時間 20分
／50
ごうかく 40点

学習日 月 日
教科書 上8〜下133ページ
答え 34ページ

1

□に漢字を、〔 〕に漢字と送りがなを書きましょう。 一つ3点(24点)

① 先生が□□(しめい)する。
② □(くすり)を飲む。
③ 役を□□(こうたい)する。
④ □(むかし)の話を聞く。
⑤ □□□(じてんしゃ)に乗る。
⑥ このくらいの雨は□□(へいき)だ。
⑦ 考えを〔ふかめる〕。
⑧ 長さが〔ひとしい〕。

2

次の部首をもつ漢字を□からえらんで、記号を書きましょう。 一つ2点(14点)

① くさかんむり〔 〕
② きへん〔 〕
③ しんにょう〔 〕
④ もんがまえ〔 〕
⑤ おおがい〔 〕
⑥ こころ〔 〕
⑦ まだれ〔 〕

ア 開　イ 庭　ウ 花　エ 遠
オ 頭　カ 柱　キ 急

3

上の言葉につながる「人物の気持ちを表す言葉」を下からえらんで、——線でつなぎましょう。 一つ4点(12点)

① 遠足のことを考えると・　　・ア 落ちこむ。
② 母が市長にえらばれて・　　・イ よろこぶ。
③ テストの点が悪くて・　　・ウ うきうきする。

2 □に漢字を書きましょう。 一つ2点(12点)

① かん光[めいしょ]の大きな[はし]。

② 学きゅう[いいん]の[しごと]をする。

③ ゆうびん[きょく]を表す[きごう]。

3 〔　〕に漢字とおくりがなを書きましょう。 一つ2点(8点)

① お金を〔つかう〕。　② 人が〔あつまる〕。

③ 牛を〔そだてる〕。　④ 弟と〔あそぶ〕。

(切り取り線)

「小学校が(①　　)にあるか分かりますか。」

「(②　　)道を少しすすんでから、右に曲がって、そのまままっすぐ行くとあります。」

「(③　　)の角ですか。」

「そうです。角を曲がってすぐ左手に見える大きなたてものが、小学校です。(④　　)から五分くらいかかりますよ。」

ア　この	イ　あそこ
ウ　どこ	エ　ここ

7 調べたことをレポートにまとめるとき、どんな組み立てで書くとよいですか。ア〜オをじゅん番にならべましょう。 全部できて(10点)

ア　調べた理由　　イ　調べて分かったこと

ウ　題(調べたこと)　　エ　調べ方

オ　調べた感想

(　　)→ ア →(　　)→(　　)→(　　)

うらにも問題があります。

8 思考・判断・表現 文章を読んで、答えましょう。

おばあさんは、ふと気になって、外へ出ました。すると、男の子は、もう向こうの竹やぶをまがって行くところでした。

「足のはやい子だね。でも、わたしだって、まだまだ負けていないよ。」

おばあさんは、はや足でひょいひょいと、男の子のあとをつけていきました。

一本道から、田んぼのあぜ道をぬけ、小川をぽんとまたいで、山の中へ入っていきます。

「こんなところにうちがあったのかしらねえ。」

そのうち、男の子のかげがふいときえました。

「どこに行ったのかしら。」

おばあさんが立ち止まってきょろきょろしていると、どこからかかすかに子どもの声が聞こえました。

おばあさんは、声のする方へそっと近づいてみました。木のねっこのほらあなから、声が聞こえてきます。

そうっとのぞきこんだおばあさんはびっくりぎょうてん。

(切り取り線)

(1) 「男の子のあとをつけていきました。」とありますが、それはなぜですか。 両方できて10点

[　　　]の[　　　]がどこにあるのか気になったから。

(2) 「どこからかかすかに子どもの声が聞こえました。」とありますが、どこから聞こえてきたのですか。十字で書きぬきましょう。 5点

(3) 「そうっとのぞきこんだおばあさんはびっくりぎょうてん。」とありますが、おばあさんは何を見つけたのですか。 5点

(4) 「今夜は、月に上ったうさぎのお話だよ。」とありますが、この部分を音読するとき、どのように読むとよいですか。一つに○をつけましょう。 10点

ア（　）えらそうに、らんぼうな声で。

たぬきの子どもたちがまるくなってすわっています。そのうちのいちばん大きな子だぬきが、

「今夜は、月に上ったうさぎのお話だよ。」

と言って、得意そうに絵本を開きました。

「ピョンタはとてもさみしがりやのうさぎです。ある日、お月さまを見ていて、友だちになりたいと思いました。」

そこまで読むと子だぬきは、くんくんとはなを鳴らして言いました。

「あら、たいへん。お豆をにてるのわすれてた。ちょっと、まっててね。……さあ、おまたせ。おまたせ。もう少しで、真っ黒になるところだったわ。」

（まあ、わたしの言ったとおりに読んでる。）

おばあさんは、プッとふき出してしまいました。

子だぬきが絵本を読み終えると、はく手かっさいです。

「さあ、おしまい。みんなもうおやすみ。父さんと母さんは、山の向こうへ食べ物をさがしに行ったから、今夜もおそくなるからね。」

小さな子だぬきたちは、こくりとうなずきました。

肥田美代子「山のとしょかん」
平成27年度版 東京書籍「新編 新しい国語 三上」より

（切り取り線）

イ（　）ほこらしそうに、どうどうとした声で。
ウ（　）さびしそうに、しずかな声で。
エ（　）楽しそうに、のんびりと明るい声で。

(5) 「おばあさんは、プッとふき出してしまいました。」とありますが、おばあさんがふき出してしまったのはなぜですか。一つに○をつけましょう。 10点

ア（　）子だぬきが、お話のとちゅうではなを鳴らしはじめたから。
イ（　）子だぬきが、おばあさんのまねを上手にしてみせたから。
ウ（　）子だぬきが、にていたお豆を真っ黒にしてしまったから。
エ（　）子だぬきが、おばあさんの言ったとおりに本を読んでいたから。

(6) 「子だぬき」はどんなたぬきだと思いますか。あなたの考えを書きましょう。 10点

夏のチャレンジテスト

教科書 上16～107ページ

名前　　月　日

時間 40分

思考・判断・表現　／50

ごうかく80点　／100

答え 35ページ

1 （　）に読みがなを書きましょう。　一つ1点（10点）

① 有名（　）な 歌手（　）に会う。

② 動物（　）の世話をする 係（　）。

③ 水泳（　）の 練習（　）をする。

④ うれしそうな 様子（　）で 返事（　）をする。

⑤ 図書館（　）と 水族館（　）に行く。

4 次の――線の漢字の表す意味が、ほかとちがうものに○をつけましょう。　一つ1点（3点）

① （　）曲線　（　）名曲　（　）曲調

② （　）決行　（　）行動　（　）先行

③ （　）表面　（　）表紙　（　）図表

5 次の意味を表す慣用句（かんようく）を□からえらんで、きごうを書きましょう。　一つ1点（3点）

① たいへんせまいばしょのたとえ。（　）

② 決心する。かくごを決める。（　）

③ はっきりしなくて、分からない。（　）

ア はらを決める　イ ねこのひたい　ウ 雲をつかむ

6 次の（　）に当てはまる「こそあど言葉」を□からえらんで、きごうを書きましょう。　一つ1点（4点）

(切り取り線)

冬のチャレンジテスト

教科書 上108～下69ページ

名前

月　日

時間 40分

思考・判断・表現 ／50

ごうかく80点 ／100

答え 36ページ

（切り取り線）

1

（　）に読みがなを書きましょう。　一つ1点（10点）

① 太陽（　）の光で 道路（　）があたたまる。

② お祭（　）りは、湖（　）のそばで行われる。

③ 打球（　）が 屋根（　）に上がる。

④ 三学期（　）に向けて新しい 筆箱（　）を買う。

⑤ 勉強（　）の方ほうを 相談（　）する。

4

次の言葉をローマ字で書きましょう。　一つ1点（4点）

① 犬（いぬ）

② 本屋（ほんや）

③ 金魚（きんぎょ）

④ 学校（がっこう）

5

次の文の主語とじゅつ語をさがして、書きましょう。　一つ1点（6点）

① 妹は　真っ赤な　トマトを　食べた。

主語（　）　じゅつ語（　）

② 先生は　大きな声で　名前を　よんだ。

主語（　）　じゅつ語（　）

それを聞くと、子ぎつねは急にお母さんがこいしくなって、母さんぎつねの待っている方へとんでいきました。

母さんぎつねは、心配しながら、ぼうやのきつねの帰ってくるのを、今か今かとふるえながら待っていましたので、ぼうやが来ると、あたたかいむねにだきしめてなきたいほどよろこびました。

二ひきのきつねは森の方へ帰っていきました。月が出たので、きつねの毛なみが銀色に光り、その足あとには、コバルトのかげがたまりました。

「母ちゃん、人間ってちっともこわかないや。」

「どうして？」

「ぼう、まちがえて本当のおてて出しちゃったの。でもぼうし屋さん、つかまえやしなかったもの。ちゃんとこんないいあたたかい手ぶくろくれたもの。」

と言って、手ぶくろのはまった両手をパンパンやってみせました。母さんぎつねは、

「まあ！」

とあきれましたが、

「本当に人間はいいものかしら。本当に人間はいいものかしら。」

とつぶやきました。

新美（にいみ）南吉（なんきち）「手ぶくろを買いに」
平成23年度版 東京書籍「新しい国語 三下」より

（切り取り線）

イ（　）母さんぎつねのことが、心配になったから。

ウ（　）人間のぼうやよりも、早くねんねしようと思ったから。

エ（　）人間のお母さんに見つかり、びっくりしたから。

(4) 「母ちゃん、人間ってちっともこわかないや。」とありますが、子ぎつねが人間をこわくないと思ったのはなぜですか。 10点

（　　　　　）

(5) 「本当に人間はいいものかしら。本当に人間はいいものかしら。」とありますが、このとき、母さんぎつねは、どんな気持ちだったと思いますか。あなたの考えを書きましょう。 10点

8 思考・判断・表現　文章を読んで、答えましょう。

あるまどの下を通りかかると、人間の声がしていました。何というやさしい、何という美しい、何というおっとりした声なんでしょう。

「ねむれ　ねむれ　母のむねに、
ねむれ　ねむれ　母の手に――」。

子ぎつねは、その歌声は、きっと人間のお母さんの声にちがいないと思いました。だって、子ぎつねがねむるときにも、やっぱり母さんぎつねは、あんなやさしい声でゆすぶってくれるからです。

すると今度は、子どもの声がしました。

「母ちゃん、こんな寒い夜は、森の子ぎつねは寒い寒いってないてるでしょうね。」

すると母さんの声が、

「森の子ぎつねもお母さんぎつねのお歌を聞いて、ほらあなの中でねむろうとしているでしょうね。さあぼうやも早くねんねしなさい。森の子ぎつねとぼうやとどっちが早くねんねするか、きっとぼうやのほうが早くねんねしますよ。」

---

(1) 「人間の声」とありますが、子ぎつねが、あるまどの下で聞いた人間の声は、どんな声でしたか。三つ書きましょう。　全部できて10点

（　　　　）声。

（　　　　）声。

（　　　　）声。

(2) 「その歌声は、きっと人間のお母さんの声にちがいない」と子ぎつねが思ったのは、なぜですか。　一つ5点(10点)

その歌声は［　　　　］のように［　　　　］だったから。

(3) 「母さんぎつねの待っている方へとんでいきました。」とありますが、それはなぜですか。一つに○をつけましょう。　10点

ア（　）母さんぎつねに、早く会いたくなったから。

（切り取り線）

2 □に漢字を書きましょう。

一つ2点(12点)

① (うんどうかい)の(よこう)をする。

② (くうこう)で(にもつ)をまつ。

③ (かみさま)が登場する(どうわ)を読む。

3 〔　〕に漢字と送りがなを書きましょう。

一つ2点(8点)

① 人間に〔ばける〕。

② 人を〔たすける〕。

③ 石を〔ひろう〕。

④ 〔みじかい〕ひも。

(切り取り線)

③ わたしは　毎週　ピアノ教室に　通っている。

主語(　　)　じゅつ語(　　)

6 次の――線の漢字の読みが音(おん)であればア、訓(くん)であればイを書きましょう。

一つ1点(4点)

① 薬品(　　)

② 空耳(　　)

③ 相手(　　)

④ 駅前(　　)

7 ふうとうの表とうらに書くことを、□からえらんで、記号を書きましょう。

全部できて6点

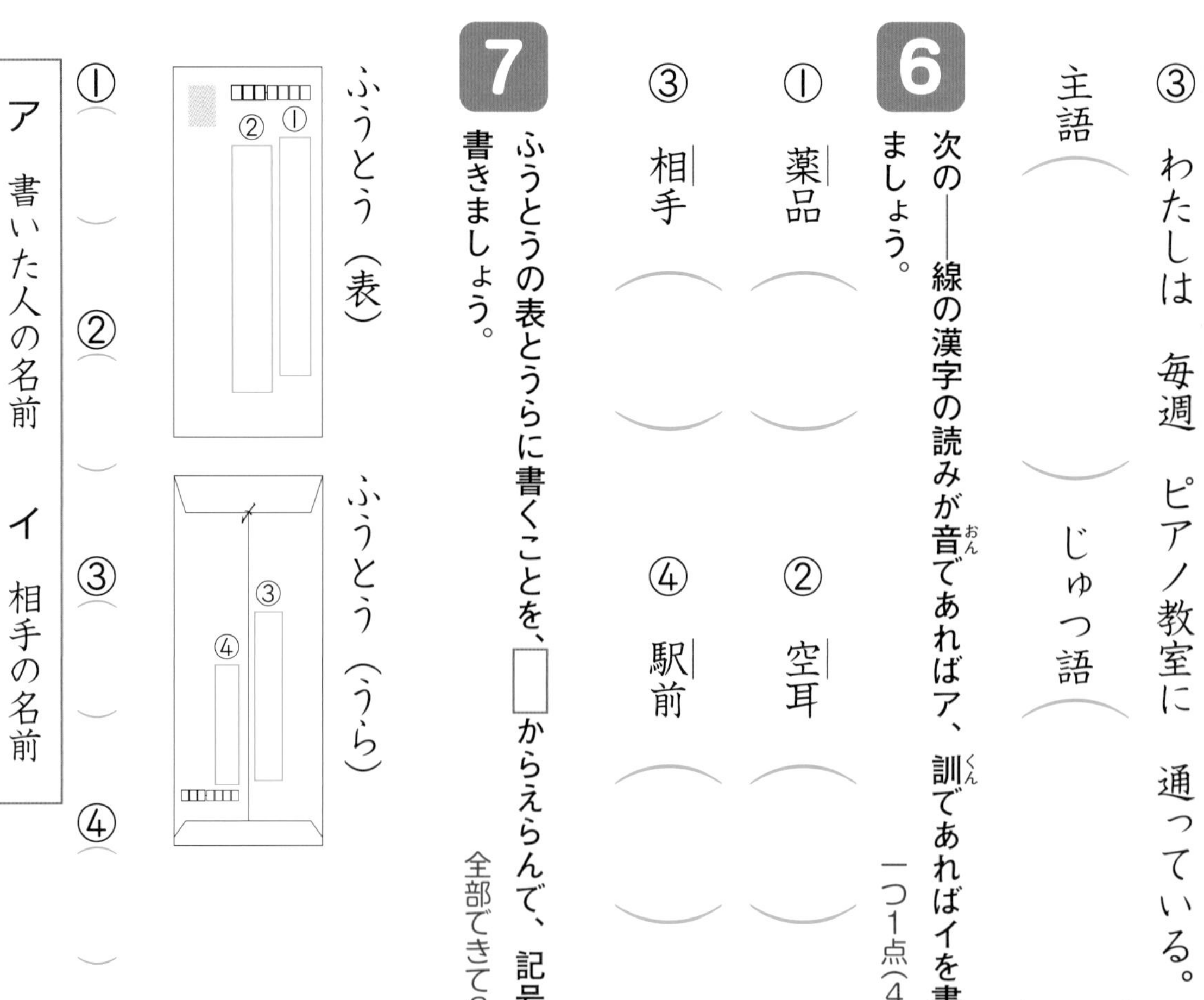

①(　　)　②(　　)　③(　　)　④(　　)

ア　書いた人の名前
イ　相手の名前
ウ　書いた人の住所
エ　相手の住所

うらにも問題があります。

春のチャレンジテスト

教科書 下70～133ページ

名前　　月　日

時間 40分

思考・判断・表現　／50

ごうかく80点　／100

答え 37ページ

（切り取り線）

1 （　）に読みがなを書きましょう。　一つ1点（10点）

① 福引きで一等が当たる。

② 自転車で追いかける。

③ 旅行に行く予定がある。

④ 宿の商店で買い物をする。

⑤ 校庭で姉を待つ。

4 □の言葉は、どの季節（きせつ）の季語（きご）ですか。春・夏・秋・冬に分けて、それぞれ記号を書きましょう。　季節一つが全部できて1点（4点）

春（　）　夏（　）　秋（　）　冬（　）

ア 赤とんぼ　イ セーター　ウ かき氷
エ さくら　オ すすき　カ スキー
キ きんぎょ　ク ひな祭り

5 次の■部に当てはまる、漢字の部分を書きましょう。　一つ1点（4点）

① しんじゅの■旨（ゆび）輪（わ）。（　）

② ■目（はこ）……（　）

まった人からでした。

「おかみさん、元気ですか。来週の月曜日から二週間、林道の工事のため、またそちらに行くんですが、六人、おねがいできますか。みんな、どうしてもおかみさんのところにとまりたいと思っているのですが、どうでしょうか。」

「まあ、あのときのお客さん。お部屋のほうは、空いてますから、だいじょうぶですよ。ありがとうございます。お待ちしています。」

けれども、つぼみさんは、受話器をおくと、小さなため息をつきました。

（どうしてもうちにとまりたいだなんて、ありがたいことねえ。でも、六人ものお客さんが来て、わたし一人で二週間も、だいじょうぶかしら。去年は、美月ちゃんが手つだいに来てくれたから、よかったけど……。）

美月は、ゆうすげ旅館の山の畑をかりている宇佐見さんのむすめでした。去年の春、畑でとれたウサギダイコンを持って、手つだいにやってきてくれたのでした。

（電話をするにも、あの子のところには、電話がなかったんだわ。山の畑までいくしかなさそうね。）

茂市久美子「クマの風船」より

（切り取り線）


ア（　）一人でお客さんの世話ができるか心配だから。

イ（　）二週間もつづけてとまる客はめいわくだから。

ウ（　）仕事でいそがしくなるのがいやだったから。

(5) 「電話をする」とありますが、つぼみさんは電話で美月さんにどんなことをつたえたかったのですか。 7点

(6) 「山の畑までいくしかなさそうね。」とありますが、このあとつぼみさんは、ほかの方法を思いつきます。それはどんな方法ですか。考えて書きましょう。 8点

(7) この物語の、大切な役わりを持つ物や道具は何ですか。六字で書きぬきましょう。 5点

8 思考・判断・表現

文章を読んで、答えましょう。

（つぼみさんは、旅館に来たわか者から風船をもらった。）

「実はこれ、ただの風船じゃありません。手紙をつければ、とどけたい人の所へとんでいってくれる風船なんです。ただし、これをふくらませるときには、手紙をとどけたい相手のことを、心から思ってふくらませてください。」

「まほうの風船ですか！　ありがとうございます。」

つぼみさんが風船を受け取ると、わか者は、ほこらしそうに言いました。

「この風船、電話を持っていない山の人たちには、とてもありがたがられているんですよ。」

「そうでしょうねえ。」

つぼみさんは、エプロンのポケットに風船をしまうと、わくわくして、それこそ、むねが風船のようにふくらみました。

よく朝、わか者は、会計をすませ、ゆうすげ旅館を引きあげていきました。

その日の午後、ゆうすげ旅館に電話がかかってきました。それは、

（切り取り線）

(1) 「まほうの風船ですか！」とありますが、それはどんな風船でしたか。　一つ5点(10点)

（　　　　）をつければ、（　　　　）の所へとんでいく風船。

(2) 「むねが風船のようにふくらみました。」とありますが、このときのつぼみさんはどんな気持ちでしたか。一つに○をつけましょう。　5点

ア（　）このわか者はとてもやさしい人だなあ。

イ（　）早くすてきな風船を使ってみたいなあ。

ウ（　）めずらしい風船をみんなに自まんしよう。

(3) 「電話がかかってきました。」とありますが、どんな用事の電話でしたか。　一つ5点(10点)

来週月曜日から、二週間、（　　　　）でゆうすげ旅館に（　　　　）とたのむ電話。

(4) 「小さなため息をつきました。」とありますが、なぜですか。一つに○をつけましょう。　5点

2

□に漢字を書きましょう。 一つ2点(12点)

① □（おも）い□□（きんこ）。

② □（なみ）の絵がえがかれた□□（てちょう）。

③ □□（しょうわ）に作られた□（ふえ）。

3

（　）に漢字と送りがなを書きましょう。 一つ2点(8点)

① 水を（そそぐ）。

② （くらい）川。

③ 気味が（わるい）場所。

④ （しあわせ）な生活。

(切り取り線)

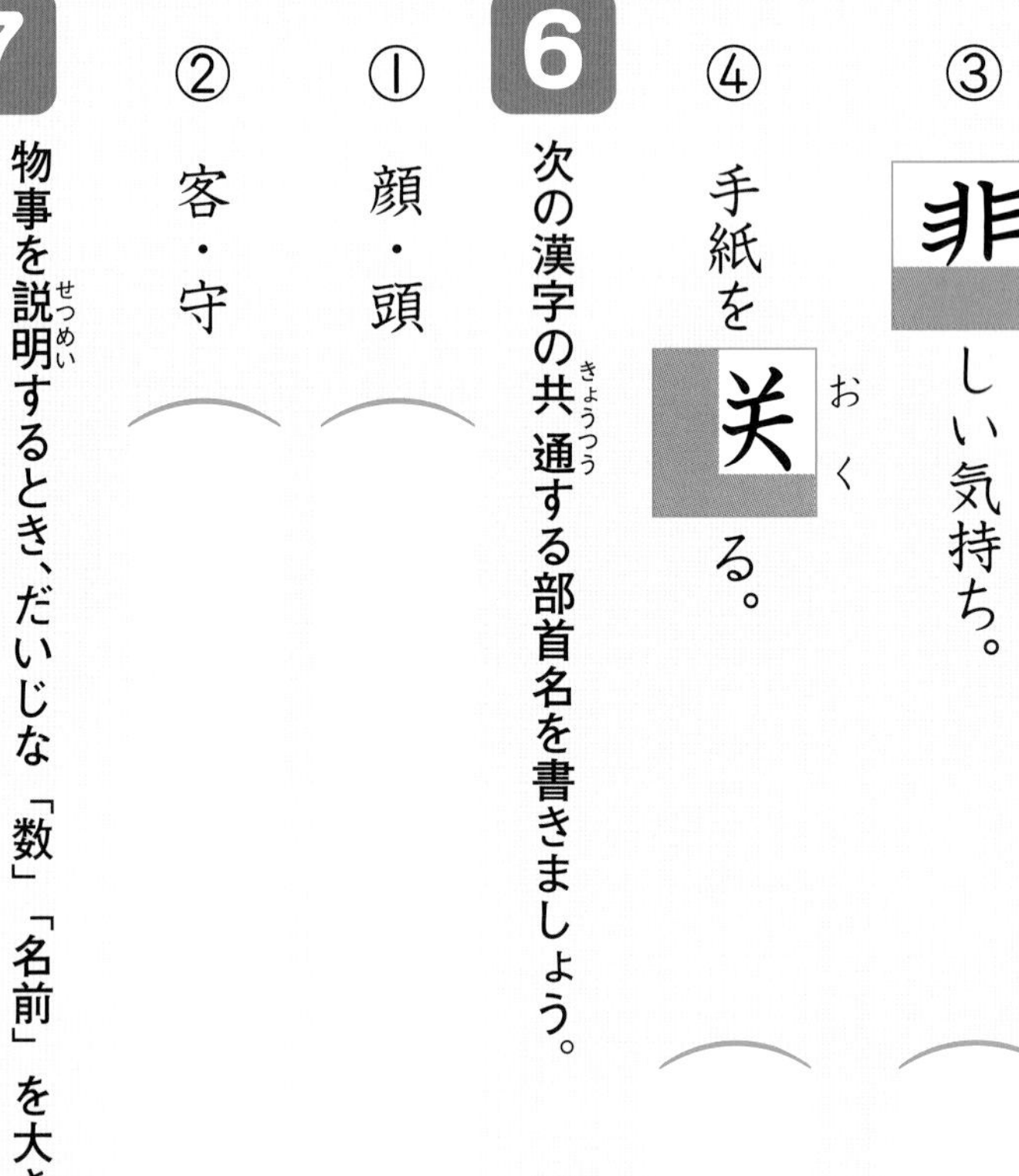

③ 非（かな）しい気持ち。（　　）

④ 手紙を关（おく）る。（　　）

6

次の漢字の共通（きょうつう）する部首名を書きましょう。 一つ1点(2点)

① 顔・頭（　　）

② 客・守（　　）

7

物事を説明（せつめい）するとき、だいじな「数」「名前」を大きな声ではっきり話すと聞き手によくつたわります。次の文では、どの言葉を大きな声で話すとよいですか。二つ書きぬきましょう。 一つ5点(10点)

> アメリカの国きは「星じょうき」とよばれます。かかれている星の数は五十こです。これは州の数を表しているそうです。

（　　）

（　　）

うらにも問題があります。

3年 国語のまとめ

学力しんだんテスト

名前

月　日

時間 40分

ごうかく70点

／100

答え38ページ

1 読みがなを書きましょう。　一つ2点(14点)

① みんなの都合（　）にあわせる。

② 自転車で坂道（　）を上るのは苦（　）しい。

③ 仕事（　）が早く終（　）わる。

④ 新緑（　）の山で遊（　）ぶ。

2 漢字を書きましょう。　一つ2点(16点)

お

ひろ

4 次のひらがなをローマ字で書きましょう。　一つ2点(6点)

① いしゃ

② そうこ

③ らっぱ

5 山村（やまむら）さんの学級では、自分の住む町について調べました。次の山村さんの発表を読んで、問題に答えましょう。

わたしが住む朝日（あさひ）町で行われる祭りをしょうかいします。…ア

朝日町の祭りは、お米がたくさんとれたことをいわって、毎年十月のはじめに行われます。…イ

（切り取り線）

ヤサー」。二メートル、三メートル、じりじりと引きもどします。そばでおうえんしていたおばさんもたまらず、とびこんでつなを引き始めました。

　こうしてつな引きは数十分もつづき、ようやく勝負がつきました。勝った方からはかん声が上がります。負けた方には、くやしなきをしている子どもがいます。「今年勝ってしまったら、楽しみがないもんな。」と、負けおしみを言う人もいます。町の人たちのこうふんは、なかなかおさまりません。

　刈和野(かりわの)のつな引きは、五百年以上(いじょう)もつづいています。昔は、どちらの町で市場を開くかをこのつな引きで決めたといいます。今は、「上町が勝てば米のねだんが上がり、下町が勝てば米がよくとれる。」といわれていて、その年がどちらであるかをうらなうのです。どちらが勝っても農家には都合のよいことですが、負けては一年のはずみがつきません。それで、上町も下町も、しんけんにつなを引き合います。

＊おづな…上町の人が作ったつな。　＊めづな…下町の人が作ったつな。

＊建元さん…つな引きの世話をする人。

北村(きたむら) 皆雄(みなお)「つな引きのお祭り」
平成14年度版 東京書籍「新しい国語　三下」より

(切り取り線)

(4) 「くやしなきをしている子どもがいます。」とありますが、それほどしんけんにつな引きをするのはなぜですか。次の□に当てはまる言葉を文章中から書きぬきましょう。　6点

負けると一年の［　　　］がつかないから。

(5) 「刈和野のつな引き」が大がかりなものであることは、どんなことからわかりますか。次の□に当てはまる言葉を文章中から書きぬきましょう。　一つ6点(12点)

それぞれ［　　　］もの大人数で引き合い、

勝負がつくまでに［　　　］もかかること。

(6) この文章を読んで、感じたこと、考えたことを書きましょう。　14点

活用力をみる

6 **文章を読んで、答えましょう。**

大づなを作るときには、おおぜいの力がひつようです。ふりしきる雪の中で、大人も子どもも、かけ声に合わせて力をふりしぼります。できあがった大づなの直径は約八十センチ、長さは、上町の「おづな」が六十四メートル、下町の「めづな」が五十メートルもあります。

つな引きの日がやってきました。夕ぐれの通りに、町の人たちがぞくぞくと集まってきます。道にのばされた「おづな」と「めづな」がむすび合わされ、むすび合わされた大づなの上から建元さんがとび下りました。これを合図に、「ワーッ。」という声がひびきわたります。いよいよ三千人と三千人のつな引きが始まりました。

「ジョーヤサノー、ジョーヤサノー。」のかけ声に合わせ、大づなから出ているえだづなを、声をはり上げながらけんめいに引きます。引かれた方の人たちは、雪にしゃがみこみ、少しでも体を重くして引きずられないようにがんばります。子どもたちも、ひっしになって足をふんばっています。

引かれた方もばん回をはかります。「ジョヤサー、ジョ

(切り取り線)

(1) 「つな引きの日」の様子が書かれているのは、どこまでですか。終わりの五字を書きぬきましょう。(句読点も字数にふくみます。) 6点

(2) 町の人たちがつな引きに集まってくるのはいつですか。二つに○をつけましょう。 一つ3点(6点)

ア(　)春　**イ**(　)夏

ウ(　)秋　**エ**(　)冬

オ(　)朝　**カ**(　)昼

キ(　)夕方　**ク**(　)夜

(3) 「そばでおうえんしていたおばさんもたまらず、とびこんでつなを引き始めました。」とありますが、ここからどんなことがわかりますか。一つに○をつけましょう。 6点

ア(　)まわりでおうえんしている人が多いこと。

イ(　)町の人みんながこうふんしていること。

ウ(　)つな引きが、町と町の勝負であること。

エ(　)つな引きが、女の人に人気が高いこと。

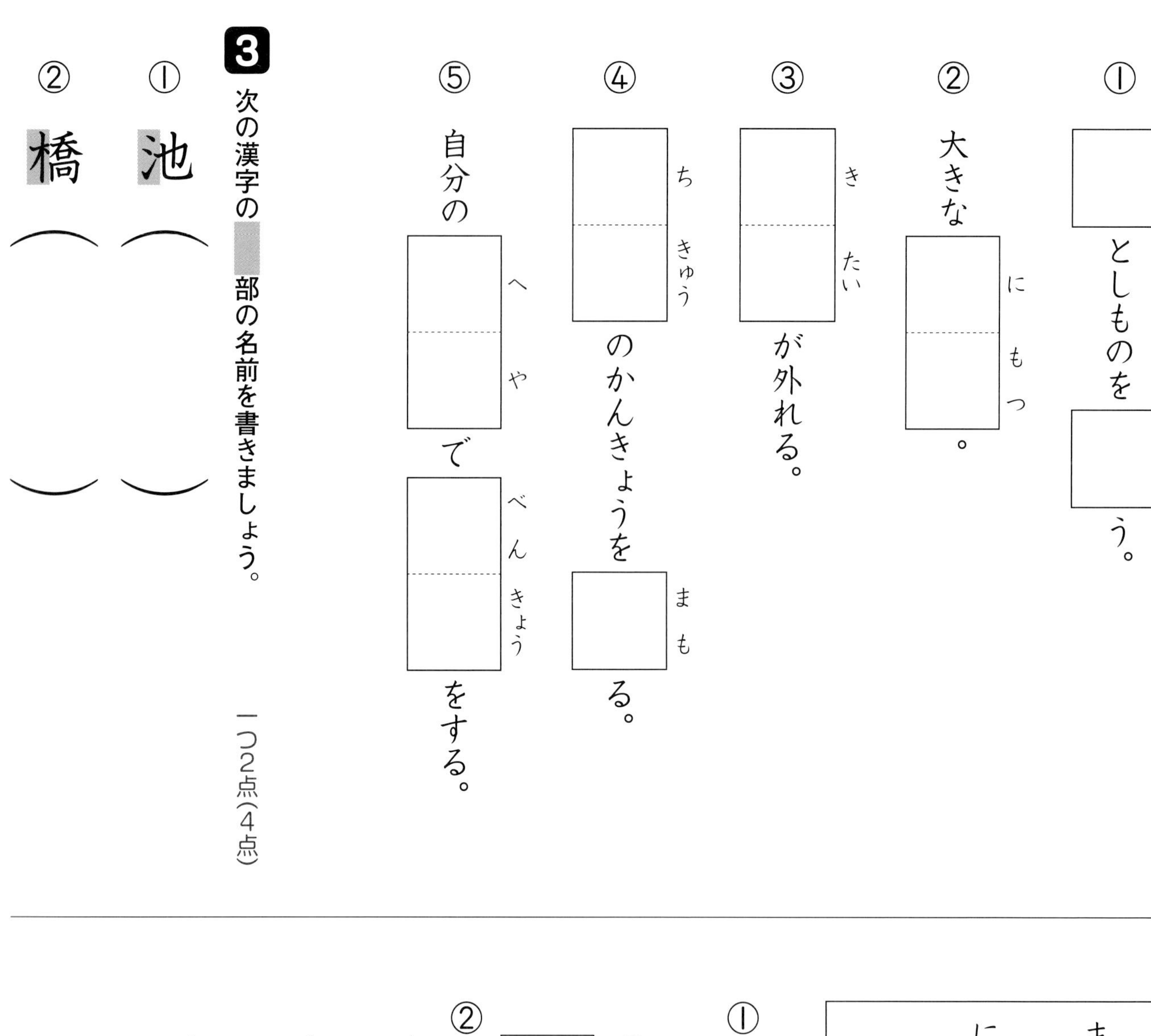
① [　]としものを[　]う。

② 大きな[にもつ]。

③ [きたい]が外れる。

④ [ちきゅう]のかんきょうを[まも]る。

⑤ 自分の[へや]で[べんきょう]をする。

3 次の漢字の□部の名前を書きましょう。　一つ2点（4点）

① 池（　　）

② 橋（　　）

笛の音にあわせて　ししまいが近所をじゅんにまわります。　…ウ

生まれたばかりの子どもがいる家は、ししまいに頭をかんでもらいます。　…エ

ししまいを見にくる人も多く、にぎやかです。　…オ

① 次は、山村さんが発表の前に作ったメモです。この内ようが話されているのは、どの部分ですか。記号を書きましょう。　5点

朝日町の祭りの目てきを話す。

[　]

② 山村さんの発表へのしつもんとして、ふさわしいものはどれですか。一つに○をつけましょう。　5点

ア（　）ほかの町の祭りへは、行かないのですか。

イ（　）わたしの町では、おみこしをします。朝日町はししまいのほかに何かやりますか。

ウ（　）ぼくの町では、十二月にクリスマス会をします。朝日町は十二月には何をしますか。

エ（　）生まれたばかりの子どもの頭をししまいにかんでもらうのは、どうしてですか。

うらにも問題があります。

（切り取り線）

この「丸つけラクラクかいとう」はとりはずしてお使いください。

教科書ぴったりトレーニング

丸つけラクラクかいとう

東京書籍版 国語３年

「丸つけラクラクかいとう」では問題と同じ紙面に、赤字で答えを書いています。

①問題がとけたら、まずは答え合わせをしましょう。

②まちがえた問題やわからなかった問題は、てびきを読んだり、教科書を読み返したりしてもう一度見直しましょう。

おうちのかたへ では、次のようなものを示しています。

- 学習のねらいやポイント
- 他の学年や他の単元の学習内容とのつながり
- まちがいやすいことやつまずきやすいところ

お子様への説明や、学習内容の把握などにご活用ください。

見やすい答え

くわしいてびき

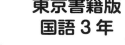

じゅんび 50~51ページ
こんな係がクラスにほしい／ポスターを読もう

じゅんび 52~53ページ
書くことを考えるときは／漢字の組み立て

2 ④「対話」は二人の人が向かい合って話すことです。「会話」とはちがいます。

3 ②「まつり」は「祭」一字だけでなく、「祭り」と送りがながつきます。

4 話し合いは、全員が意見を出し、おたがいの考えをみとめ合いながら話し合うことが大切です。出た意見には、しつもんしたり、考えを足したりして、考えを広げましょう。

5 このポスターは、「運動週間」について知らせるポスターです。期間は「10月21日（水）～10月27日（火）」。いろいろな運動をしている人たちの絵を入れて、見る人のきょうみを引いています。「キャッチコピー」は、読む人を引きつけるようにくふうされたみじかい言葉です。けんこうのために毎日運動をしよう、ということをつたえています。

1 ①「時計」はとくべつな読み方の言葉です。②「作」の「サ」という読みは音です。③「休日」は「休む日」です。

2 ③「港」の音には「開港」（新しく港や空港を開くこと）の語もあります。

3 夏休みの思い出をテーマとして、思いついたことを、図を使って書いています。その中のいちばんの思い出として、海のそばでキャンプをしたことを文章にしました。図に書いてあることを文章に当てはめます。

書くことを考えるときは、このように図を使ってくわしく書き出し、その中から友だちにつたえたいことをえらび、文章に書くとよいでしょう。

4 漢字の多くは、いくつかの部分が組み合わさってできています。漢字の左がわにあって、おおまかな意味を表す部分を「へん」、漢字の右がわにおかれる部分を「つくり」といいます。漢字の上や下の方にあって、おおまかな意味を表す部分を、それぞれ「かんむり」「あし」といいます。そのほか、「にょう」「たれ」「かまえ」などもあるので、調べてみましょう。ここにあげた「へん」「つくり」「かんむり」「あし」の名前は、「木（きへん）」「氵（さんずい）」「力（ちから）」「頁（おおがい）」「艹（くさかんむり）」「⻗（あめかんむり）」「心（こころ）」「貝（かい）」です。

16

※紙面はイメージです。

じゅんび　2~3ページ

あなたのこと、教えて／すいせんのラッパ／かん字をつかおう１

1 □に読みがなを書きましょう。

① 会話（かいわ）を楽しむ。　② 様子（ようす）を見る。

2 □に漢字を、〔　〕に漢字とおくりがなを書きましょう。

① 町の 中央（ちゅうおう）。　② 緑茶（りょくちゃ）をのむ。

③ 朝早く〔起きる〕（おきる）。　④ 国語を〔習う〕（ならう）。

あなたのこと、教えて

3 友だちのことを知るためのしつもんとして、□に当てはまる言葉を　からえらんで、記ごうを書きましょう。

ア どんな　イ どこで　ウ どうして

すいせんのラッパ

4 正しいいみに○をつけましょう。

① 一人でもできるかどうかためす。
ア（○）ほんとうにやってみる。
イ（　）いろいろ考えてみる。

② 子どもたちが、わいわいはしゃぐ。
ア（○）うかれて、さわぐ。
イ（　）元気に走り回る。

3分でワンポイント　場面の様子を読み取ろう。

★①～③の（　）に合う言葉を　の中からえらんで記ごうを書きましょう。どのすいせんのラッパの音で、どんなかえるが起きましたか。

プップ・パッパ・パッパラピー・プウー	ピラリ・ピッピー・ランパッパ・ピー	ピピピプー・ピポピポ・ピッピー
①（イ）みたいなかえる	②（ウ）のようなかえる	③（ア）みたいなかえる

ア 豆つぶ　イ グローブ　ウ 緑色のリボン

練習　4~5ページ

すいせんのラッパ

文しょうを読んで、答えましょう。

春のまん中のお話です。

池のそばのすいせんが、金色のラッパをプル・プル・プーとふいて、よい音が出るかどうかためしていました。

そこへ、ありたちが、とっとと走ってきました。

「おはよう。すいせん。」

「おはよう。あり。ずいぶん早いね。」

「だって、まちきれないもの。」

「ね、早く、ラッパをふいて。」

「そっちに上がっていい?」

ありたちは、わいわいはしゃいで、すいせんの葉っぱに上ってきました。

そうです。今日は、すいせんが、今年はじめてラッパをふく日なのです。

なぜラッパをふくかというとね、冬の間ねむっていたかえるたちに、春ですよ起きなさいと知らせてあげるためです。

すいせんは、お日さまの高さをはかったり、風の速さをしらべたり、ラッパをプーとふいたりして、ときどき、もうすぐだというように、うんうん、うなずきます。

ありたちは、葉っぱの上で、ゆらゆらゆれて、じっとまっています。

あたたかい風が、ささあっとふきわたり、日の光が、一面にちりました。

（うん。今だ!）

すいせんは、大きくいきをすって、金色のラッパをふき鳴らします。

プップ・パッパ・パッパラピー・プウー

すき通った音が、池をわたり、地面をゆさぶり、おかを上って、向こうの空にきえます。ありたちは、目をまん丸にして、うんとせのびをして、まわりを見ました。

……すると、池のそばのつつじのねもとがむくっ。

（あ、あそこだ、あそこだ。）

ありたちは、ひじをつついて、ささやきます。

むくっ。むくむくむくっ。グローブみたいなかえるがとび起きました。

目をぱちぱちさせてから、すいせんを見つけると、

「やあ、今年もありがとう。」

と、大きな声で言いました。

工藤　直子「すいせんのラッパ」より

1 いつごろのお話ですか。五字で書きぬきましょう。

春のまん中

2 「おはよう。すいせん。」について、

① だれの言葉ですか。　あり

② どのように音読しますか。一つに○をつけましょう。
ア（○）明るく、元気な声で。
イ（　）ゆっくりと、ひくい声で。
ウ（　）小さな声で、そっと。

ヒント　ありたちの気もちになって考えてみよう。

3 「すいせんの葉っぱに上ってきました。」とありますが、葉っぱに上ってきたありたちは、どんな気もちでしたか。一つに○をつけましょう。
ア（　）すいせんの葉っぱに上るのはたいへんだな。
イ（○）早くすいせんのラッパを聞きたいな。
ウ（　）すいせんの葉っぱに上るのは楽しいな。

ヒント　「まちきれないもの。」という言葉にちゅう目しよう。

4 「今年はじめてラッパをふく日」とありますが、すいせんがラッパをふくのはなぜですか。

かえるたちに、春ですよ起きなさいと知らせるため。

5 「プップ・パッパ・パッパラピー・プウー」について、

① これは何の音ですか。

すいせんがラッパをふいた音。

② この音によってどんなことが起こりましたか。

（池のそばのつつじのねもと）で（グローブみたいな）かえるがとび起きた。

6 「やあ、今年もありがとう。」と言ったのは、なぜですか。一つに○をつけましょう。
ア（○）今年もすいせんが起こしてくれたから。
イ（　）今年もありたちに会うことができたから。
ウ（　）まだ目がさめていなかったから。

---

1 ②「様子」とは、もののじょうたいやすがたかたちなどをあらわす言葉です。

2 ①「中央」とは、まんなかといういみの言葉です。

3 ①しつもんの答えで「学校の近くの公園」と答えています。このことから、しつもんでは、場所についてしつもんしていると分かります。

②しつもんの答えで「あまくて、おいしいから」と答えています。このことから、りんごがすきな理ゆうについてしつもんしていると分かります。

4 ②「はしゃぐ」とは、ちょうしにのって、さわぐといういみです。

3分でワンポイント

「すいせんのラッパ」（工藤（くどう）　直子（なおこ））では、それぞれの場面でのすいせんのラッパの音と、どんなカエルが起きたのかをせい理して読むことで、場面の様子をおさえることができます。

「プップ・パッパ・パッパラピー・プウー」、「ピラリ・ピッピー・ランパッパ・ピー」、「ピピピプー・ピポピポ・ピッピー」というラッパの音の後でとう場（じょう）するかえるをおさえましょう。

1 文しょうのはじめに書かれています。

2 ①この場面には、すいせんとありたちが出てきます。

②ありたちが「まちきれないもの。」と言っていることや、「わいわいはしゃいで」いる様子から考えましょう。

3 ありたちの「だって、まちきれないもの。」「ね、早く、ラッパをふいて。」という言葉から、すいせんがふくラッパを早く聞きたいという気もちが読みとれます。

4 すぐあとに「なぜラッパをふくかというとね……」と、すいせんがラッパをふく理ゆうが書かれていることにちゅう目して考えます。

5 ②あとにある「すると」という言葉にちゅう目しましょう。

6 「今年も」とあるので、グローブみたいなかえるが、毎年すいせんのラッパに起こしてもらっているということが読みとれます。

じゅんび　6～7ページ

図書館へ行こう／国語じてんの使い方／メモを取りながら話を聞こう

新しい漢字

館（30ページ）　事（30ページ）　号（32ページ）　使（36ページ）　意（36ページ）　味（36ページ）　漢（36ページ）

表（36ページ）　調（36ページ）　柱（36ページ）　所（37ページ）　取（38ページ）　局（39ページ）　配（39ページ）

住（39ページ）

1 □に読みがなを書きましょう。

① 意味（いみ）を知る。　② 本の目じ（もくじ）を見る。　③ さく引（いん）を見る。　④ 室内（しつない）に入る。

2 □に漢字を、□に漢字とおくりがなを書きましょう。

① 古い［館］へ行く。　② 建物の［柱］。　③ よく［味わう］。　④ 言葉を［調べる］。

（図書館へ行こう）

3 つぎの文の□に当てはまる言葉を□からえらんで、記号を書きましょう。

知りたいことを、本でしらべるときは（イ）やさく引を活用しましょう。さく引とは、本に出ている言葉を（エ）にならべて、出ているページをしめしたもののことです。

図書館の本は、（ア）でせい理されてならんでいるので、手がかりにしてさがすようにしましょう。

ア　日本十進分類法　イ　目次
ウ　読書記録　エ　五十音じゅん

（国語じてんの使い方）

4 国語じてんの見出し語のならび方として正しいもの一つに○をつけましょう。

①（　）「いし」より「いす」のほうが前にのっている。
②（　）「そり」より「とり」のほうが前にのっている。
③（　）「うら」より「せみ」のほうが前にのっている。
④（○）「はな」より「ばら」のほうが後にのっている。
⑤（　）「パス」より「バス」のほうが後にのっている。

5 国語じてんで言葉をさがします。つぎの言葉がじてんにならんでいるじゅんに、番号を書きましょう。

①（2）いちおう　（3）いちぐん　（1）いちいち　（4）いちぞく　（5）いちにち

②（2）かおいろ　（4）かけあし　（1）かえりみち　（5）かしこい　（3）かかえる

（メモを取りながら話を聞こう）

6 つぎは、インタビューで取ったメモの一部です。メモのくふうとして正しいもの一つに○をつけましょう。

インタビューメモ
「ゆうびん配たつのしごとでたいへんなこと」
①まちがえないように
　はいたつ
・同じ名前　ある
②手紙やはがきをたい
　せつに
・雨やゆきのひ
　→ぬれないように
③ねんがじょう
・日本中いっせいに
　すべて正月に

ア（　）自分の考えをメモに書いている。
イ（　）くわしく、長い文しょうで書いている。
ウ（○）記号を使って分かりやすく書いている。

3 図書館の本は内ようによって日本十進分類法（NDC）によって、なかま分けされ、同じ場所にまとめられています。読みたい本があるときや、知りたいことがあるときは、これを手がかりにして本をさがしてみましょう。

4 国語じてんの見出し語のならび方は、五十音じゅん（「あいうえお」のじゅん）になっています。また、清音（「は・ひ・ふ・へ・ほ」など）→だく音（「ば・び・ぶ・べ・ぼ」など）→半だく音（「ぱ・ぴ・ぷ・ぺ・ぽ」など）のじゅんにのっています。

④国語じてんの言葉のならびじゅんでは、清音（「は・ひ・ふ・へ・ほ」など）よりだく音（「ば・び・ぶ・べ・ぼ」など）の方が後にのっています。

⑤国語じてんの言葉のならびじゅんでは、だく音（「ば・び・ぶ・べ・ぼ」など）より半だく音（「ぱ・ぴ・ぷ・ぺ・ぽ」など）の方が後にのっています。

6 話を聞いてメモを取るときには、話の要点となるだいじな言葉にちゅう目して、書くようにしましょう。

たしかめのテスト①

8〜9ページ

あなたのこと、教えて
〜メモを取りながら話を聞こう

おうちのかたへ

心情を読み取ったり、想像力をはたらかせて答えたりする問題が苦手な場合には、音読してみることがおすすめです。気持ちをこめて、くり返し音読することで、深く読みこむことができるようになります。

文しょうを読んで、答えましょう。　思考・判断・表現

すいせんは、いよいよ元気にラッパをふきます。

ピピピプー・ピポピポ・ピッピー

こんどは、どんなかえるが目をさますかな。

（あれ…か…な？）

すいせんのそばの土が、ちょろっとうごいて、豆つぶみたいなかえるが、ぴいんととび起きました。

「やあもう春だ。ん？　ぼく、こんなに上手に目がさめるなんて……なぜだ？　なぜだ？」

目をこすりながら、きょろきょろしています。

「ラッパですよう。すいせんのラッパで目がさめたんだよう。」

ありたちが、口をそろえて教えました。

「ラッパ？　あ、その金色のラッパ。そうだったの……。ありがとう！」

豆つぶのようなかえるは、ぴん、とおじぎをして、

「うれしいな。うれしいな。うれしいな。

ぴこぴん・ぴこぴん・ぴこぴんぴん。」

と、林の方へとんでいきました。

「あはは、かわいいかえる。」

「今年がはじめてだったんだ。」

「ぼくたちラッパのこと教えてあげたね。」

「うん。よかったね。」

ありたちは、にこにこして見おくりました。

すいせんは、たくさんたくさんラッパをふきました。それに合わせて、かえるもたくさんたくさんとび起きました。

ありは、どんどんにぎやかになり、おまつりみたいです。

ありたちは、ラッパに合わせて歌ったり、かえるのまねをしてとんだり……。

まだねむっているかえるは、いませんか？

工藤　直子「すいせんのラッパ」より

よく出る

1 「元気にラッパをふきます。」について、

① こんどは、どんなかえるが目をさましましたか。　10点

（豆つぶみたいな）かえる。

② どこで、かえるが目をさましましたか。　10点

すいせんのそば の土。

2 「なぜだ？　なぜだ？」について、

① かえるが「なぜだ？」と言っているのは、どんなことについてですか。　10点

（れい 上手に目がさめたこと（について）。）

② どのように音読しますか。一つに○をつけましょう。　10点

ア（　）大きな声で、おこったように。
イ（　）元気よく、うれしそうに。
ウ（○）様子が分からず、ふしぎそうに。

3 「ありたちが、口をそろえて教えました。」とありますが、どんなことをかえるに教えたのですか。書きぬきましょう。　10点

すいせんのラッパで 目がさめた こと。

4 「ありがとう！」と言ったかえるは、このあと、どうしましたか。　一つ5点（10点）

（ぴん、と）おじぎ）をして、林の方へ（とんでいった）。

できたらスゴイ！

5 「にぎやか」とありますが、なぜですか。二つ書きましょう。　一つ10点（20点）

・すいせんが（（たくさんたくさん）ラッパをふいた）から。
・かえるが（（たくさんたくさん）とび起きた）から。

考える力を育てよう

6 かえるの会話文はどのように音読するとよいと思いますか。「かえる」という言葉をつかって書きましょう。　20点

はじめて春に目をさます、かわいいかえるの様子が分かるようにくふうして読む。

---

1 ①「〜みたいなかえる」という表げんを見つけましょう。
②「豆つぶみたいなかえる」がとび起きたとき、すいせんのそばの土がうごいたことにちゅう目しましょう。

2 ①「なぜだ？」の前に、「こんなに上手に目がさめるなんて」とあります。
②目をさましたこのかえるが「きょろきょろ」していることから、気もちを考えましょう。

3 ありたちは、「すいせんのラッパで目がさめたんだよう。」と、かえるが上手に目ざめた理ゆうを教えたのです。

4 このかえるは上手に目がさめたことをすいせんに感しゃして、林の方へとんでいきました。

5 すいせんが「たくさんたくさん」ラッパをふいて、かえるも「たくさんたくさん」とび起きたから、にぎやかになったのです。

6 ありたちが、「あはは、かわいいかえる。」「今年がはじめてだったんだ。」と言っていることにちゅう目します。そんなかえるの様子にふさわしいようにくふうして読むとよいでしょう。

あなたのこと、教えて〜メモを取りながら話を聞こう

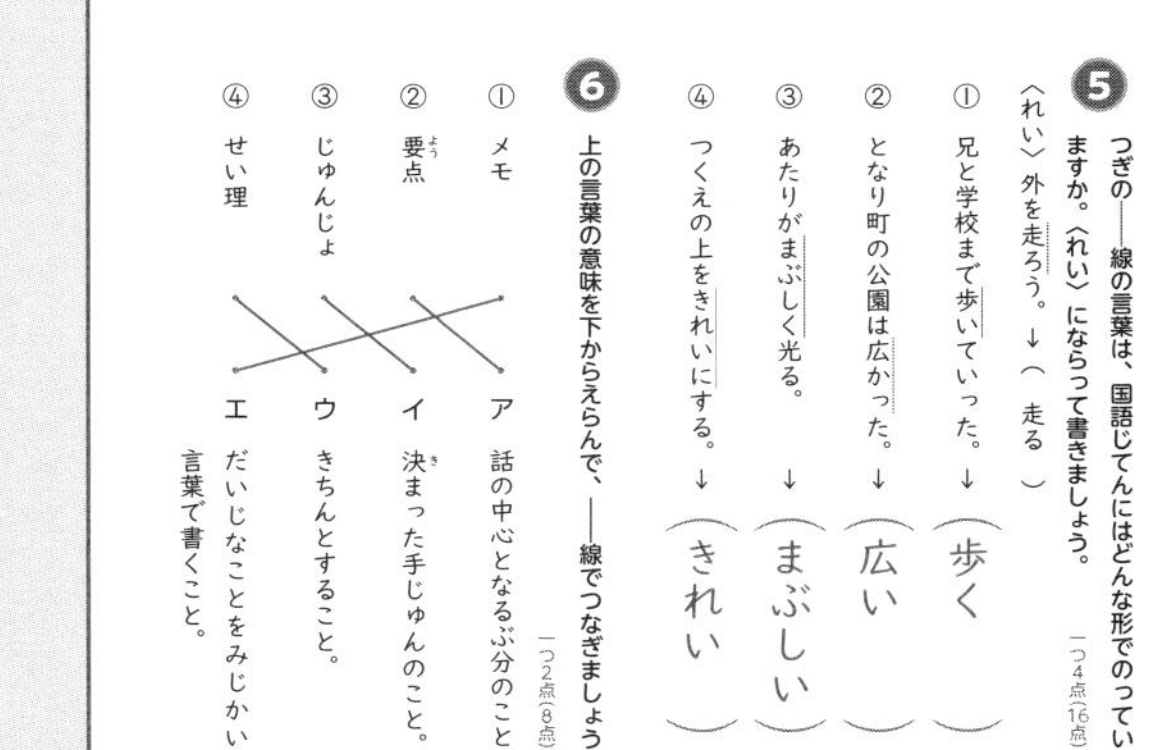
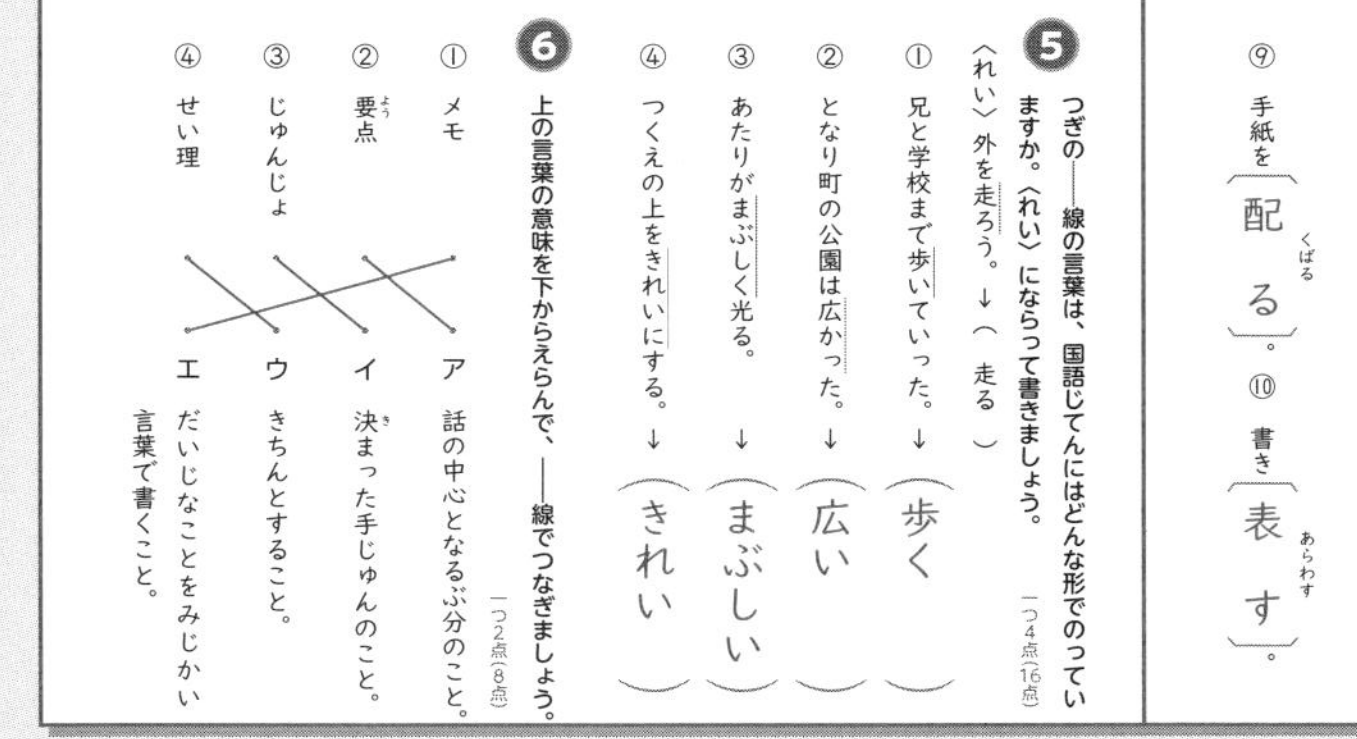
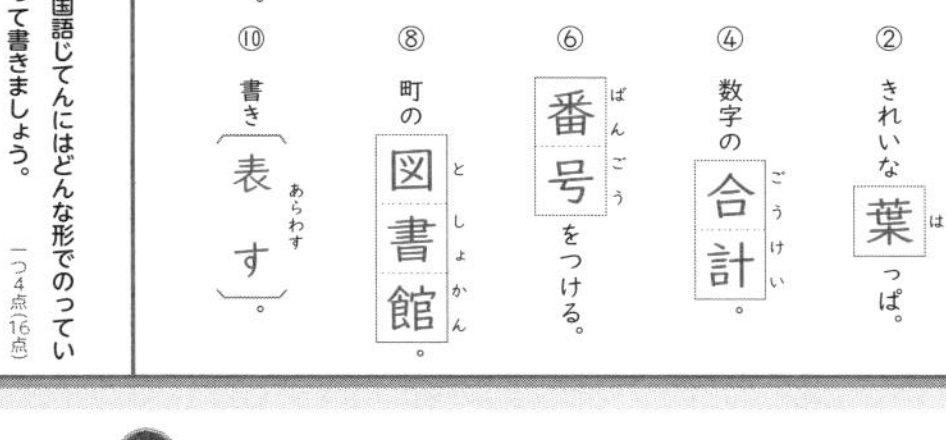

1 読みがなを書きましょう。（一つ2点(20点)）
① 一面の雪げしき。（いちめん） ② 山の向こう。（む） ③ 記号を書く。（きごう） ④ 大豆をにる。（だいず） ⑤ 九州地方（きゅうしゅう） ⑥ 早朝にでかける。（そうちょう） ⑦ コインの表。（おもて） ⑧ ゆうびん局へ行く。（きょく） ⑨ 海が見える場所。（ばしょ） ⑩ 大切な出来事。（できごと）

2 □に漢字を、（ ）に漢字とおくりがなを書きましょう。（一つ2点(20点)）
① 高速道路 ② きれいな葉っぱ ③ 物語を読む。 ④ 数字の合計 ⑤ 横だん歩道 ⑥ 番号をつける。 ⑦ 家の住所。 ⑧ 町の図書館。 ⑨ 手紙を配る。 ⑩ 書き表す。

3 つぎの文の（ ）に当てはまる言葉を□からえらんで、記号を書きましょう。（一つ4点(20点)）
① まいごの子どもが（エ）とあたりを見回す。
② あしたは遠足なので、気もちが（ア）する。
③ 風が（イ）とふきわたる。
④ おばあさんはいつも（ウ）とわらっている。
⑤ 原っぱで子どもたちが（オ）はしゃぐ。
ア うきうき　イ さあっ　ウ にこにこ　エ きょろきょろ　オ わいわい

4 つぎの言葉を国語じてんでさがすときには、どのようにおきかえますか。〈れい〉にならって書きましょう。（一つ4点(16点)）
〈れい〉ボール →（ボオル）
① テープ →（テエプ） ② ミキサー →（ミキサア） ③ チョーク →（チョオク） ④ コーナー →（コオナア）

5 つぎの――線の言葉は、国語じてんにはどんな形でのっていますか。〈れい〉にならって書きましょう。（一つ4点(16点)）
〈れい〉外を走ろう。→（走る）
① 兄と学校まで歩いていった。→（歩く）
② となり町の公園は広かった。→（広い）
③ あたりがまぶしく光る。→（まぶしい）
④ つくえの上をきれいにする。→（きれい）

6 上の言葉の意味を下からえらんで、――線でつなぎましょう。（一つ2点(8点)）
① メモ　② 要点　③ じゅんじょ　④ せい理
ア 話の中心となるぶ分のこと。
イ 決まった手じゅんのこと。
ウ きちんとすること。
エ だいじなことをみじかい言葉で書くこと。

自然のかくし絵／漢字を使おう２／全体と中心

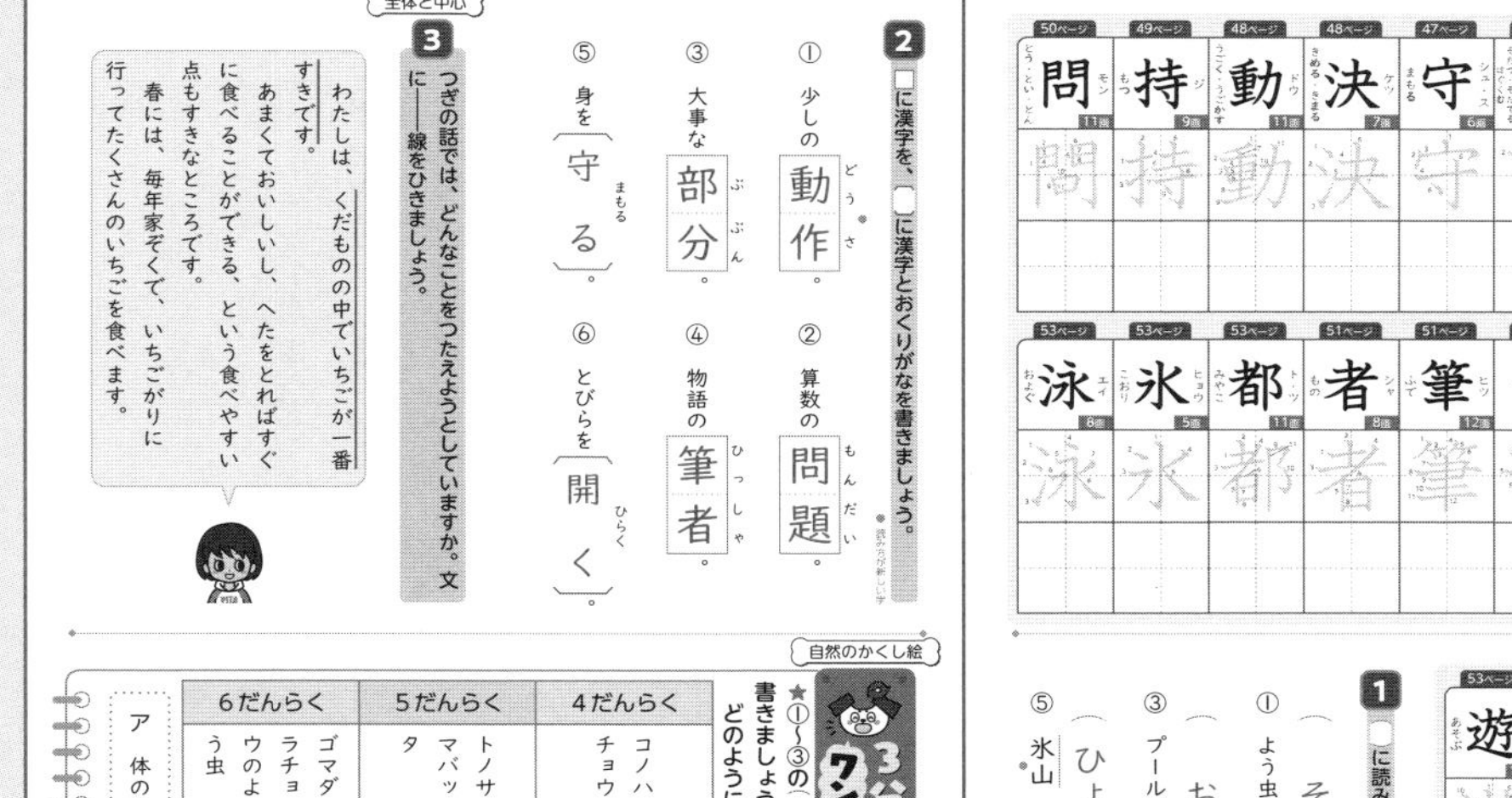

新しい漢字
身　育　守　決　動　持　問　題　部　筆　者　都　氷　泳　有　返　遊　開　全

1 □に読みがなを書きましょう。
① よう虫が育つ。（そだ） ② かばんを持つ。（も） ③ プールで泳ぐ。（およ） ④ 明らかな答え。（あき） ⑤ 氷山にのぼる。（ひょうざん） ⑥ 公園で遊ぶ。（あそ）

2 □に漢字を、□に漢字とおくりがなを書きましょう。
① 少しの動作。 ② 算数の問題。 ③ 大事な部分。 ④ 物語の筆者。 ⑤ 身を守る。 ⑥ とびらを開く。

3 全体と中心 つぎの話では、どんなことをつたえようとしていますか。文に――線をひきましょう。
わたしは、くだものの中でいちごが一番すきです。あまくておいしいし、へたをとればすぐに食べることができる、という食べやすい点もすきなところです。春には、毎年家ぞくで、いちごがりに行ってたくさんのいちごを食べます。

自然のかくし絵

3分でワンポイント　だんらくの内ようをとらえよう。
★①〜③の（ ）に合う言葉を□の中からえらんで記号を書きましょう。
どのようにてきから身をかくしているのかな。

4だんらく	5だんらく	6だんらく
コノハチョウ	トノサマバッタ	ゴマダラチョウのよう虫
羽のうらは、かれ葉のような色 ←羽をとじると… ①（ウ）と見分けがつかない。	・緑色…草むら ・かっ色…かれ草やおち葉の上 ②（ア）で、すむ場所をえらぶ。	エノキの葉が黄色…体の色も黄色 ③（イ）がへんかすると体の色がかわる。

ア 体の色　イ まわりの色　ウ かれ葉

3 ①子どもがあたりを見回す様子を表す言葉が入ります。
②あしたの遠足のことを楽しみに考える様子を表す言葉が入ります。
③風がふきわたる様子を表す言葉が入ります。
④おばあさんがわらっている様子を表す言葉が入ります。
⑤子どもたちがはしゃいでいる様子を表す言葉が入ります。

4 のばす音（おん）「ー」は、「ー」の前の音をのばしたときの「あ・い・う・え・お」におきかえます。

5 国語じてんにのっているのは、「歩く」「広い」「まぶしい」などの、言い切る形です。「きれいだ」は、「きれい」という形でのっています。

6 ①人の話の記ろくや、事がらをせい理するときに、だいじなことをみじかい言葉や文で書きとめることを言います。また、書きとめたもののことをさす場合もあります。

2 ①「動作」とは、何かを行おうとして、からだを動かすこと、という意味の言葉です。
④「筆者」とは、本や文しょうなどを書いた人のことを表す言葉です。

3 話や文しょうの全体のうち、いちばんつたえたいことは何か、という中心の内ようを考えましょう。この問題ではいちごについて話しています。「あまくておいしい」「食べやすい点」をいちごがすきな理ゆうとしてあげています。また、春にはいちごがりに行くということについても話しています。これらはすべて、「くだものの中でいちごが一番すき」という中心の内ようをせつめいしています。

3分でワンポイント

「自然のかくし絵（矢島（やじま） 稔（みのる））」では、それぞれのだんらくの内ようをせい理して読むことで、書かれていることをおさえ、筆者のつたえたいことをとらえることができます。ここでは、それぞれのだんらくにとう場するこん虫がどのように自然にかくれているのかをおさえましょう。

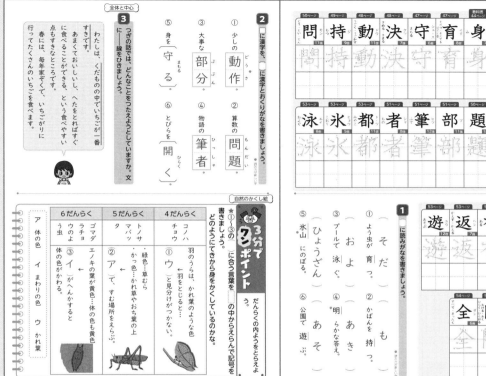

練習　14~15ページ

自然のかくし絵

❸ 文しょうを読んで、答えましょう。

木のみきに止まったはずのセミや、草のしげみに下りたはずのバッタを、ふと見うしなうことがあります。

セミやバッタは、木のみきや草の色と見分けにくい色をしています。まわりの色と見分けにくい体の色は、てきから身をかくすのにやく立ちます。身をかくすのにやく立つ色のことをほご色といいます。

こん虫は、ほご色によって、どのようにてきから身をかくしているのでしょうか。

たとえば、コノハチョウの羽は、表はあざやかな青とオレンジ色ですが、うらは、かれ葉のような色をしています。それに、羽をとじたときの形も木の葉そっくりです。そのため、木のえだに止まっていると、えだにのこったかれ葉と見分けがつきません。

矢島　稔「自然のかくし絵」より

❶「ふと見うしなうことがあります。」について、

① 何を見うしなうのですか。二つ書きぬきましょう。（セミ）（バッタ）

② 見うしなうのは、なぜですか。

（木のみき）や（草）の色と（見分）（けにくい）体の色をしているから。

ヒント 「見うしなう」という意味を考えよう。

❷「ほご色」とは、どんな色のことですか。

（てき）から（身をかくす）のにやく立つ（色）のこと。

❸「コノハチョウ」について、

① 羽の色は、それぞれどんな色ですか。文しょうから書きぬきましょう。

・表（あざやかな青とオレンジ色）

・うら（かれ葉のような色）

② 羽をとじたときの形は、何にそっくりの形ですか。

（木の葉（かれ葉））

③ てきに見つからないのはなぜですか。

（木のえだ）にとまっていると、えだにのこった（かれ葉）と見分けがつかないから。

❹ この文しょうでは、どんなことを説明(せつめい)していますか。一つに○をつけましょう。

ア（○）こん虫が、ほご色によって身をかくしていること。

イ（　）こん虫は、あざやかな色でもかくれられること。

ウ（　）こん虫を見つけるのは、かんたんだということ。

ヒント 「ほご色」「身をかくす」という言葉がくり返し出てくるよ。

じゅんび　16~17ページ

「わたし」の説明文を書こう／漢字の表す意味

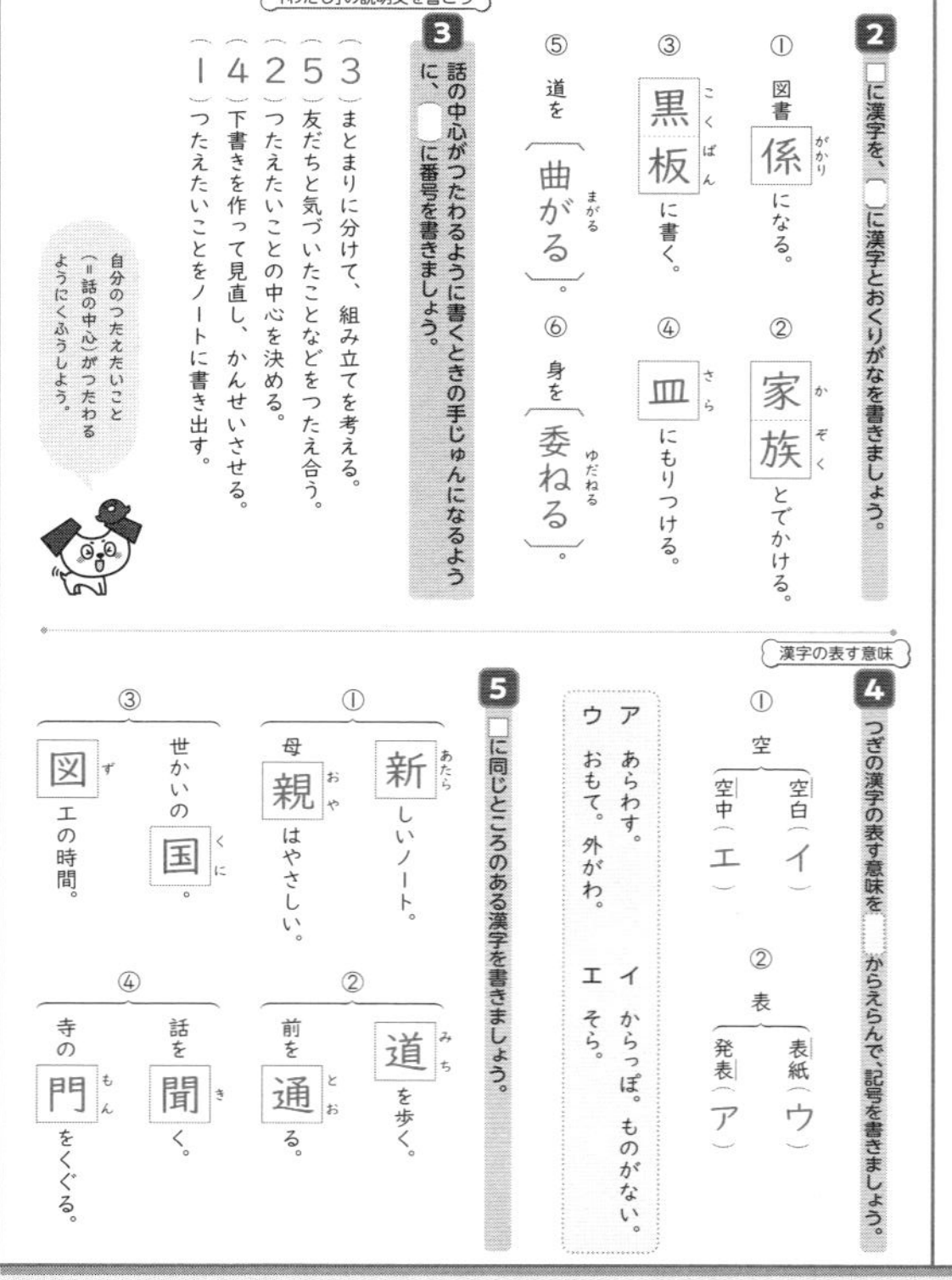

新しい漢字

教科書57ページ	57ページ	57ページ	57ページ	58ページ	58ページ	59ページ
始（シ／はじめる・はじまる）8画	係（ケイ／かかり・かかる）9画	世（セイ・セ／よ）5画	終（シュウ／おわる・おえる）11画	苦（ク／にがい・にがる・くるしい・くるしむ・くるしめる）8画	族（ゾク）11画	章（ショウ）11画

62ページ	62ページ	62ページ	63ページ	63ページ	63ページ	63ページ
曲（キョク／まがる・まげる）6画	板（バン・ハン／いた）8画	品（ヒン／しな）9画	皿（さら）5画	委（イ／ゆだねる）8画	員（イン）10画	発（ハツ）9画

63ページ
島（トウ／しま）10画

1 □に読みがなを書きましょう。

① 書き始める。（はじ）　② 全力でたたかう。（ぜんりょく）

③ 動物の世話。（せわ）　④ 本を参考にする。（こう）

⑤ 苦いくすりをのむ。（にが）　⑥ 校歌をえんそうする。（こうか）

⑦ 長い文章を読む。（ぶんしょう）　⑧ 大きな島が見える。（しま）

● 読み方が新しい字

2 □に漢字を、〔　〕に漢字とおくりがなを書きましょう。

① 図書〔係〕になる。　② 〔家族〕とでかける。

③ 〔黒板〕に書く。　④ 〔皿〕にもりつける。

⑤ 道を〔曲がる〕。　⑥ 身を〔委ねる〕。

「わたし」の説明文を書こう

3 話の中心がつたわるように書くときの手じゅんになるように、□に番号を書きましょう。

（3）まとまりに分けて、組み立てを考える。

（5）友だちと気づいたことなどをつたえ合う。

（2）つたえたいことの中心を決める。

（4）下書きを作って見直し、かんせいさせる。

（1）つたえたいことをノートに書き出す。

自分のつたえたいこと（＝話の中心）がつたわるようにくふうしよう。

漢字の表す意味

4 つぎの漢字の表す意味を□からえらんで、記号を書きましょう。

① 空　空白（イ）　空中（エ）

② 表　表紙（ウ）　発表（ア）

ア　あらわす。　イ　からっぽ。ものがない。

ウ　おもて。外がわ。　エ　そら。

5 □に同じところのある漢字を書きましょう。

① 〔新〕しいノート。　母〔親〕はやさしい。

② 〔道〕を歩く。　前を〔通〕る。

③ 世かいの〔国〕。　〔図〕工の時間。

④ 話を〔聞〕く。　寺の〔門〕をくぐる。

---

❶ ①書きぬきなので「セミ」「バッタ」とかたかなのままで書きましょう。

②「見うしなう」とは、「それまで見えていたものが、見えなくなる」という意味です。

❷ セミやバッタをれいにあげて、ほご色の説明(せつめい)をしています。セミやバッタの体の色のように、まわりの色と見分けにくく、「てきから身をかくす」のにやく立つ色を、ほご色というのです。

❸ ①すぐ後に「羽は、表はあざやかな青とオレンジ色」「うらは、かれ葉のような色」をしているとあります。

②「羽をとじたときの形も木の葉そっくり」とあります。

③「えだにのこったかれ葉（＝木の葉）」と見分けがつかないことから、「コノハチョウ」とは「木の葉チョウ」の意味だと分かります。「かれ葉」は「木の葉」でも正かいとします。

❹ こん虫がほご色によって、上手に身をかくしていることを読み取りましょう。

2 ⑥「委ねる」とは、自分の仕事などをほかの人に行わせること、という意味の言葉です。

3 話の中心がつたわるように書くことで、自分がつたえたいことをあい手に分かりやすくつたえることができます。何かを書いたり話したりするときには、話の中心を意しきするようにしましょう。

4 一つの漢字でも、いくつかの意味を表すことがあることをおさえましょう。①「空白」とは、書きこむべきところに何も書いていないこと、一部分がかけていること、という意味の言葉です。「空中」とは、地面からはなれた空間という意味の言葉です。②「表紙」とは、本などの外がわについた書名などが記されたものを表す言葉です。「発表」とは、広く世の中に知らせること、という意味の言葉です。

5 同じところのある漢字は、ほかにもたくさんあります。かんれんづけておぼえるようにしましょう。

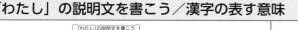

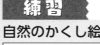

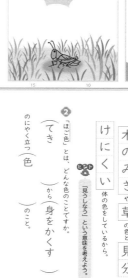

たしかめのテスト①

18〜19ページ

自然のかくし絵 〜 漢字の表す意味

おうちのかたへ

説明文では、段落の内容のまとまりをつかむと読み取りやすくなります。まずは一つ一つの段落ごとに内容をつかみ、前後の段落との関係を考えて、大きなまとまり（意味段落）をつかませましょう。

文章を読んで、答えましょう。 思考・判断・表現

では、こん虫は、どんなときでもてきから身を守ることができるのでしょうか。

こん虫を食べる鳥やトカゲなどが色を見分ける力は、人間と同じくらいです。ですから、こん虫のほご色は、人間の目をだますのと同じくらいに、これらのてきの目をだまして身をかくすのにやく立っていると考えられます。

こん虫をかんさつしてみると、一日のうちの決まった時間だけ活動し、ほかの時間はじっと休んでいます。多くのこん虫は、この長い時間休む場所の色に、にた色をしています。じっとしているかぎり、ほご色は、身をかくすのにやく立ちます。

ところが、こん虫が自分の体の色と同じような色をした所にいたとしても、動いたときなどには、鳥やトカゲに食べられてしまうことがあります。鳥やトカゲなどは、ちょっとした動作を見のがさない、するどい目を持っているからです。

このように、ほご色は、どんな場合でもやく立つとはかぎりませんが、てきにかこまれながらこん虫が生きつづけるのに、ずいぶんやく立っているのです。ほご色は、自然のかくし絵だということができるでしょう。

矢島 稔「自然のかくし絵」より

1 この文章は、ぜんぶで何だんらくありますか。 10点

（五（5））だんらく

よく出る **2** 「これらのてき」とありますが、何のことですか。二つ書きぬきましょう。 一つ10点（20点）

（こん虫を食べる）鳥（トカゲ） ※順番はちがっていてもよい。

3 こん虫の体の色の説明として、正しいものはどれですか。一つに〇をつけましょう。 10点

ア（〇）休んでいる場所の色と、にた色をしている。

イ（　）活動している場所の色と、にた色をしている。

ウ（　）えさを食べる場所の色と、にた色をしている。

4 「ほご色」について、

① 「ほご色」は、何をだますのと同じくらいてきをだましているのですか。四字で書きぬきましょう。 10点

人間の目 をだますのと同じくらい。

② 身をかくすのに「ほご色」がやく立つのは、どんなときですか。七字で書きぬきましょう。 10点

自分の体と同じような色をした所で じっと している とき。

できたらスゴイ! ③ 「ほご色」になる所にいても、こん虫が動いたとき、鳥やトカゲに見つかってしまうのは、なぜですか。 10点

鳥やトカゲなどは、ちょっとした 動作を見のがさない するどい目を持っているから。

5 「ところが」という言葉は、文章の中でどんなやくわりをしていますか。一つに〇をつけましょう。 10点

ア（　）前に書かれていることの理ゆうをのべる。

イ（〇）前に書かれていることとぎゃくのことをのべる。

ウ（　）前に書かれていることのれいをあげる。

考えを書こう！ **6** 筆者がこの文章に「自然のかくし絵」と題名をつけたのはなぜですか。「ほご色」という言葉を使って、考えて書きましょう。 20点

（れい）自然の中でこん虫が、ほご色で身をかくしていることをせつ明しているから。

---

1 文章の中の、小さな内ようのまとまりを「だんらく」といいます。だんらくの書き出しは一字下がっています。

2 こそあど言葉「これら」のさす内ようを、前からさがしましょう。

3 「こん虫は、この長い時間休む場所の色に、にた色をしています。」とあります。

4 ②③で見たように、こん虫は「休む場所の色」ににた色をしているので、その場で「じっとしている」ときは、まわりの色と見分けがつきにくいのです。③「鳥やトカゲなどは、ちょっとした動作を見のがさない、するどい目を持っている」とあります。本文のまま書きぬき出して答えましょう。

5 「話題をつなぐ言葉」にちゅう目すると、だんらくとだんらくのつながりが分かりやすくなります。

6 こん虫がほご色によって自然の中にかくれる様子が「かくし絵」ににているので、このような題名になっています。題名は、筆者がその文章でいちばんつたえたいことを表す内ようになっていることが多いので、ちゅう目しましょう。

じゅんび 22〜23ページ

ワニのおじいさんのたから物／漢字を使おう３／人物やものの様子を……

新しい漢字

寒	相	死	君	安	急
教科書66ページ 12画	67ページ 9画	67ページ 6画	68ページ 7画	69ページ 6画	69ページ 9画

橋	登	血	申	由	想
71ページ 16画	74ページ 12画	77ページ 6画	77ページ 5画	77ページ 5画	78ページ 13画

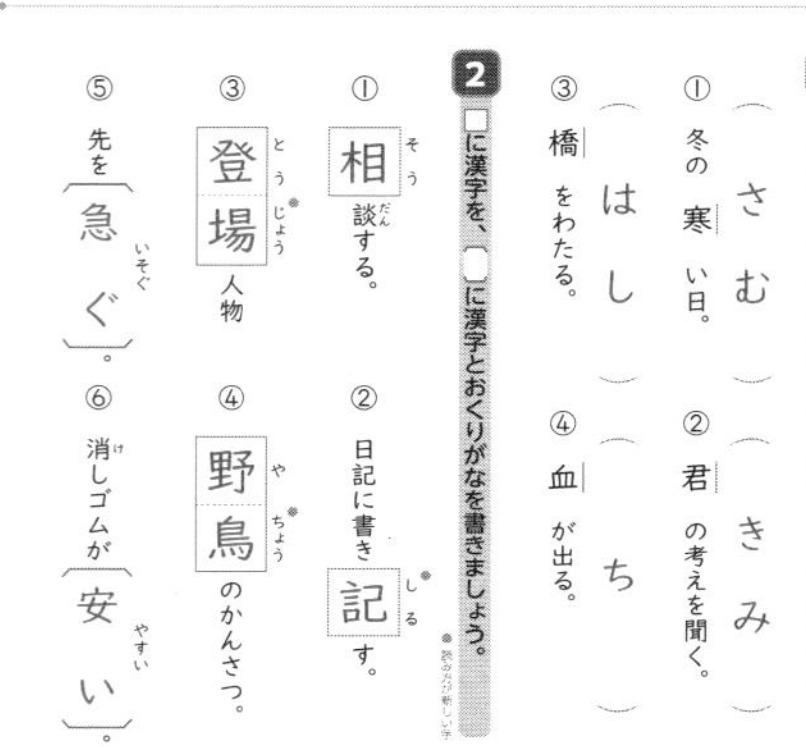

1 □に読みがなを書きましょう。

① 冬の寒い日。（さむ）　② 君の考えを聞く。（きみ）　③ 橋をわたる。（はし）　④ 血が出る。（ち）

2 □に漢字を、〔　〕に漢字とおくりがなを書きましょう。

① 相談する。　② 日記に書き記す。　③ 登場人物　④ 野鳥のかんさつ。　⑤ 先を〔急ぐ〕。　⑥ 消しゴムが〔安い〕。

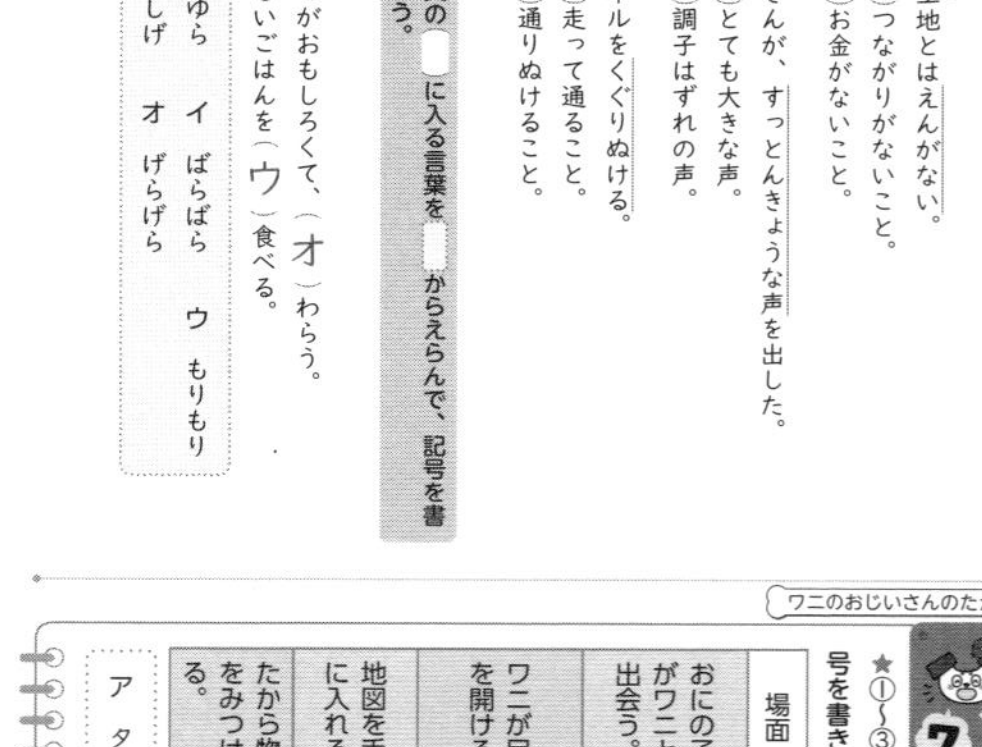

3 正しい意味に○をつけましょう。（ワニのおじいさんのたから物）

① この土地とはえんがない。
ア（○）つながりがないこと。
イ（　）お金がないこと。

② お母さんが、すっとんきょうな声を出した。
ア（　）とても大きな声。
イ（○）調子はずれの声。

③ トンネルをくぐりぬける。
ア（　）走って通ること。
イ（○）通りぬけること。

4 つぎの文の□に入る言葉を□からえらんで、記号を書きましょう。（人物やものの様子を表す言葉）

① テレビがおもしろくて、（オ）わらう。
② おいしいごはんを（ウ）食べる。

ア ゆらゆら　イ ばらばら　ウ もりもり　エ しげしげ　オ げらげら

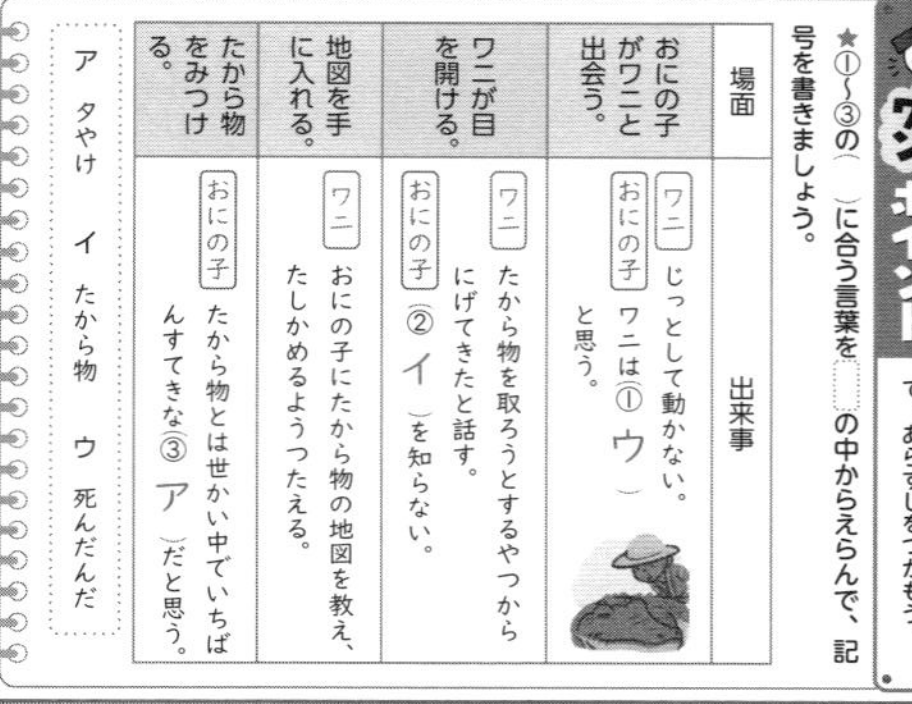

3分でワンポイント　場面ごとの出来事をせい理して、あらすじをつかもう。（ワニのおじいさんのたから物）

★①〜③の（　）に合う言葉を□の中からえらんで、記号を書きましょう。

場面	出来事
おにの子がワニと出会う。	ワニ　じっとして動かない。 おにの子　ワニは①（ウ）と思う。
ワニが目を開ける。	ワニ　たから物を取ろうとするやつからにげてきたと話す。 おにの子　②（イ）を知らない。
地図を手に入れる。	ワニ　おにの子にたから物の地図を教え、たしかめるようつたえる。
たから物をみつける。	おにの子　たから物とは世かい中でいちばんすてきな③（ア）だと思う。

ア タやけ　イ たから物　ウ 死んだんだ

たしかめのテスト② 20〜21ページ

自然のかくし絵 〜 漢字の表す意味

1 読みがなを書きましょう。（一つ2点〔20点〕）

① 身長を計る。（しんちょう）　② 決意をかためる。（けつい）　③ 算数の問題。（もんだい）　④ お気に入りの筆ばこ。（ふで）　⑤ 有り合わせの物。（あ）　⑥ 開始の合図。（あいず）　⑦ 返事を書く。（へんじ）　⑧ 外国の作曲家。（さっきょく）　⑨ 大切な品物。（しなもの）　⑩ 日本は島国である。（しまぐに）

2 □に漢字を、〔　〕に漢字とおくりがなを書きましょう。（一つ2点〔20点〕）

① すばやく動く。　② 大切な部分。　③ 都会でくらす。　④ 水泳教室に通う。　⑤ 公園の遊具。　⑥ 生き物の世話。　⑦ 苦いのみもの。　⑧ 発表する。　⑨ ひなを〔育む〕。　⑩ 〔全く〕知らない。

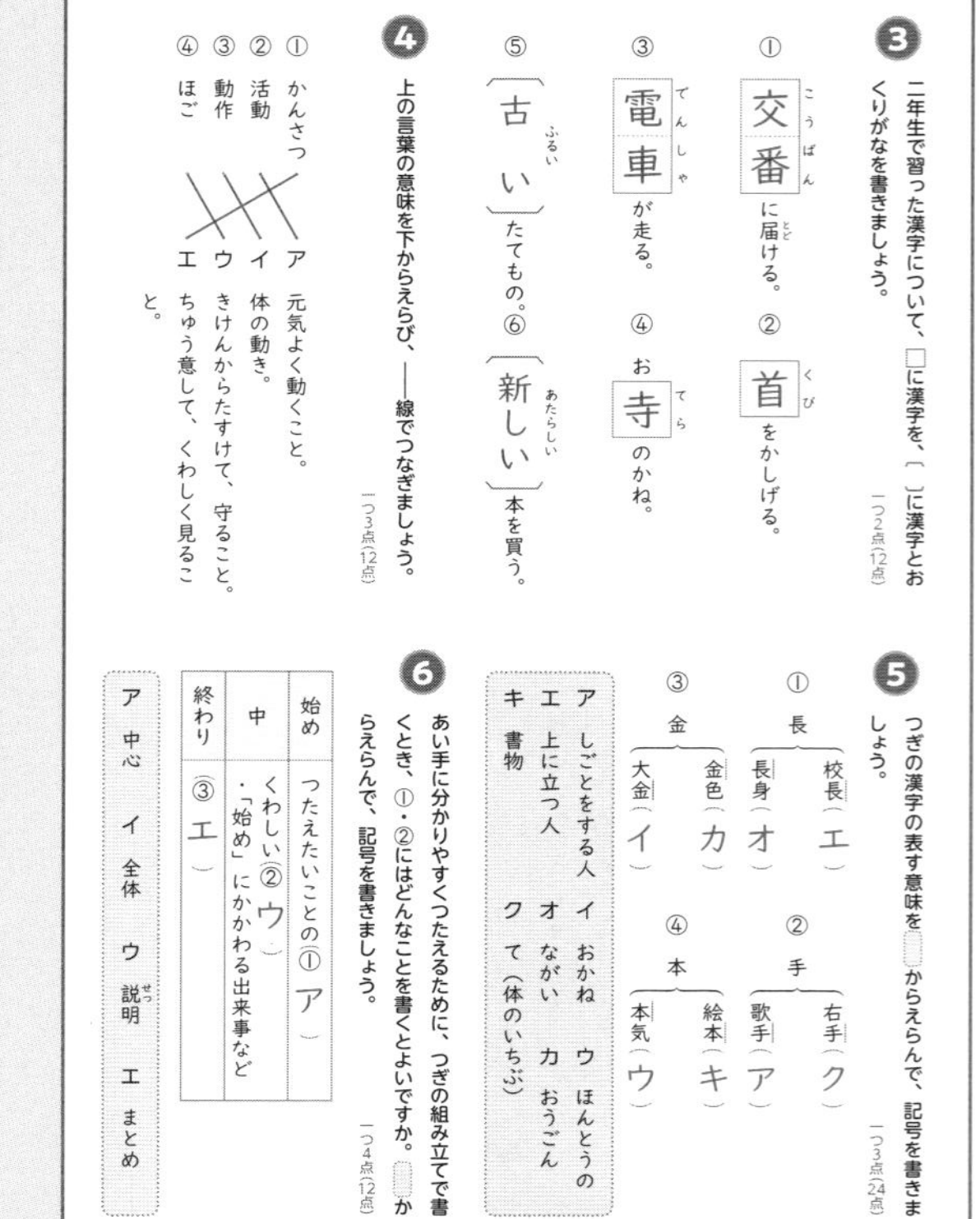

3 二年生で習った漢字について、□に漢字を、〔　〕に漢字とおくりがなを書きましょう。（一つ2点〔12点〕）

① 交番に届ける。　② 首をかしげる。　③ 電車が走る。　④ お寺のかね。　⑤ 〔古い〕たてもの。　⑥ 〔新しい〕本を買う。

4 上の言葉の意味を下からえらび、――線でつなぎましょう。（一つ3点〔12点〕）

① かんさつ　② 活動　③ 動作　④ ほご

ア 元気よく動くこと。
イ 体の動き。
ウ きけんからたすけて、守ること。
エ ちゅう意して、くわしく見ること。

5 つぎの漢字の表す意味を□からえらんで、記号を書きましょう。（一つ3点〔24点〕）

① 長　校長（エ）　長身（オ）
② 手　右手（ク）　歌手（ア）
③ 金　金色（カ）　大金（イ）
④ 本　絵本（キ）　本気（ウ）

ア しごとをする人　イ おかね　ウ ほんとうの　エ 上に立つ人　オ ながい　カ おうごん　キ 書物　ク て（体のいちぶ）

6 あい手に分かりやすくつたえるために、つぎの組み立てで書くとき、①・②にはどんなことを書くとよいですか。□からえらんで、記号を書きましょう。（一つ4点〔12点〕）

始め	つたえたいことの①（ア）
中	くわしい②（ウ） ・「始め」にかかわる出来事など
終わり	③（エ）

ア 中心　イ 全体　ウ 説明　エ まとめ

2 ⑨「育む」とは、大切に守り育てるという意味の言葉です。また、送りがなを「育くむ」としないように気をつけましょう。

⑩ここでの「全く」とは、けっしてという意味の言葉です。

5 ①「校長」は、学校の中でいちばん上に立つ人のことです。「長身」は、身長が高いことです。

②「歌手」は、歌うしごとをする人のことです。

③「大金」は、たくさんのお金のことです。

④「本気」は、「本当の、しんけんな気持ち」のことです。

6 あい手に分かりやすくつたえるために、「始め」「中」「終わり」に分けて文章を組み立てて書くようにしましょう。また、「始め」には、つたえたいことの中心、「中」には、くわしい説明として、つたえたいことの中心にかかわる出来事など、「終わり」には、文章のまとめを書くとよいでしょう。

3 ①「えんがない」とは、人や物事とのつながりがないことを表す言葉です。

②「すっとんきょう」とは、ひじょうに間のぬけたさまを表す言葉で、「すっとんきょうな声」は、おどろいたときなどに出る声です。

4 「様子を表す言葉」は、どんな様子であるかを想ぞうしながら考えるようにしましょう。

①おもしろいテレビを見てわらうときの様子を表す言葉です。

②おいしいごはんを食べるときの様子を表す言葉です。

3分でワンポイント

「ワニのおじいさんのたから物（川崎洋）」では、それぞれの場面ごとにせい理してあらすじをつかみながら読みましょう。ここでは、おにの子がワニと出会う場面、ワニが目を開ける場面、おにの子がたから物の地図を手に入れる場面、おにの子がたから物をみつける場面のそれぞれのあらすじをおさえましょう。

練習　24~25ページ

ワニのおじいさんのたから物

❶ 文章を読んで、答えましょう。

ある天気のいい日に、ぼうしをかぶったおにの子は、川ぎしを歩いていて、水ぎわでねむっているワニに出会いました。

ワニを見るのは生まれてはじめてなので、おにの子は、そばにしゃがんで、しげしげとながめました。

相当年を取っていて、はなの頭からしっぽの先まで、しわしわくちゃくちゃです。人間でいえば、百三十さいくらいの感じ。

ワニは、ぜんぜん動きません。

死んでいるのかもしれない――と、おにの子は思いました。

「ワニのおじいさん。」

と、よんでみました。

ワニは、目をつぶり、じっとしたまま。

あ、おじいさんでなくて、おばあさんなのかもしれない――と思いました。

「ワニのおばあさん。」

やっぱり、ワニはぴくりとも動きません。

死んだんだ――と、おにの子は思いました。

おにの子は、そのあたりの野山を歩いて、地面におちているホオノキの大きな葉っぱをひろっては、ワニの所にはこび、体のまわりにつみ上げていきました。

朝だったのが昼になり、やがて夕方近くなって、ワニの体は、半分ほどホオノキの葉っぱでうまりました。すると、

「ああ、いい気持ちだ。」

と、ワニはつぶやきながら目を開けたのです。

川崎　洋「ワニのおじいさんのたから物」より

❶ この場面には、どんなおにの子が出てきますか。一つに○をつけましょう。

ア（○）ぼうしをかぶったおにの子。
イ（　）しわしわくちゃくちゃのおにの子。
ウ（　）頭につのが生えたおにの子。

❷ 「しげしげとながめました。」とありますが、なぜワニをしげしげとながめたのですか。文章から書きぬきましょう。

ワニを［生まれてはじめて］見たから。

❸ おにの子が出会ったのはどんな様子のワニでしたか。

（ヒント：すぐ前の文に注目しよう。）

年を取っていて、（はなの頭）から（しっぽの先）まで、（しわしわくちゃくちゃ）で、人間でいうと、（百三十）さいくらいのワニ。

❹ 「地面におちているホオノキの大きな葉っぱをひろっては、ワニの所にはこび、体のまわりにつみ上げていきました。」について、

① おにの子がワニの体のまわりにホオノキの葉っぱをつみ上げていったのは、なぜですか。一つに○をつけましょう。

ア（　）どれぐらいつみ上げていくと、ワニが目をさますかたしかめようと思ったから。
イ（　）天気のいい日とは言え、道でじっとしていると寒いだろうと思ったから。
ウ（○）声をかけてもぴくりとも動かないので、「死んだんだ」と思ったから。

（ヒント：すぐ前の文に注目しよう。）

② おにの子は、どれくらいの時間、どれくらいホオノキの葉っぱをはこびましたか。

朝から（夕方近く）なるまではこび、ワニの体が（半分ほど）うまるくらいはこんだ。

じゅんび　26~27ページ

心が動いたことを詩で表そう／ローマ字①

新しい漢字　詩（シ）13画　教科書80ページ／集（シュウ・あつまる・あつめる）12画　82ページ

1 □に漢字を、（　）に漢字とおくりがなを書きましょう。

① ［詩］（し）を読む。
② 大会に［出場］（しゅつじょう）する。
③ 全校［集会］（しゅうかい）
④ やさしい［言葉］（ことば）。
⑤ コインを（集める）（あつめる）。
⑥ 歌で（表す）（あらわす）。

2 心が動いたことを詩で表そう　詩の作り方として正しいもの全てに○をつけましょう。

①（○）心にのこっていることからえらぶ。
②（○）ものの形や色などを思い出して言葉を集める。
③（○）にているものにたとえて書くとよい。
④（　）長い文章で書くとよい。

3 次の文の――線部に合う音や様子を表す言葉を、□からえらんで、記号を書きましょう。

①（ウ）お母さんが、部屋のとびらをたたく。
②（ア）赤ちゃんが、気持ちよさそうにねている。
③（イ）夏の太陽がまぶしく照っている。
④（エ）雨がしずかにふっている。

ア　すやすや　イ　ぎらぎら　ウ　コンコン　エ　しとしと

ローマ字①

4 つぎのひらがなを表すローマ字を書きましょう。

① か　ka
② き　ki
③ く　ku
④ け　ke
⑤ こ　ko
⑥ びゃ　bya
⑦ びゅ　byu
⑧ びょ　byo

5 つぎのローマ字を、ひらがなに直しましょう。

① hon（ほん）
② obâsan（おばあさん）
③ syakai（しゃかい）
④ byôin（びょういん）
⑤ gin'iro（ぎんいろ）

6 つぎのひらがなを、ローマ字に直しましょう。

① いか　ika
② お母さん（おかあさん）　okâsan
③ でんわ　denwa
④ がっき　gakki
⑤ めだか　medaka
⑥ 北海道（ほっかいどう）　Hokkaidô
⑦ おかし（二つの書き方で）　okasi／okashi
⑧ しゅみ（二つの書き方で）　syumi／shumi

ほかの書き方ができるものも、合わせておぼえよう。

---

❶ さいしょの一文にちゅう目すると、「ぼうしをかぶったおにの子」とあります。

❷ 川ぎしを歩いていたおにの子が、ワニに出会った場面です。すぐ前に「ワニを見るのは生まれてはじめて」とあることを読み取りましょう。

❸ ワニの様子について、「相当年を取っていて、はなの頭からしっぽの先まで、しわしわくちゃくちゃです。」「人間でいえば、百三十さいくらいの感じ。」とあります。

❹ ①おにの子が、「ワニのおじいさん。」や「ワニのおばあさん。」とよんでも、「ワニは、目をつぶり、じっとしたまま。」「ワニはぴくりとも動きません。」とあります。このことから、おにの子は、ワニを「死んだんだ」と考えていることを読み取りましょう。

②「朝だったのが昼になり、やがて夕方近くなって」とあります。また、「ワニの体は、半分ほどホオノキの葉っぱでうまりました。」とあります。

2 ①心にのこっていることをえらびます。③にているものにたとえたり、音や様子を表す言葉、リズムのよい言葉を使ったり同じ言葉や文をくり返したりします。

3 ①部屋のとびらをたたく音を表す言葉は、「コンコン」です。②赤ちゃんが気持ちよさそうにねている様子を表す言葉は「すやすや」です。③夏の太陽がまぶしく照っている様子を表す言葉は「ぎらぎら」です。

ほかにも、音や様子を表す言葉にはどのようなものがあるか考えてみましょう。

4 「あ・い・う・え・お」は、それぞれ「a・i・u・e・o」で表され、行によって前につく文字がかわることをおさえましょう。また、「きゃ・きゅ・きょ」などは、行によってかわる文字に「y」を入れた三字で書き表されます。

5 のばす音は「a・i・u・e・o」の上に「^」をつけます。はねる音「ん（n）」のあとに「a・i・u・e・o」や「y」が来るときには「'」が入ります。

6 ⑥は「HOKKAIDÔ」でも正かいとします。

たしかめのテスト①　28〜29ページ

ワニのおじいさんのたから物 〜 ローマ字①

おうちのかたへ

物語のあらすじをつかむには、「いつ」「どこで」「だれが」「だれと」「何をした」などに注目します。「ワニのおじいさんのたから物」では、「いつ」「だれが」「何をした」に注意して場面を分け、それぞれ起こった出来事を整理しましょう。

文章を読んで、答えましょう。　思考・判断・表現

「君は、たから物というものを知らないのかい？」

ワニのおじいさんは、おどろいて、すっとんきょうな声を出しました。

そして、しばらくまじまじとおにの子の顔を見ていましたが、やがて、そのしわしわくちゃくちゃの顔で、にこっとしました。

「君に、わしのたから物をあげよう。うん、そうしよう。これで、わしも、心おきなくあの世へ行ける。」

ワニのおじいさんのせなかのしわが、じつは、たから物のかくし場所を記した地図になっていたのです。

ワニのおじいさんに言われて、おにの子は、おじいさんのせなかのしわ地図を、しわのない紙にかきうつしました。

「では、行っておいで。わしは、この葉っぱのふとんでもうひとねむりする。たから物ってどういうものか、君の目でたしかめるといい。」

そう言って、ワニのおじいさんは目をつぶりました。

おにの子は、地図を見ながら、とうげをこえ、けもの道を横切り、つり橋をわたり、谷川にそって上り、岩あなをくぐりぬけ、森の中で何ども道にまよいそうになりながら、やっと地図の×じるしの場所へたどりつきました。

そこは、切り立つようながけの上の岩場でした。

そこに立ったとき、おにの子は目を丸くしました。口で言えないほどうつくしい夕やけが、いっぱいに広がっていたのです。

思わず、おにの子はぼうしを取りました。

「これがたから物なのだ──」と、おにの子はうなずきました。

ここは、せかい中でいちばんすてきな夕やけが見られる場所なんだ──と思いました。

その立っている足もとに、たから物を入れたはこがうまっているのを、おにの子は知りません。

おにの子は、いつまでも夕やけを見ていました。

川崎 洋「ワニのおじいさんのたから物」より

1 「すっとんきょうな声を出しました。」とありますが、ワニのおじいさんがこのような声を出したのはなぜですか。　10点

ア（　）おにの子が、たから物を見つけられなかったから。

イ（　）おにの子が、ワニのおじいさんのたから物をほしがったから。

ウ（○）おにの子が、たから物を知らないことにおどろいたから。

2 よく出る　ワニのおじいさんのたから物のかくし場所が記された地図は、どのようなものでしたか。　10点

ワニのおじいさんの（せなかのしわ）。

3 「地図の×じるしの場所」について、おにの子が、その場所へたどりつくまでの道のりとして、正しいじゅん番になるように、数字を入れましょう。　すべてできて20点

（4）谷川にそって上る。

（1）とうげをこえる。

（3）つり橋をわたる。

（2）けもの道を横切る。

（5）岩あなをくぐりぬける。

（6）森の中でまよう。

4 てきたらスゴイ！　「これがたから物なのだ」とありますが、おにの子とワニのおじいさんの「たから物」は、何ですか。　一つ20点（40点）

・おにの子

（口で言えないほどうつくしい）夕やけ

・ワニのおじいさん

（たから物を入れたはこ）

5 考える力をのばす　「おにの子は、いつまでも夕やけを見ていました。」とありますが、なぜですか。考えて書きましょう。　20点

（れい）せかい中でいちばんすてきな夕やけに感動したから。

---

1 ワニのおじいさんは、おにの子が「たから物」というものを知らないことに「おどろいて、すっとんきょうな声を出しました。」とあります。

2 「ワニのおじいさんのせなかのしわが、じつは、たから物のかくし場所を記した地図になっていたのです。」とあります。

3 おにの子が、地図を見ながらたから物がある場所にたどりつくまでに進んだ道のりのじゅん番を読み取りましょう。

4 「これがたから物なのだ──と、おにの子はうなずきました。」とあることにちゅう目しましょう。「これ」は前の内ようから「口で言えないほどうつくしい夕やけ」のことであると読み取れます。また、その後に「その立っている足もとに、たから物を入れたはこがうまっている」とあり、ワニのおじいさんが言っていたたから物であることを読み取りましょう。

5 おにの子が、切り立つようながけの上の岩場に立ったときの様子から考えましょう。「おにの子は目を丸くしました。」「思わず、おにの子はぼうしを取りました。」とあることから、岩場から見えるせかい中でいちばんすてきな夕やけに感動していることが書けていれば正かいです。

れい2　はじめて見たたから物をすごいと思ったから。

たしかめのテスト② 30~31ページ

ワニのおじいさんのたから物 ～ ローマ字①

1 読みがなを書きましょう。

① 話し相手。（あいて）　② 生と死。（し）　③ 安心する気持ち。（あんしん）　④ 急に暑くなる。（きゅう）　⑤ 書き記す。（しる）　⑥ 歩道橋をわたる。（きょう）　⑦ 物語の登場人物。（とうじょう）　⑧ 金づちを使う。（かな）　⑨ 理由を伝える。（りゆう）　⑩ 気持ちを想像する。（そう）

2 □に漢字を、（　）に漢字とおくりがなを書きましょう。

① 君のおかげだ。　② ねだんが安い。　③ つり橋がゆれる。　④ 行動する。　⑤ ひざから血が出る。　⑥ 詩を読む。　⑦ 言葉の由来。　⑧ 町の図書館。　⑨ 冬は寒い。　⑩ かきを集める。

3 つぎのひらがなを、ローマ字に直しましょう。

① いもうと　imôto
② せっけん　sekken
③ としょかん　tosyokan
④ せんぷうき　senpûki
⑤ とうきょう　Tôkyô

4 つぎのローマ字を、ひらがなに直しましょう。

① tokei（とけい）　② ryokan（りょかん）　③ onîsan（おにいさん）　④ mokkin（もっきん）

5 思考・判断・表現　つぎの「人物やものの様子を表す言葉」を使って、みじかい文を作りましょう。

① げらげら　（れい）お笑いのテレビを見て、げらげら笑う。
② わいわい　（れい）友だちといっしょに、昼休みをわいわいすごす。
③ ぽつぽつ　（れい）雨がぽつぽつとふり始めた。

じゅんび 32~33ページ

「給食だより」を読みくらべよう ～ 心の養分

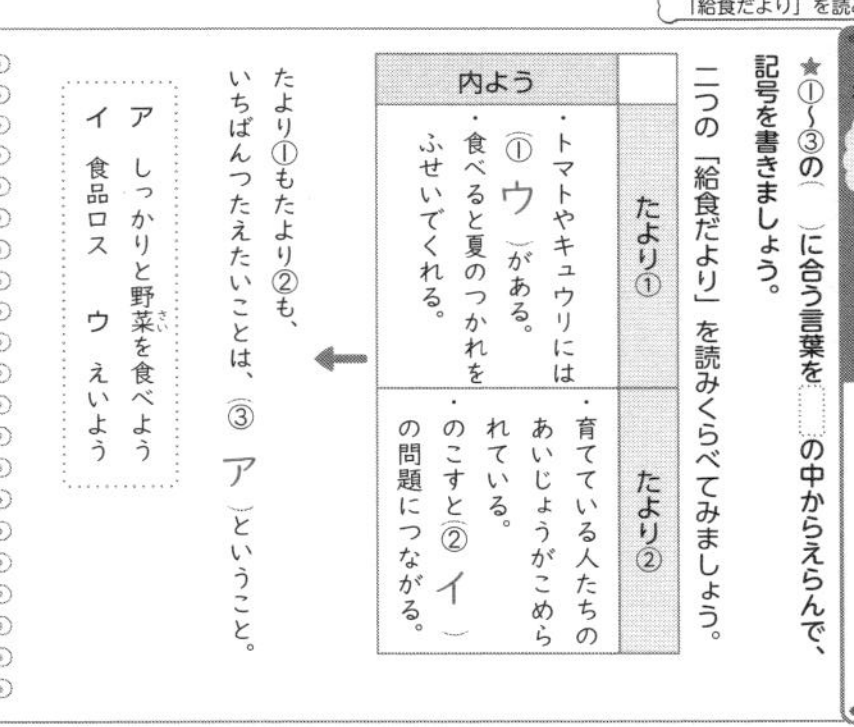

かきトリ　新しい漢字　次　暑　業　実　農　命　写

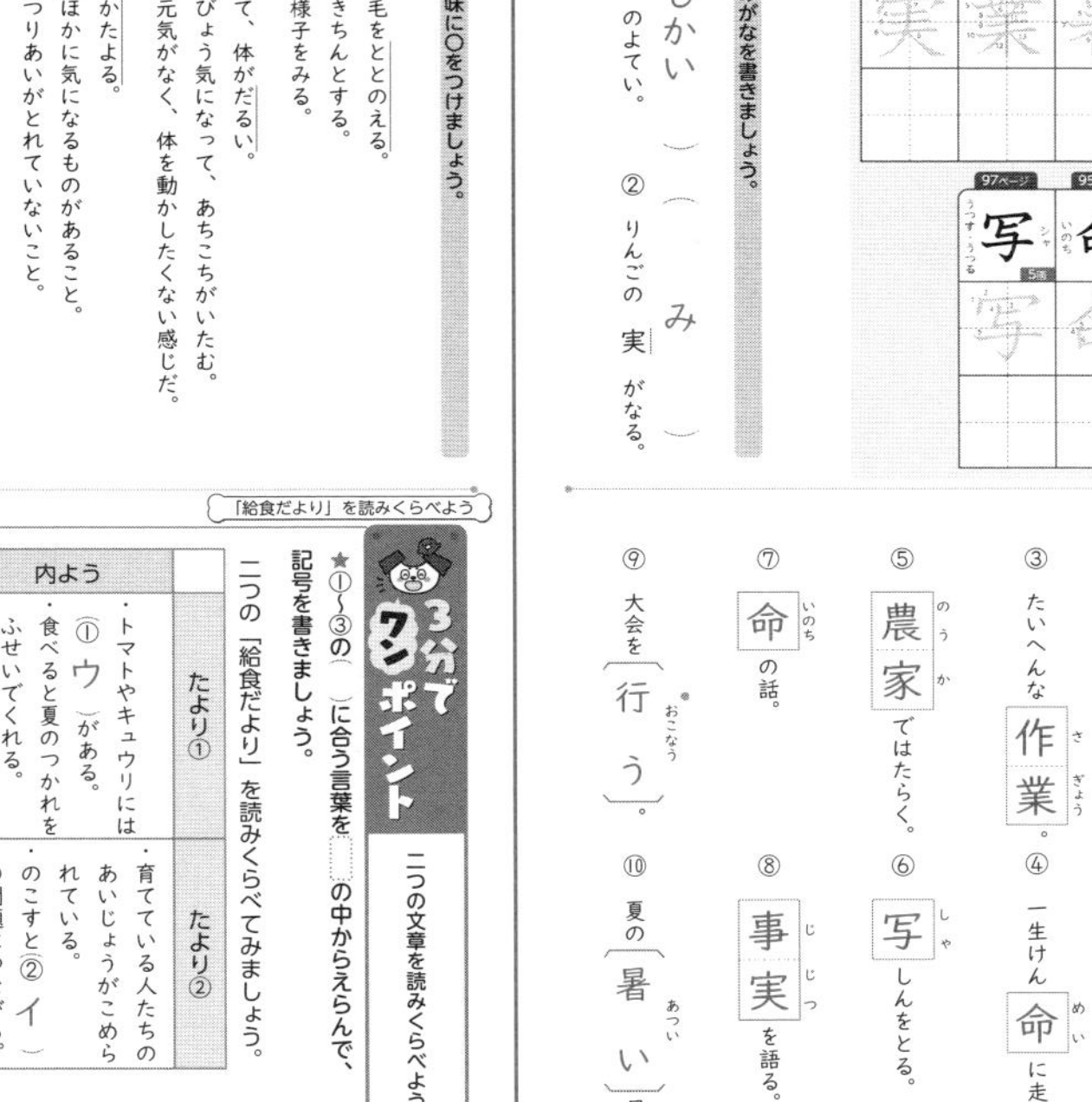

1 〇に読みがなを書きましょう。

① 次回のよてい。（じかい）　② りんごの実がなる。（み）

2 □に漢字を、（　）に漢字とおくりがなを書きましょう。

① 次の日。　② 残暑がきびしい。　③ たいへんな作業。　④ 一生けん命に走る。　⑤ 農家ではたらく。　⑥ 写しんをとる。　⑦ 命の話。　⑧ 事実を語る。　⑨ 大会を行う。　⑩ 夏の暑い日。

3 正しい意味に〇をつけましょう。

① かみの毛をととのえる。
ア（〇）きちんとする。
イ（　）様子をみる。
② つかれて、体がだるい。
ア（　）びょう気になって、あちこちがいたむ。
イ（〇）元気がなく、体を動かしたくない感じだ。
③ 考えがかたよる。
ア（　）ほかに気になるものがあること。
イ（〇）つりあいがとれていないこと。

4 次の言葉の意味を下からえらんで、――線でつなぎましょう。

① 養分　② ちゅう文　③ ざっし
ア ほしいものを店にたのむこと。
イ いろいろな記事などがのった、きまったじきに発行される書物。
ウ 体などが育つためのえいようになる、せい分。

3分でワンポイント　二つの文章を読みくらべよう。

★①～③の（　）に合う言葉を□の中からえらんで、記号を書きましょう。

二つの「給食だより」を読みくらべてみましょう。

内よう	たより①	たより②
	・トマトやキュウリには（① ウ）がある。 ・食べると夏のつかれをふせいでくれる。	・育てている人たちのあいじょうがこめられている。 ・のこすと（② イ）の問題につながる。

→ たより①もたより②も、いちばんつたえたいことは、（③ ア）ということ。

ア しっかりと野菜を食べよう　イ 食品ロス　ウ えいよう

---

3 ①のばす音は「a・i・u・e・o」の上に「＾」をつけます。
②つまる音（「っ」）は、つぎに来る音のさいしょの字をかさねます。
③「しゃ・しゅ・しょ」の書き方には「sya・syu・syo」と「sha・shu・sho」の二通りがあります。「toshokan」と書いても正かいです。
⑤地名を書くときには、さいしょのもじを大文字で書きます。また、地名はすべて大文字で書く場合もあります。「TÔKYÔ」と書いても正かいです。

4 ②「ryo」は、「りょ」と読みます。
③「a・i・u・e・o」の上に「＾」があるときは、のばして読みます。
④「k」が二つかさなって書かれているので、「っ」を入れて読みます。

5 ①「げらげら」は、えんりょなく大きな声でわらう様子を表す言葉です。
②「わいわい」は、たくさんの人がそれぞれさわがしくものを言う様子を表す言葉です。
③「ぽつぽつ」は、雨などの水てきが、ひとつぶずつおちていく様子を表す言葉です。

2 ②「残暑」とは、秋になってものこる暑さという意味の言葉です。
④「一生けん命」とは、ひっしに物事に取り組むことという意味の言葉です。

3 ①「ととのえる」とは、みだれているものをきちんとした形にするという意味の言葉です。
②「だるい」とは、つかれたような感じであることという意味の言葉です。
③「かたよる」とは、中心などからはずれて一つの方によることを表す言葉です。

3分でワンポイント

『給食だより』を読みくらべよう」では、二つの文章を読みくらべて、つたえたいことをうまくつたえるためにどのようなくふうがされているかをおさえましょう。それぞれの文章で取り上げられている内ようは何かを考えましょう。また、それぞれの書き方でどんないんしょうを持つか考えてみましょう。

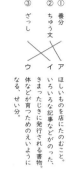

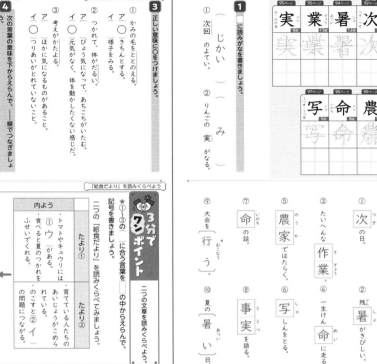

たしかめのテスト　34～35ページ

「給食だより」を読みくらべよう　～心の養分

おうちのかたへ

取り上げられている内容や組み合わせ方、また、図や表、写真の使い方など、どのようなくふうがあるかを読み取りましょう。二つの文章のくふうのちがいを考えて、それぞれの文章のよさや読んだときの印象のちがいなどを整理しましょう。

文章を読んで、答えましょう。　思考・判断・表現

たより①

給食で出した野菜が毎日のこっています。わたしたちは、みなさんに、しっかりと野菜を食べてほしいと思っています。なぜなら、野菜には、大切なえいようがあるからです。

たとえば、夏の野菜であるトマトには、ビタミンというものがふくまれています。このビタミンは、体の調子をととのえるのに、なくてはならないものです。同じ夏の野菜であるキュウリには、カリウムというものがふくまれています。これは、体の中の水分を調節するはたらきをするものです。このほか、トマトやキュウリには水分も多くふくまれているので、あせをかく暑いときに食べるのに、ちょうどよい野菜です。

また、暑くなってくると、食よくがなくなったり体調をくずしやすくなったりします。食よくがなくなってくると、食べやすいものやさっぱりしたものしか食べたくなくなり、えいようがかたよってしまいがちです。そうすると、よけいに体がだるくなったり、つかれやすくなったりします。そんな夏のつかれをふせぐためにも、えいようがたくさんふくまれる野菜を食べることが大切なのです。

たより②

給食で出した野菜が毎日のこっています。わたしたちは、みなさんに、しっかりと野菜を食べてほしいと思っています。なぜなら、育てている人たちのあいじょうがこめられた野菜をのこすのは、もったいないことだからです。

たとえば、夏の野菜であるトマトを作るためには、「わきめかき」という作業がいります。わきめとは、えだと葉の間から生えてくるめのことで、トマトの実を大きく育てるためには、このわきめをつみとらなければなりません。わきめかきは、一つ一つ手作業で行うのでとてもたいへんな作業ですが、トマトをおいしく食べてもらうために、あいじょうをこめて行っているのです。

また、みなさんは「食品ロス」ということを知っていますか。これは、本来食べることができたはずの食品が、多くすてられてしまっているという問題です。日本では、一年間にやく600万トンもの食品ロスが発生しているといわれています。これは、一人一人が、毎日茶わん一ぱい分のごはんをすてているのと同じくらいの計算になります。農家のかたが一生けん命に育ててくれた野菜をのこしてしまうと、ざんねんなことに、この食品ロスの一部となってしまいます。

『給食だより』を読みくらべよう　より

よく出る

1 この二つの文章について、

① 何について書かれていますか。それぞれ二つずつあとからえらんで、記号を書きましょう。　一つ5点(20点)

・たより①（ア）（オ）　たより②（イ）（ウ）

ア　野菜にえいようがあることについて。
イ　野菜を育ててくれている人について。
ウ　食品ロスが発生していることについて。
エ　給食を作ってくれている人について。
オ　野菜がつかれをふせぐことについて。

② どちらも同じことをつたえようとしています。それは何ですか。　一つ10点(20点)

給食で野菜が（多くのこって）いるので、しっかりと野菜を（食べてほしい）ということ。

2 たより①によると、トマトとキュウリのとくちょうは何ですか。　一つ5点(20点)

トマトには、（ビタミン）がふくまれていて、（体の調子）をととのえてくれる。

キュウリには、（カリウム）がふくまれていて、（体の中の水分）を調節してくれる。

できたらスゴイ！

3 『わきめかき』という作業」が、トマトを作るためにいるのは、なぜですか。　20点

トマトの実を（大きく育てる）ため。

考えを書こう

4 二つの文章を読んで、あなたが野菜の大切さを感じたのは、どちらですか。一つえらんで○をつけて、理由を書きましょう。　20点

（○）たより①　（　）たより②

理由

れい　野菜を食べるとどんな点がよいのかがわかりやすく書かれているから。

---

1 ①それぞれの文章の二だんらくと三だんらくの内ようにちゅう目しましょう。
②二つの文章のさいしょのだんらくの内ようにちゅう目しましょう。「給食で出した野菜が毎日のこっています。わたしたちは、みなさんに、しっかりと野菜を食べてほしいと思っています。」とあります。

2 たより①の二だんらく目にちゅう目しましょう。「夏の野菜であるトマトには」と始まる部分で、トマトについて説明されています。また、「同じ夏の野菜であるキュウリには」と始まる部分で、キュウリについて説明されています。

3 たより②の内ようから考えましょう。「わきめとは、えだと葉の間から生えてくるめのことで、トマトの実を大きく育てるためには、このわきめをつみとらなければなりません。」とあります。

4 たより①とたより②でそれぞれ取り上げられている内ようから、自分が野菜の大切さを感じた文章をえらび、そのように感じた理由について書きましょう。たより①では、野菜を食べるとよい理由が書かれていること、たより②では、野菜を育ててくれている人について書かれていることをおさえるとよいでしょう。

れい2　たより②　野菜を育てている人たちのあいじょうが感じられるように、書かれているから。

じゅんび　36~37ページ
紙ひこうき／夕日がせなかをおしてくる／案内の手紙を書こう

紙ひこうき／夕日がせなかをおしてくる

1 □に読みがなを書きましょう。

① まっかな太よう。（たい）
② 歌を合しょうする。（がっ）
③ 学校に通う。（かよ）

2 上の言葉につながる言葉を下からえらんで、――線でつなぎましょう。

① ゆうらゆら　② きらきら　③ すういと　④ ぐるりと
ア とぶ。　イ ゆれる。　ウ ふりむく。　エ 光る。

3 正しい意味に○をつけましょう。

① ヘリコプターがちゃくりくする。
ア（　）地上から空へとびたつこと。

イ（○）空から地上におりること。

② 兄がうっかりして、ねすごす。
ア（○）起きる時間になってもねている。

イ（　）ふとんの中でだらだらとする。

③ サッカークラブのかんとくがどなる。
ア（○）大きな声でさけぶ。

イ（　）小さめの声でちゅう意する。

④ 言葉を書き足す。
ア（　）いらない部分をけずること。

イ（○）たりない部分をくわえること。

案内の手紙を書こう

4 詩について次の文の□に合う言葉を□からえらんで、記号を書きましょう。

① 詩の中のまとまりを（ア）といい、二つ目の連を（エ）という。一つ目の連をだい一連、二つ目の連をだい二連という。

② 詩を読むときは、（イ）を表す言葉や、声の（カ）などをくふうしながら読む。

ア だい一連　イ 様子　ウ 名前　エ 連　オ 段落　カ 強弱

5 次の（　）のしじにしたがって、まちがいをさがして、れいのように右に書き直しましょう。

れい　運動会が始めます。（を）

① （言葉の使い方を正しく直しましょう。）
・日曜日に、小学校に運動会があります。（で（の））

② （文の終わりをていねいな言い方に直しましょう。）
・みなさんで、運動会を見に来てよ。（ください）

6 だいじなことがつたわる手紙の書き方について言葉を□からえらんで、記号を書きましょう。

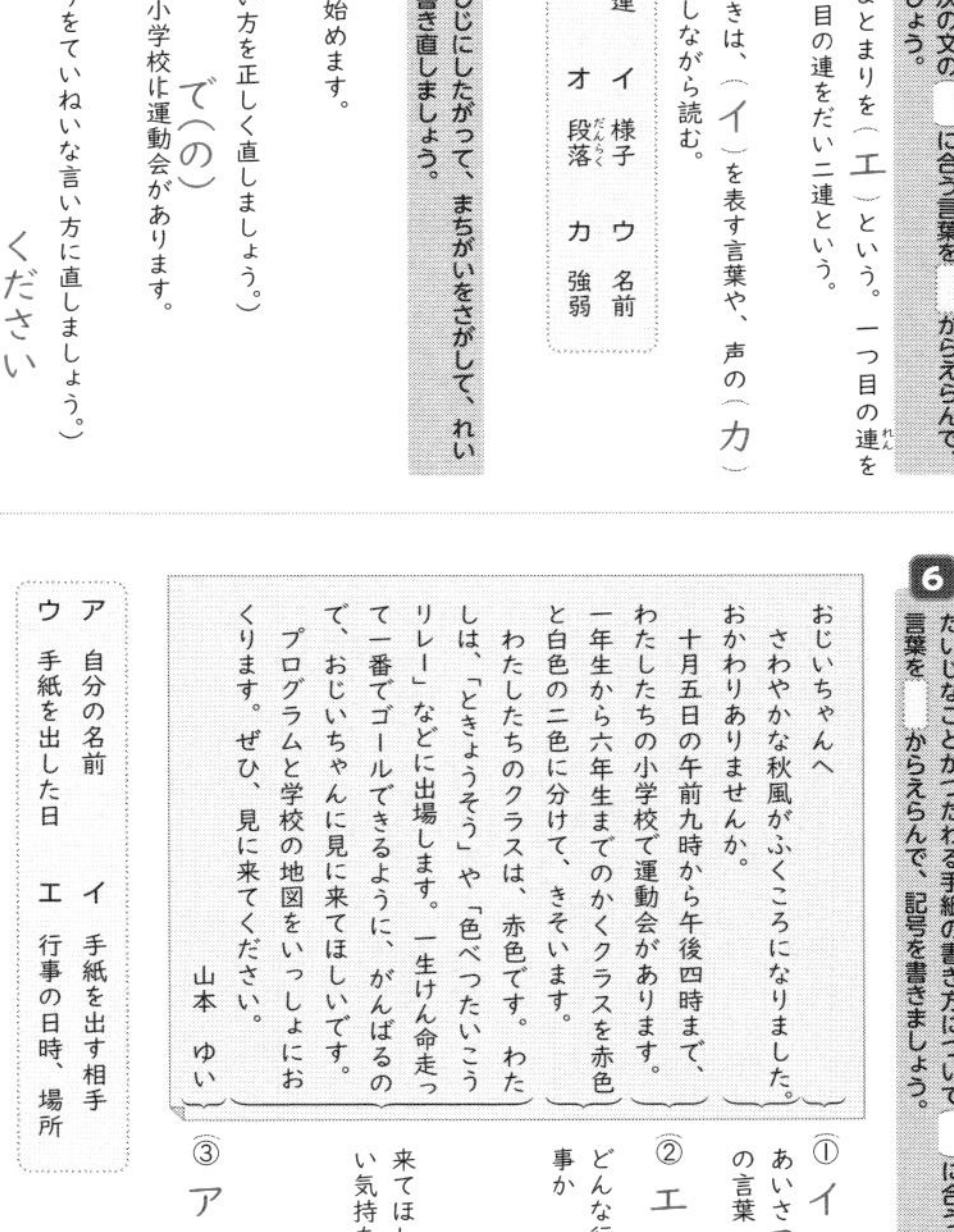

おじいちゃんへ
さわやかな秋風がふくころになりました。おかわりありませんか。

十月五日の午前九時から午後四時まで、わたしたちの小学校で運動会があります。

一年生から六年生までのかくクラスを赤色と白色の二色に分けて、きそいます。わたしたちのクラスは、赤色です。わたしは、「ときょうそう」や「色べつたいこうリレー」などに出場します。一生けん命走って一番でゴールできるように、がんばるので、おじいちゃんに見に来てほしいです。

プログラムと学校の地図をいっしょにおくります。ぜひ、見に来てください。

山本ゆい

①（イ）あいさつの言葉
②（エ）どんな行事か
③（ア）来てほしい気持ち

ア 自分の名前　イ 手紙を出す相手　ウ 手紙を出した日　エ 行事の日時、場所

じゅんび　38~39ページ
慣用句を使おう／グループの合い言葉を決めよう／漢字を使おう４／主語……

かきトリ　新しい漢字

117ページ	118ページ	120ページ	122ページ	123ページ	123ページ	125ページ
助	落	進	役	負	勝	区

127ページ	127ページ	127ページ	127ページ	127ページ	127ページ	127ページ
丁	県	屋	根	投	球	打

128ページ　主

1 □に読みがなを書きましょう。

① 勝負に勝つ。（しょうぶ）
② 家の屋根。（やね）
③ 町内のおまつり。（ちょうない）
④ 県立の図書館。（けん）

2 □に漢字を、□に漢字とおくりがなを書きましょう。

① 人と助け合う。
② ボールを打つ。
③ ペンを落とす。
④ 足を進める。

慣用句を使おう

3 次の慣用句の意味に○をつけましょう。

① 道草を食う。
ア（○）目てき地に行くとちゅうでほかのことをする。

イ（　）道ばたの花や草をつみながら歩く。

② ねこの手もかりたい。
ア（　）見かけだけで、役には立たない。

イ（○）人手が足りなくて、とてもいそがしい。

4 次の慣用句の意味を□からえらんで、記号を書きましょう。

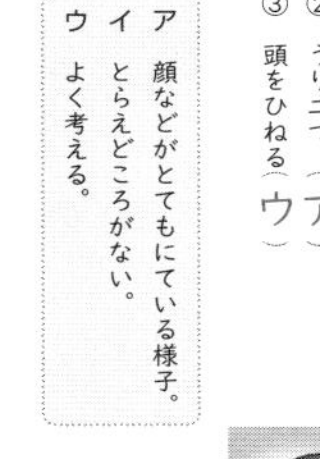

① 雲をつかむ（イ）
② うり二つ（ア）
③ 頭をひねる（ウ）

ア 顔などがとてもにている様子。
イ とらえどころがない。
ウ よく考える。

グループの合い言葉を決めよう

5 話し合いの進行についてまとめた次の文の□に合う言葉を□からえらんで、記号を書きましょう。

司会
① 話し合う事がらや、出てきた意見、（イ）ことをつたえる。
② 話し合いの進め方にそって、（エ）をうながす。

さんかする人
③（ウ）について自分の意見を持つ。
④（ア）の進行にそって、話題について考えたり発言したりする。

ア 司会　イ 決まった　ウ 話題　エ 発言

主語とじゅつ語、つながってる？

6 次の文の主語とじゅつ語をさがして、書きましょう。

① わたしは　水曜日に　水泳教室に　通っている。
主語（わたしは）　じゅつ語（通っている）

② お父さんは　きのう　家で　ごはんを　食べた。
主語（お父さんは）　じゅつ語（食べた）

2 ①「ゆうらゆら」は、ゆるやかにゆれ動くさまを表す言葉です。②「きらきら」は、光かがやく様子を表す言葉です。③「すういと」は、かろやかにすすむさまを表す言葉です。④「ぐるりと」は、まわりをみわたすさまを表す言葉です。

3 ①地上から空へとびたつことは、「りりく」と言います。

5 案内の手紙を出すときには、下書きを書いたあと見直しをして、言葉の使い方のまちがいなどがないかたしかめましょう。

①「小学校に」では意味がとおりません。「小学校で（の）」に直しましょう。

②手紙の相手によっては、言葉づかいにちゅう意するひつようがあります。ていねいな言葉で書くときは、文の終わりは、「～です」「～ます」などでそろえるようにしましょう。

6 案内の手紙の正しい書き方をたしかめましょう。さいしょには、手紙を出す相手を書きます。案内することの日時、場所もわすれずに書きましょう。そして、さいごには、自分の名前を書きます。

5 司会とは、話し合いを進める役わりのことです。話し合いにさんかする人が話し合いを進められるように、話し合うことの内ようや、意見のせい理をしたりまとめたりする役わりです。司会の進行にそって話し合うやり方を、たしかめておきましょう。

6 主語とは、「何が」「だれが」を表した部分です。じゅつ語とは、「どうする」「どんなだ」「何だ」を表した部分です。文の終わりに来ることが多いです。

①文の「だれが」にあたる「わたしは」が主語です。「どうする」にあたる「通っている」が、じゅつ語となります。

②文の「だれが」にあたる「お父さんは」が主語です。「どうする」にあたる「食べた」が、じゅつ語となります。

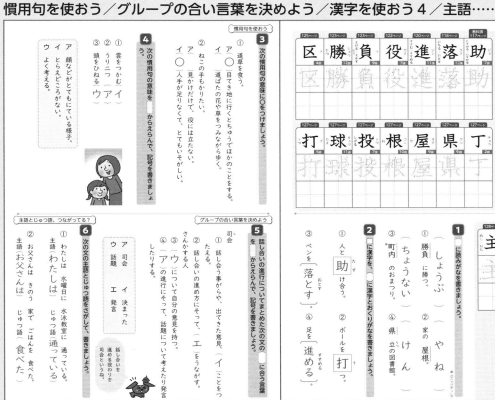

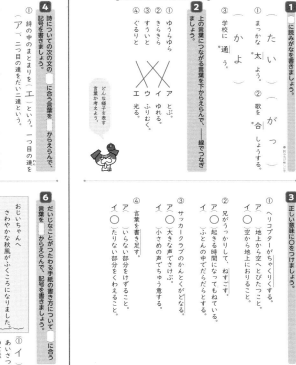

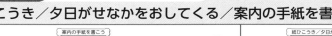

たしかめのテスト①

40〜41ページ

紙ひこうき
〜主語とじゅつ語、つながってる？

おうちのかたへ

詩の中に登場する様子を表す言葉に注目するようにしましょう。また、音読する際には注目した言葉や、間、声の強弱などをくふうして読むようにしましょう。

詩を読んで、答えましょう。　思考・判断・表現

紙ひこうき

神沢利子

ぼくの　とばした　紙ひこうき
すういと　とんで
くるりと　まわって
まつの木の　上に　ちゃくりく
ぼくには　とどかない　たかい枝

おうい、おりてこいよ
かぜが　枝を　ゆすっても
おちてこない　紙ひこうき
かあさんに　だかれて　ゆうらゆら
いいきもちで　いるみたい

うまれる　まえは
森の　木だった　紙……

❶ この詩は、いくつのまとまりに分かれていますか。　10点

（三（3））つ

❷ この「紙ひこうき」は、どこにちゃくりくしましたか。　10点

まつの木の上。

❸ 「おうい、おりてこいよ」は、だれが、だれに言った言葉ですか。　一つ5点（10点）

（ぼく）が（紙ひこうき）に。

できたらスゴイ！

❹ この詩の内ようと合っているものはどれですか。一つに○をつけましょう。　10点

ア（○）紙ひこうきの紙は、森の木からできているから、森の木が紙ひこうきのかあさんだ。

イ（　）紙ひこうきは、「ぼく」が作ったから、「ぼく」が紙ひこうきのかあさんだ。

ウ（　）紙ひこうきがとぶためには、風がひつようだから、風が紙ひこうきのかあさんだ。

詩を読んで、答えましょう。　思考・判断・表現

夕日がせなかをおしてくる

阪田寛夫

夕日がせなかをおしてくる
まっかなうででおしてくる
歩くぼくらのうしろから
でっかい声でよびかける
さよなら　さよなら
さよなら　きみたち
ばんごはんがまってるぞ
あしたの朝ねすごすな

夕日がせなかをおしてくる
そんなにおすなあわてるな
ぐるりふりむき太陽に
ぼくらも負けずどなるんだ
さよなら　さよなら
さよなら　太陽
ばんごはんがまってるぞ
あしたの朝ねすごすな

よく出る

❺ この詩は、いつの時間の出来事ですか。一つに○をつけましょう。　10点

ア（　）朝方　イ（　）昼間　ウ（○）夕方

❻ 「まっかなうででおしてくる」とは、どんな様子を表していますか。一つに○をつけましょう。　10点

ア（　）夕日が太いうででおしてくる様子。

イ（○）まっかな夕日の光がてらしている様子。

ウ（　）赤い夕日がしずんでいく様子。

❼ この詩に書かれている様子として合っているものはどれですか。一つに○をつけましょう。　10点

ア（○）遊びを終えて、家に帰る子どもたちの様子。

イ（　）いつまでも友だちと遊ぶ子どもたちの様子。

ウ（　）家の中で友だちと遊ぶ子どもたちの様子。

❽ 二つの「さよなら　さよなら」は、だれの言葉ですか。　一つ5点（10点）

・第一連（夕日）・第二連（ぼくら）

考えを書こう

❾ 第二連の「まってるぞ」「ねすごすな」から、だれのどんな気持ちがわかりますか。　一つ10点（20点）

（れい　ぼくら）が（夕日に親しみ）を持っている気持ち。

---

❷ 「まつの木の　上に　ちゃくりく」とあります。

❸ 木の上にのってしまった紙ひこうきに、思わず「おうい、おりてこいよ」と言ったのです。

❹ 「うまれる　まえは／森の　木だった　紙……」とあります。紙ひこうきは「森の　木」からうまれたので、木が「かあさん」なのだろうと感じたのです。

❺ 「夕日」がしずもうとする時間をえがいた詩です。

❻ 「まっかなうで」は夕日のまっかな光のたとえです。

❼ 夕日にてらされているので、外で遊んでいたことが読み取れます。また、「さよなら」「ばんごはんがまってる」からは、家にかえるとばんごはんができているころだと想ぞうしながら、友だちとわかれるところだということが分かります。

❽ 第一連では、「ぼくらのうしろから」「よびかける」とあるので、夕日が「ぼくら」にさよならとよびかけたのだと分かります。第二連では、「ぼくらも負けずどなるんだ」とあります。

❾ 「さよなら　太陽」「ばんごはんがまってるぞ」「あしたの朝ねすごすな」から、「ぼくら」の「夕日（太陽）」に対する気持ちを考えます。「夕日（太陽）に親しみ」のほかに「夕日（太陽）にあいじょう」なども正かいです。

たしかめのテスト② 42～43ページ

紙ひこうき ～ 主語とじゅつ語、つながってる？

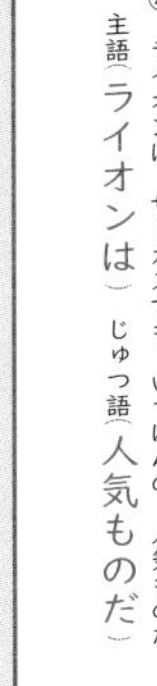

1 読みがなを書きましょう。（一つ2点〔20点〕）

①大根を食べる。（だいこん）
②友だちと助け合う。（たす）
③落ちついて話す。（お）
④電車が進む。（すす）
⑤てきに勝つ。（か）
⑥区切りをつける。（く）
⑦市長にえらばれる。（しちょう）
⑧屋内のしせつ。（おくない）
⑨主な内よう。（おも）
⑩速い球。（たま）

2 □に漢字を、（　）に漢字とおくりがなを書きましょう。（一つ2点〔20点〕）

①助言する。
②ボールが落かする。
③司会進行する。
④大事な役わり。
⑤勝負のゆくえ。
⑥三丁目に住む。
⑦心を打つ。
⑧物語の主人公。
⑨試合に（負ける）。
⑩ボールを（投げる）。

3 案内の手紙を書くときの正しいじゅん番になるように、（　）に数字を書きましょう。（ぜんぶできて8点）

（4）書いた手紙をふうとうに入れて、相手にとどける。
（1）手紙に書く内ようをたしかめる。
（3）下書きを読み直して、まちがいがないかたしかめたあと、手紙をかんせいさせる。
（2）手紙を出す相手や、相手につたえたいことを考えて、下書きをする。

4 次の文の主語とじゅつ語をさがして、書きましょう。（一つ3点〔24点〕）

①弟は　今日　友だちと　えい画に　出かけた。
主語（弟は）　じゅつ語（出かけた）
②学校の　庭に　さいた　チューリップは　赤い。
主語（チューリップは）　じゅつ語（赤い）
③夕日に　てらされた　ふじ山が　きれいだ。
主語（ふじ山が）　じゅつ語（きれいだ）
④ライオンは　サーカスでも　いちばんの　人気ものだ。
主語（ライオンは）　じゅつ語（人気ものだ）

5 次の慣用句の意味を［　］からえらんで、記号を書きましょう。（一つ4点〔16点〕）

①火に油をそそぐ（イ）　②一から十まで（エ）
③耳にたこができる（ウ）　④のれんを下ろす（ア）

ア　その日のしょう売を終えて、店をしめる。
イ　いきおいの強いものに、さらにいきおいをくわえる。
ウ　同じことを何回も聞かされて、聞きあきる。
エ　何から何まで全部。

6 次の文の□に当てはまる体の一部に関係のある言葉を、［　］からえらんで書きましょう。（一つ4点〔12点〕）

①父は口がかたいから、だれにも話さないと思う。
②むずかしい問題に頭をかかえる。
③学校は目とはなの先にある。

［目　口　頭］

3 家の人や友だちなど、何かを案内したいときには、書きたい内ようをたしかめ、下書きをしましょう。下書きしたあとは、かならず見直して、まちがいがないかなどたしかめてから、清書しましょう。

4 ①文の「だれが」にあたる「弟は」が主語です。「どうする」にあたる「出かけた」が、じゅつ語となります。
②文の「何が」にあたる「チューリップは」が主語です。「何だ」にあたる「赤い」が、じゅつ語となります。
③文の「何が」にあたる「ふじ山が」が主語です。「何だ」にあたる「きれいだ」が、じゅつ語となります。
④文の「何が」にあたる「ライオンは」が主語です。「何だ」にあたる「人気ものだ」が、じゅつ語となります。

6 ①「口がかたい」は、ひみつを人にやたらと言わないせいかくであるという意味の慣用句です。
②「頭をかかえる」は、よい考えがうかばず、考えこむという意味の慣用句です。
③「目とはなの先」は、きょりがきわめて近いことを表す慣用句です。

じゅんび 44～45ページ

サーカスのライオン／漢字を使おう５

かきトリ 新しい漢字

化	鉄	真	客	着	送	院
教科書132ページ 4画	133ページ 13画	133ページ 10画	134ページ 9画	134ページ 12画	136ページ 9画	136ページ 10画

皮	受	消	荷	運	陽	路
137ページ 5画	139ページ 8画	141ページ 10画	141ページ 10画	141ページ 12画	149ページ 12画	149ページ 13画

1 読みがなを書きましょう。

①鉄でできたなべ。（てつ）
②円いまど。（まる）
③動物の毛皮。（けがわ）
④自分の部屋。（へや）

2 □に漢字を、（　）に漢字と送りがなを書きましょう。

①荷物をとどける。
②楽な仕事。
③通学路を歩く。
④入院する。
⑤学校に（着く）。
⑥火が（消える）。

3 正しい意味に○をつけましょう。　サーカスのライオン

①みんなの前で弟はおどけてみせた。
ア（　）おどって。　イ（○）ふざけて。
②その日は夜ふけまで宿題をした。
ア（　）夜明け。　イ（○）夜中。
③角からだしぬけにあらわれた。
ア（　）くりかえし。　イ（○）とつぜん。

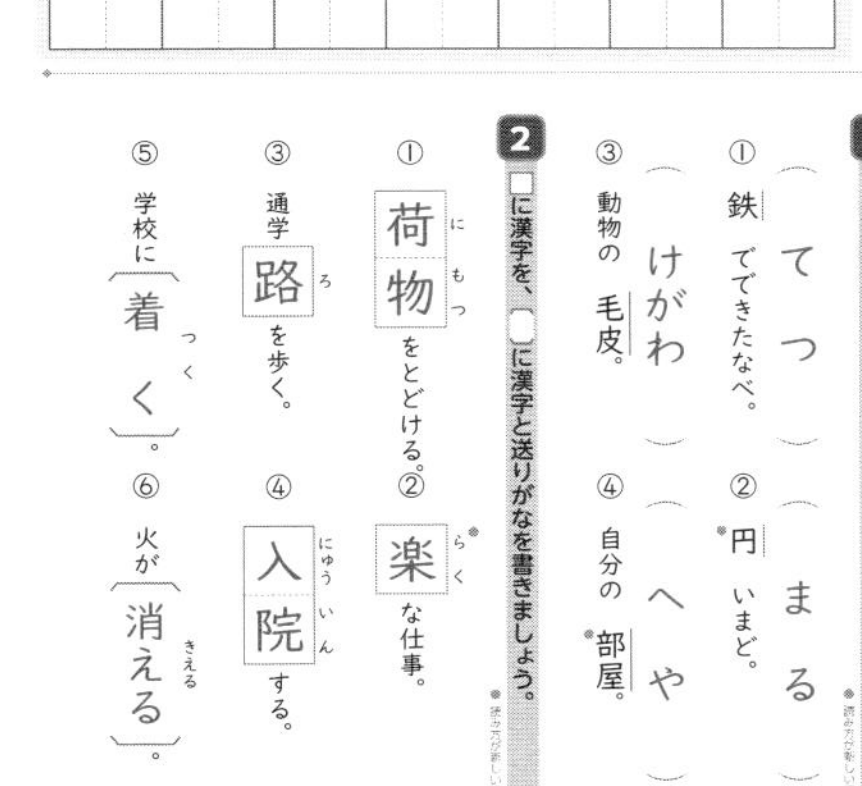

4 次の文の□に当てはまる言葉を［　］からえらんで、記号を書きましょう。

①兄は海水よくに（エ）して出かけた。
②大きな犬が道路に（イ）と立ちふさがった。
③つかれたので、バスの中で（ア）してしまった。
④真っ赤なほおが（ウ）ともえる。

ア　うとうと　イ　ぬうっ　ウ　めらめら　エ　うきうき

3分でワンポイント　じんざの気持ちの変化を読み取ろう。

★それぞれの場面に合うじんざの気持ちを□の中からえらんで、①～③に記号を書きましょう。

気持ち	場面
たいくつだ	テントのかげで、一日中ねむったり、サーカスの曲芸をしたりしているとき。
①（イ）	サーカスの外に散歩に出て出会った男の子に、「お見まいに来たんだよ」と言われたとき。
②（ア）	サーカスがあしたで終わるという日、男の子に「あしたサーカスに来る」と言われたとき。
③（ウ）	火事になったアパートに、「中に子どもがいるぞ」と聞いて、火の中にとびこんでいったとき。

ア　がんばるぞ　イ　うれしい　ウ　たすけるぞ

4 ①海水よくに出かけるときの兄の心がはずむ様子を表した言葉です。
②大きな犬が急に道路に立ちふさがった様子を表した言葉です。
③つかれたときにバスの中でねむくなる様子を表した言葉です。
④真っ赤なほおがいきおいよくもえる様子を表した言葉です。

3分でワンポイント

「サーカスのライオン（川村　たかし）」では、中心人物であるじんざがどんな人物であるかや、じんざの気持ちをおさえましょう。また、場面ごとのじんざの気持ちを読み取って、その変化をおさえましょう。ここでは、テントのかげでねむったり、サーカスの曲芸をしているとき、サーカスの外へ散歩に出て男の子と話しているとき、男の子に「あしたサーカスに来る」と言われたとき、火事になったときの場面に分けてじんざの気持ちをおさえましょう。

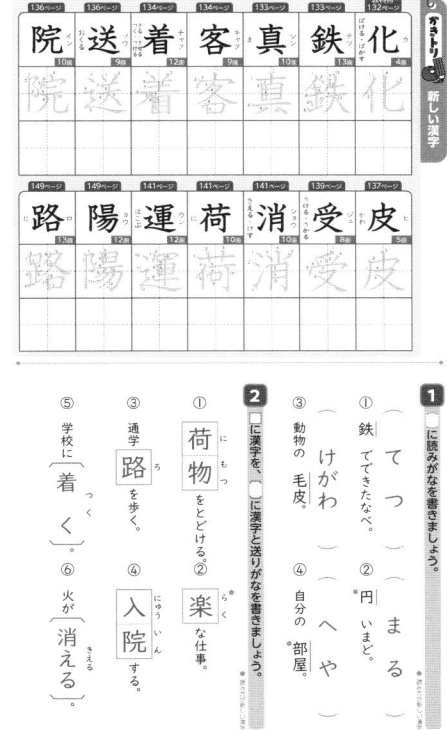

練習① 46〜47ページ

サーカスのライオン

文章を読んで、答えましょう。

そこで、ライオンは人間のふくを着た。分からないように、マスクもかけた。くつをはき、手ぶくろもはめた。ライオンのじんざはうきうきして外へ出た。

「外はいいなあ。星がちくちくゆれて、北風にふきとびそうだなあ。」

ひとり言を言っていると、

「おじさん、サーカスのおじさん。」

と、声がした。

男の子が一人、立っていた。

「もう、ライオンはねむったかしら。ぼく、ちょっとだけ、そばへ行きたいんだけどなあ。」

じんざはおどろいて、もぐもぐたずねた。

「ライオンがすきなのかね。」

「うん、大すき。それなのに、ぼくたち昼間サーカスを見たときは、何だかしょげていたの。だから、お見まいに来たんだよ。」

じんざは、ぐぐっとむねのあたりがあつくなった。

「ぼく、サーカスがすき。おこづかいためて、また来るんだ。」

「そうかい、そうかい、来ておくれ。ライオンもきっとよろこぶよ。でも、今夜はおそいから、もうお帰り。」

じんざは男の子の手を引いて、家まで送っていくことにした。

男の子のお父さんは、夜のつとめがあって、るす。お母さんが入院しているので、つきそいのために、お姉さんも夕方から出かけていった。

「ぼくはるす番だけど、もうなれちゃった。それより、サーカスの話をして。」

「いいとも。ピエロはこんなふうにして……。」

じんざが、ひょこひょことおどけて歩いているときだった。くらいみぞの中にゲクッと足をつっこんだ。

「あいたた。ピエロもくらい所は楽じゃない。」

じんざは、くじいた足にタオルをまきつけた。すると、男の子は、首をかしげた。

「おじさんの顔、何だか毛が生えてるみたい。」

「う、ううん。なあに、寒いので毛皮をかぶっているのじゃよ。」

川村　たかし「サーカスのライオン」より

❶ じんざは、どんな気持ちで外に出ましたか。

うきうき した気持ち。

❷ 「ぼく、ちょっとだけ、そばへ行きたいんだけどなあ。」について、

① 男の子がライオンのそばへ行きたいのは、なぜですか。

ライオンが 大すき なのに、昼間見たときに 何だかしょげていた のが心配で、お見まい に来たから。

② ①の理由を聞いたじんざは、どんな気持ちになりましたか。一つに○をつけましょう。

ア（　）男の子がサーカスを見に来てくれてうれしい。

イ（　）男の子のするどいかんさつに、びっくりした。

ウ（◯）男の子のやさしい気持ちにうれしくなった。

ヒント 男の子の言葉を聞いたじんざの様子に注目しよう。

❸ 「ぼくはるす番だけど」とありますが、男の子の家ぞくはどうしているのですか。

・お父さん…（夜のつとめ）がある。

・お母さん…（入院）している。

・お姉さん…（れい 夕方から出かけていった）。

❹ 「男の子は、首をかしげた。」とありますが、なぜですか。一つに○をつけましょう。

ア（　）おじさんはピエロなのに、足をくじいたから。

イ（　）おじさんの顔を、見たことがあったから。

ウ（◯）おじさんの顔に、毛が生えているみたいだから。

❺ 「寒いので毛皮をかぶっている」とありますが、じんざがこう答えたのはなぜですか。

ヒント 男の子は、じんざを人間だと思っているよ。

自分が ライオン であることを、男 の 子 に気づかれたくなかったから。

❶ 外に出たじんざは「外はいいなあ。」と、気分がよくなっているのです。

❷ ①「ライオンがすきなのかね。」という問いかけに、男の子が答えた言葉から、読み取りましょう。

② 「むねのあたりがあつくなった。」とあります。むねがあつくなるのは、感動したときですね。男の子のやさしさにじんざは感動してうれしくなったのです。

❸ 男の子の家ぞくは物語には出てきませんが、男の子の様子や気持ちをつかむために、せい理しておきましょう。

❹・❺ 男の子は、「おじさんの顔、何だか毛が生えてるみたい。」と言っています。男の子は、じんざをサーカスのおじさん（人間）だと思っているので、顔に毛があることをふしぎに思ったのです。じんざは、自分がライオンであることがばれないように、「毛皮をかぶっている」とごまかしたのです。

練習② 48〜49ページ

サーカスのライオン

文章を読んで、答えましょう。

次の日、ライオンのおりの前に、ゆうべの男の子がやってきた。じんざは、タオルをまいた足をそっとかくした。まだ、足首はずきんずきんといたかった。夜の散歩もしばらくはできそうもない。

男の子は、チョコレートのかけらをさし出した。

「さあ、お食べよ。ぼくと半分こだよ。」

じんざは、チョコレートはすきではなかった。けれども、目を細くして受け取った。じんざはうれしかったのだ。

それから男の子は、毎日やってきた。

じんざは、もうねむらないでまっていた。やってくるたびに、男の子はチョコレートを持ってきた。そして、お母さんのことを話して聞かせた。じんざはのり出して、うなずいて聞いていた。

いよいよ、サーカスがあしたで終わるという日、男の子はいきをはずませてとんできた。

「お母さんがね、もうじき、たい院するんだよ。それにおこづかいもたまったんだ。あしたサーカスに来るよ。火の輪をくぐるのを見に来るよ。」

男の子が帰っていくと、じんざの体に力がこもった。目がぴかっと光った。

「……ようし、あした、わしはわかいときのように、火の輪を五つにしてくぐりぬけてやろう。」

その夜ふけ……。

だしぬけに、サイレンが鳴りだした。

「火事だ。」

と、どなる声がした。うとうとしていたじんざははね起きた。

川村　たかし「サーカスのライオン」より

❶ 「男の子は、チョコレートのかけらをさし出した。」とありますが、だれにチョコレートをさし出したのですか。

じんざ

❷ 「目を細くして受け取った。」とありますが、すきではないチョコレートを受け取ったのは、なぜですか。

男の子のやさしい気持ちが うれしかった から。

❸ 「男の子は、毎日やってきた。」とありますが、じんざはどんな気持ちでしたか。一つに○をつけましょう。

ア（　）チョコレートをもらうことに、うんざりする気持ち。

イ（　）男の子しかやってこないので、さびしい気持ち。

ウ（◯）男の子がやってくるのが、楽しみな気持ち。

❹ 男の子はやってくるたびに、じんざにどんなことを話して聞かせましたか。文章から書きぬきましょう。

ヒント じんざの様子に気をつけて考えよう。

男の子の（お母さん）のこと。

❺ じんざは、どんな様子で、男の子の話を聞いていましたか。

（のり出して、うなずいて）聞いていた。

❻ 「いきをはずませてとんできた。」とありますが、男の子はどんなことをじんざに知らせにきたのですか。一つに○をつけましょう。

ア（　）サーカスがあしたで終わること。

イ（◯）お母さんがたい院すること。

ウ（　）おこづかいをもらえたこと。

エ（　）火の輪が五つにふえること。

ヒント もっともつたえたいことは、はじめに言うことが多いよ。

❼ 「男の子が帰っていく」とありますが、その後、じんざの様子はどうなりましたか。

・体に 力がこもった。

・目が ぴかっと光った。

❶ 男の子は、「ライオンのおりの前」にきて、「さあ、お食べよ。」と言ってチョコレートをさし出しています。

❷ すぐあとに「じんざはうれしかったのだ。」とあります。じんざのことがすきで、チョコレートを半分こしようと思った男の子のやさしい気持ちを感じたのです。

❸ 「じんざは、もうねむらないでまってい た。」にちゅう目しましょう。じんざは、男の子が来るのが楽しみだから、「ねむらないでまって」いるのです。

❺ 「のり出して」「うなずいて」話を聞くのは楽しいときです。じんざが、男の子と話すのを楽しんでいることが分かります。

❻ 男の子は、ひと言めに「お母さんがね、……たい院するんだよ。」と言っています。じんざに、お母さんのことをいちばんにつたえたかったのです。

❼ 男の子が「あしたサーカスに来る」と言ったのを聞いて、じんざの気持ちが高ぶってきたので、体に力がわき、目つきもかわったのです。

たしかめのテスト①

50～51ページ

サーカスのライオン ～ 漢字を使おう5

おうちのかたへ

物語では、中心人物の気持ちやその変化に気をつけて読むことが大切です。人物の気持ちは、「身ぶるいする」や「火の中へとびこんだ」などの様子や行動から読み取るようにします。

文章を読んで、答えましょう。　思考・判断・表現

「中に子どもがいるぞ。助ける。」

と、だれかがどなった。

「だめだ。中へは、もう入れやしない。」

それを聞いたライオンのじんざは、ぱっと火の中へとびこんだ。

「だれだ。あぶない。引き返せ。」

後ろで声がしたが、じんざはひとりでつぶやいた。

「なあに。わしは火には、なれていますのじゃ。」

けれども、ごうごうとふき上げるほのおはかいだんをはい上り、けむりはどの部屋からもうずまいてふき出ていた。

じんざは足を引きずりながら、男の子の部屋までたどり着いた。

部屋の中で、男の子は気をうしなってたおれていた。じんざはすばやくだきかかえて、外へ出ようとした。けれども、表はもう、ほのおがぬうっと立ちふさがってしまった。

石がきの上のまどから首を出したじんざは、思わず身ぶるいした。高いので、さすがのライオンもとびおりることはできない。

じんざはカのかぎりほえた。

ウオーッ
その声で気がついた消ぼう車が下にやってきて、はしごをかけた。上ってきた男の人にやっとのことで子どもをわたすと、じんざはりょう手で目をおさえた。けむりのために、もう何にも見えない。

見上げる人たちが声をかぎりによんだ。

「早くとびおりるんだ。」

だが、風にのったほのおは真っ赤にアパートをつつみこんで、火の粉をふき上げていた。ライオンのすがたはどこにもなかった。

やがて、人々の前に、ひとかたまりのほのおがまい上がった。そして、ほのおはみるみるライオンの形になって、空高くかけ上がった。ぴかぴかにかがやくじんざだった。もう、さっきまでのすすけた色ではなかった。

金色に光るライオンは、空を走り、たちまちくらやみの中に消えさった。

川村 たかし「サーカスのライオン」より

1 よく出る 「ライオンのじんざは、ぱっと火の中へとびこんだ。」とありますが、何のためですか。　一つ5点(10点)

火の中にいる（子ども）を（助ける）ため。

2 「じんざは、思わず身ぶるいした。」とありますが、このときのじんざはどんな気持ちでしたか。一つに○をつけましょう。　10点

ア（　）もうすぐ助かると、安心する気持ち。

イ（　）ほのおが大きくなってきて、不安な気持ち。

ウ（○）とても高さがあって、おそろしい気持ち。

3 「じんざはカのかぎりほえた。」について、

① その声を聞いて、何がやってきましたか。　10点

（消ぼう車）

② ①が来ると、じんざは何をしましたか。　10点

男の人に（子どもをわたした）。

③ じんざはどんな気持ちでほえたのですか。　15点

（れい あきらめたくない）という気持ち。

4 「早くとびおりるんだ。」について、

① だれがだれに言ったのですか。　一つ5点(10点)

（見上げる人たち）が（じんざ）に。

② てきたらスゴイ どんな気持ちで言ったのですか。一つに○をつけましょう。　15点

ア（○）どうか助かってほしいという気持ち。

イ（　）かっこいいすがたを見たいという気持ち。

ウ（　）もう助からないという気持ち。

5 考える力 「ほのおはみるみるライオンの形になって、空高くかけ上がった。」とありますが、じんざはじっさいにはどうなったのですか。考えて書きましょう。　20点

（れい 火にやかれて、死んでしまった。）

---

1 「中に子どもがいるぞ。助ける。」という、だれかがどなる声を聞いて、じんざは火にとびこんでいます。子ども（＝男の子）を助けようとしたのです。「子ども」は「男の子」でも正かいです。

2 「身ぶるい」とは、体がふるえることです。すぐ後に「高いので、さすがのライオンもとびおりることはできない。」とあるように、石がきの上のまどから下をのぞくと、あまりにも高かったので、ふるえたのです。

3 火事の中、男の子を助けにきたじんざは、助けをよぼうとしてほえたのです。
③とびおりることができず、ほのおが立ちふさがって身動きがとれないじょうたいですが、あきらめたくないと、大きな声を出して、ほえたことをおさえます。

4 ①「じんざ」は「ライオン」でも正かいです。
②「ほのおは真っ赤にアパートをつつみこんで」いるので、じんざが助かるにはとびおりるしかなく、そのように言ったのです。

5 じんざはけむりで何も見えなくなってしまい、にげることができなくなりました。空へかけ上がった「ライオンの形」をしたほのおとは、命がつきて天にのぼっていくじんざのすがただったのです。

たしかめのテスト② 52～53ページ

サーカスのライオン ～ 漢字を使おう 5

1 読みがなを書きましょう。（一つ2点〔20点〕）

① お化（ば）けやしき
② びょう院（いん）へ行く。
③ たくさんの客（きゃく）。
④ ゴールにとう着（ちゃく）する。
⑤ 体の皮（ひ）ふ。
⑥ 真っ赤（まっか）なトマト。
⑦ 部屋（へや）をそうじする。
⑧ 消（しょう）ぼう車が来る。
⑨ 大きな荷物（にもつ）。
⑩ 運動会（うんどうかい）が始まる。

2 □に漢字を、（　）に漢字と送りがなを書きましょう。（一つ2点〔20点〕）

① 鉄道が通る。
② 家族しゃ真をとる。
③ テレビを消す。
④ 陽気なせいかく。
⑤ 道路を走る。
⑥ 明日来客がある。
⑦ ふくを着る。
⑧ いすを運ぶ。
⑨ 手紙を（送る）。
⑩ テストを（受ける）。

3 二年生で習った漢字について、□に漢字を、（　）に漢字と送りがなを書きましょう。（一つ2点〔10点〕）

① よく晴れている。
② 自然ゆたかな里山。
③ きれいな鳥の羽。
④ 黄色にそまった葉。
⑤ （高い）山にのぼる。

4 次の言葉の使い方としてよいほうに○をつけましょう。（一つ5点〔10点〕）

① たちまち
ア（　）二時間かかって、たちまち宿題が終わった。
イ（○）姉のすがたは、たちまち見えなくなった。

② あわてて
ア（　）走ったりとんだり、あわてて遊んだ。
イ（○）おくれそうになったので、あわてて走った。

5 次の言葉を使って、みじかい文を作りましょう。（一つ5点〔15点〕）

① よそ見
（れい よそ見しながら歩いていて、かべにぶつかった。）
② まっしぐら
（れい ほしいものめがけて、まっしぐらに走る。）
③ 身ぶるい
（れい こわい話を聞いて、身ぶるいする。）

6 次の文の（　）に当てはまる言葉を□からえらんで、記号を書きましょう。（一つ5点〔25点〕）

① 牛が（イ）と歩いている。
② おいしそうなごはんのにおいに、鼻を（エ）させた。
③ 男の子は、重たい荷物を（ウ）と持ち上げた。
④ キャンプファイヤーの火が（オ）ともえている。
⑤ けがをしたひざが（ア）といたむ。

ア ずきんずきん　イ のそのそ　ウ ぐうん　エ ひくひく　オ ごうごう

じゅんび 54～55ページ

せっちゃくざいの今と昔／分ける

かきトリ 新しい漢字

昔　服　両　軽　具
温　度　美　短

ひつじゅんにも気をつけてね！

1 □に読みがなを書きましょう。

① 今と昔（むかし）。
② 両手（りょうて）を広げる。
③ 気温（きおん）が高い。
④ 短（みじか）い線を引く。

2 □に漢字を、（　）に漢字と送りがなを書きましょう。

① お気に入りの服。
② 道具を使う。
③ おふろの温度。
④ 姉は美人だ。
⑤ （軽い）荷物。
⑥ （温かい）お茶。

せっちゃくざいの今と昔

3 正しい意味に○をつけましょう。

① ふべん
ア（　）役に立つこと。
イ（○）かってがよくないこと。

② 安全
ア（○）きけんのないこと。
イ（　）心が落ちつくこと。

③ とくちょう
ア（　）みんなと同じように見えること。
イ（○）ほかとちがって、目立っていること。

分ける

4 同じなかまのじょうほうを、□からすべてえらんで、記号で書きましょう。

① すきな場所（ア・イ・オ）
② とくいなこと（ウ・エ）

ア 学校　イ 家　ウ なわとび
エ 料理　オ 公園

せっちゃくざいの今と昔

3分でワンポイント だいじな言葉や文を見つけてまとめよう。

★①～③に合う言葉を□の中からえらんで記号を書きましょう。

まとまり	だん落	だん落の要約
始め	一	物と物をくっつけるはたらきをする。
中	二～十	・①（ウ）で使われている。れい ゼッケン、飛行機、電車など。 ・自然にあるもので作るせっちゃくざいには、②（ア）もある。れい くさりやすい。くっつきにくい。れい 体に安全。古いものにも安心。
終わり	十一	それぞれに合った使い方は、③（イ）をゆたかにする。

ア ふべんな点　イ くらし　ウ 身の回り

---

2 ④「陽気」とは、心がはればれしいこと、ほがらかなことなどの意味の言葉です。

5 ①「よそ見」とは、ほかを見ることという意味の言葉です。
②「まっしぐら」とは、いきおいがはげしく、進んで行くさまを表した言葉です。
③「身ぶるい」とは、寒さやおそろしさなどから、体がふるえることを表した言葉です。

6 ①牛が歩く様子を表した言葉です。
②おいしそうなごはんのにおいをかいで、鼻が動く様子を表した言葉です。
③重たい荷物を持ち上げる様子を表した言葉です。
④キャンプファイヤーの火がいきおいよくもえている様子を表した言葉です。
⑤けがをしたひざがいたむ様子を表した言葉です。

3 ①「ふべん」とは、都合の悪いこと、かってがよくないことという意味の言葉です。はんたいの意味の言葉は、「べんり」です。
②「安全」とは、きけんのないことという意味の言葉です。はんたいの意味の言葉は、「きけん」です。
③「とくちょう」とは、ほかとちがって、目立っていることという意味の言葉です。

4 つたえたいことなど、じょうほうを分けてせい理することで、分かりやすくします。
①「場所」をさす言葉をえらびましょう。
②「とくいなこと」をさす言葉をえらびましょう。

3分でワンポイント

「せっちゃくざいの今と昔（早川典子）」では、それぞれのだん落を、内ようにそってまとまりに分けてせい理しましょう。まとまりの内ようを、短くまとめてようやくすることで、文章の内ようをおさえることができます。ようやくするときには、文章の中のだいじな言葉や文などにちゅう目するようにしましょう。

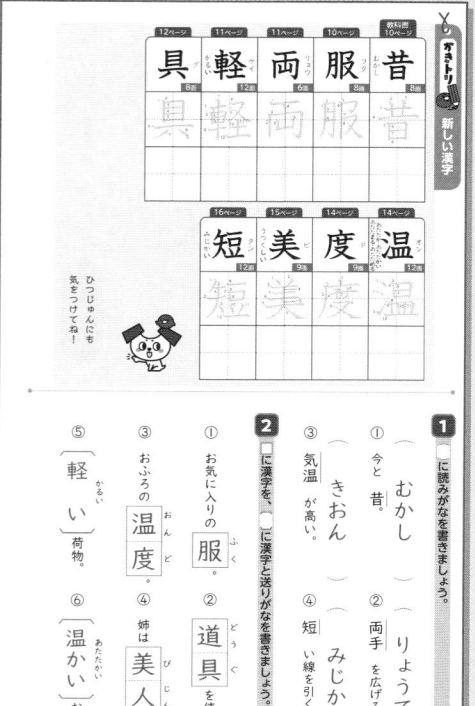

練習　56~57ページ

せっちゃくざいの今と昔

文章を読んで、答えましょう。

さて、今使われているせっちゃくざいの多くは、工場で作られていますが、わたしたちは昔から、自然にあるざいりょうを使って、せっちゃくざいを作ってきました。その中には、料理に使うようなざいりょうから作られたものもありました。

その一つが、米から作るのりです。たいた米をへらですりつぶし、水をまぜてよく練っていくと、のりができあがります。八十年くらい前までは、そうやって家でのりを作り、ふうとうのふたをとじたりしょうじをはりかえたりするのに使っていました。

もう一つが、「にかわ」です。にかわは、動物のほねや皮を長い時間にた後に、にたしるをかわかしてかためて作ります。使うときには、使う分のにかわを水に入れ、火にかけてとかして使います。にかわは、家具や楽器を作るときや、絵の具を作るときに使われてきました。にかわは食べ物ではありませんが、料理に使うゼラチンは、にかわと同じように動物のほねや皮から作られたものです。

このように、わたしたちは昔から、自然にあるものを使ってせっちゃくざいを作ってきました。ただ、これらのせっちゃくざいには、ふべんな点もありました。それは、くさりやすかったり、寒いときにきちんとくっつかなかったりするという点です。

早川典子「せっちゃくざいの今と昔」より

❶ 「せっちゃくざい」は、今と昔でどのように作られていますか。
今使われるせっちゃくざいの多くは（工場）で作られ、昔のせっちゃくざいは、（自然にある）（ざいりょう）を使って、作ってきた。

❷ 「米から作るのり」は、どのような方法で作られますか。
（たいた米）をすりつぶし、（水）をまぜて練っていく。

ヒント　11行目の「のりができあがります」に注目しよう。

❸ 「にかわ」について、
① 「にかわ」とは、どのようなものですか。
（動物のほねや皮）を長い時間にて、にたしるを（かわかしてかためた）もの。
② 「にかわ」と同じように作られた、料理に使うものは何ですか。
（ゼラチン）

❹ 「米から作るのり」と「にかわ」は、それぞれどんなときに使われてきましたか。それぞれ二つずつあとからえらんで、記号を書きましょう。
・米から作るのり（ウ）（エ）
・にかわ（ア）（オ）
ア　家具や楽器を作るとき
イ　機械を作るとき
ウ　しょうじをはりかえるとき
エ　ふうとうのふたをとじるとき
オ　絵の具を作るとき

❺ 昔からのせっちゃくざいの「ふべんな点」とは、何ですか。一つに○をつけましょう。
ア（　）作るのに、時間がかかってしまう点。
イ（○）くさりやすいことや、くっつかないときがある点。
ウ（　）ざいりょうを手に入れることが、むずかしい点。

ヒント　すぐ後の「それは」に注目しよう。

じゅんび　58~59ページ

道具のひみつをつたえよう／こそあど言葉

かきトリ　新しい漢字

整（セイ・ととの(える)）16画　指（シ・さ(す)・ゆび）9画　植（ショク・う(える)・う(わる)）12画
研（ケン）9画　究（キュウ）7画　者（シャ・もの）8画

1 □に読みがなを書きましょう。
① 車を整びする。（せい）　② 指を広げる。（ゆび）
③ 木を植える。（う）　④ 何者かたずねる。（なにもの）

2 □に漢字を、○に漢字と送りがなを書きましょう。
① 整理がとくいだ。　② 動きを指示する。
③ 植物を調べる。　④ 虫を研究する。
⑤ ガラス細工　⑥ じゅんびが整う。
⑦ 部屋を整える。　⑧ 花を植える。
⑨ ペンで文を指す。

道具のひみつをつたえよう

3 正しい意味に○をつけましょう。
① 発明　ア（○）新しく考え出すこと。　イ（　）今までのものをよりよくすること。
② くふう　ア（○）よい方法を考えること。　イ（　）人から教わること。
③ ちえ　ア（　）本や新聞などからえられること。　イ（○）物事のすじ道が分かり、使いこなせる力。
④ 原りょう　ア（○）もととなるざいりょう。　イ（　）できあがった製品のこと。

4 レポートを書くときのじゅん番に、番号を書きましょう。
（2）方法を決めて、調べる。
（4）レポートを書く。
（1）調べることを決める。
（3）組み立てを考える。

5 調べたことを整理する方法として正しいものすべてに○をつけましょう。
①（○）同じ事がらごとにグループに分ける。
②（　）調べたじゅん番にならべてひとまとめにする。
③（○）見出しを立てる。

こそあど言葉

6 「こそあど言葉」の「こ・そ・あ・ど」の使い分けに合うものを下からえらんで、――線でつなぎましょう。
① こ　② そ　③ あ　④ ど
ア　指すものがはっきりしないとき。
イ　話し手からも聞き手からも遠くにあるものを指すとき。
ウ　話し手に近いものを指すとき。
エ　聞き手に近いものを指すとき。

7 次の□に当てはまる「こそあど言葉」を□からえらんで、記号を書きましょう。
① すてきな物がたくさんあって、（エ）にするかまよう。
② エレベーターは（ウ）がわにありますよ。
ア　この　イ　そんな　ウ　あちら　エ　どれ

---

❶ 「今使われているせっちゃくざいの多くは、工場で作られています」「昔から、自然にあるざいりょうを使って、せっちゃくざいを作ってきました。」とあることにちゅう目しましょう。

❷ 直後に、「たいた米を……のりができあがります。」と書かれています。

❸ ①『にかわ』は、動物のほねや皮を長い時間にた後に、にたしるをかわかしてかためて作ります。」と書かれています。
②「料理に使うゼラチンは、にかわと同じように動物のほねや皮から作られたものです。」とあるため、「ゼラチン」は、「にかわ」と同じような作り方をされていると分かります。

❹ 「米から作るのり」は、「ふうとうのふたをとじたりしょうじをはりかえたりするのに使っていました。」とあります。「にかわ」は、「家具や楽器を作るときや、絵の具を作るときに使われてきました。」とあります。

❺ 直後に、「それは、くさりやすかったり、寒いときにきちんとくっつかなかったりするという点」とあります。「それは」がさすものは前の、「ふべんな点」であることをおさえましょう。

4 5 調べたことを整理して、レポートにまとめる時には、どのようなじゅん番で取り組めばよいかを考えましょう。調べるときには、図書館やインターネットなどを利用してくわしく調べるとよいでしょう。また、調べたことを整理する時には、ノートやコンピューターを使って、同じ事がらのなかまに分けたり、事がらごとに見出しを立てたりすると分かりやすくなります。

6 「こ・そ・あ・ど」で始まる物事、場所などを指ししめすはたらきをする「こそあど言葉」は、指ししめすものの、話し手や聞き手とのきょりにちゅう目して考えましょう。

7 ①は「まよう」とあり、さがすものがはっきりしないので、「どれ」が当てはまります。
②はエレベーターの場所を指すので、「あちら」が当てはまります。

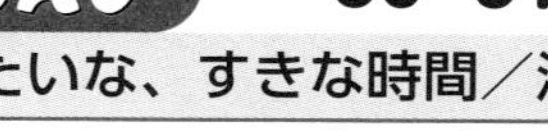

じゅんび　60~61ページ

話したいな、すきな時間／漢字の読み方／ローマ字②

新しい漢字

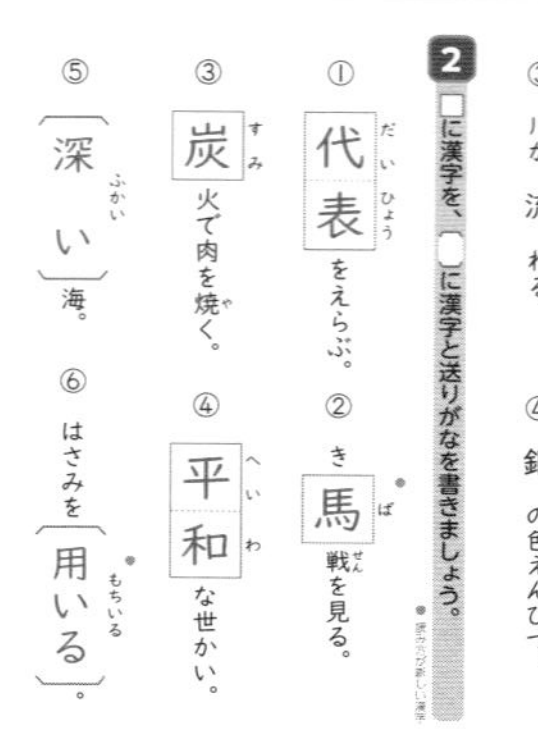

深　代　乗　飲　流　炭　平　和　銀

今回は、読みが新しい漢字もたくさんあるよ！

1 □に読みがなを書きましょう。

① 馬に乗る。（の）
② 店頭にならぶ。（てんとう）
③ 川が流れる。（なが）
④ 銀の色えんぴつ。（ぎん）

2 □に漢字を、〔　〕に漢字と送りがなを書きましょう。

① 代表をえらぶ。
② 騎馬戦を見る。
③ 炭火で肉を焼く。
④ 平和なせかい。
⑤ 〔深い〕海。
⑥ はさみを〔用いる〕。

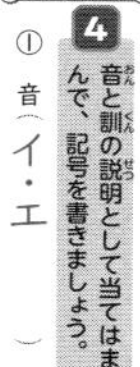

3 話の中心がつたわるように話すときの手じゅんになるように、□に番号を書きましょう。

（3）どのようなじゅんじょで話すか話の組み立てを考える。
（2）書き出したメモを見ながら、話すことをえらぶ。
（4）聞き手の様子を見ながら話をする。
（1）話の中心を決めて、話すざいりょうをメモに書き出す。

4 音と訓の説明として当てはまるものを□からすべてえらんで、記号を書きましょう。

① 音（イ・エ）
② 訓（ア・ウ・オ）

ア　意味に合う日本語を漢字に当てはめた読み方。
イ　漢字が日本につたわったときの中国の発音をもとにした読み方。
ウ　送りがながひつような場合がある。
エ　聞いただけでは意味が分かりにくいものが多い。
オ　聞くとすぐに意味が分かるものが多い。

5 コンピューターに、ローマ字で文字を入力するとき、次の字は、どのように入力しますか。ローマ字で書きましょう。

① ぢ　DI
② づ　DU
③ を　WO
④ ん　NN

6 次の言葉を、①ローマ字に直しましょう。②コンピューターに入力するときのように、ローマ字で書きましょう。

(1) さんすう
① sansû
② SANNSUU

(2) カッター
① kattâ
② KATTA-

3 みんなに話してつたえるときには、話の中心が分かりやすいざいりょうをえらび、メモに書き出して、話の組み立てを考えるようにしましょう。話すことが決まって、みんなの前で話すときには、聞き手の様子を見ながら話すことで、つたわりやすく話すことができます。

4 音は、漢字が日本につたわったときの中国の発音をもとにした読み方で、聞いただけでは意味が分かりにくいものが多くあります。訓は、漢字の意味に合わせて日本語を当てはめた読み方で、すぐに意味が分かるものが多くあります。また、訓読みで用いるときには送りがなが必要な場合があります。それぞれのとくちょうをおさえましょう。

5 **6** コンピューターにローマ字で文字を入力するときは、ふつうのローマ字の書き方とはちがうことがあります。「お」と「う」がとなりになるときは、ひらがなで書くとおりに入力したり、また、のばす音（「ー」）は、のばす音の符号を入力したりします。ちゅう意しましょう。

たしかめのテスト① 62〜63ページ

せっちゃくざいの今と昔 〜 ローマ字②

おうちのかたへ

説明文では、文章の内容をまとまりごとに要約すると読み取りやすくなります。まずは段落ごとに分けて、文章の内容をもとに大きなまとまり（意味段落）をつかませましょう。そして、文章のだいじな言葉や文をもとに、表などに整理しながら要約するようにしましょう。

文章を読んで、答えましょう。　思考・判断・表現

けれども、自然にあるもののよさを生かして使われているせっちゃくざいもあります。ゼラチンや、トウモロコシやジャガイモから作るのりは、じょうざいを作るときに、くすりのこなをくっつけてかためるために使われています。食べられるざいりょうでできていて、体の中の水と温度でゆっくりとけていくため、体にとって安全だと考えられているからです。

また、古いものをしゅう理するときにも昔からのせっちゃくざいがよく使われます。百年前からあるせっちゃくざいは、百年の間にどうかわるのかが分かっています。使い方もはがす方法も分かっているので、古いものにも安心して使うことができるのです。昔の絵や美術品のしゅう理では、米や小麦から作ったのりや、にかわが活やくしています。

わたしたちは、はるか昔から今にいたるまで、さまざまなざいりょうとそのとくちょうを生かしてせっちゃくざいを作り、物をくっつけるのに使ってきました。新しいざいりょうだからよい、古いざいりょうだからよくないということではなく、それぞれのせっちゃくざいのとくちょうに合った使い方をすることで、くらしをゆたかにしているのです。

早川　典子「せっちゃくざいの今と昔」より

1 「自然にあるもののよさを生かして使われているせっちゃくざい」について、

① 何から作られていますか。　10点

（ゼラチンや、トウモロコシやジャガイモ）

② このせっちゃくざいは何に使われますか。　10点　よく出る

| じ | ょ | う | ざ | い |

③ ②が「自然にあるもののよさを生かして使われているせっちゃくざい」を使って作られているのはなぜですか。一つに○をつけましょう。　10点

ア（　）くさることがなくて、よくくっつくから。
イ（○）食べられるざいりょうで、体に安全だから。
ウ（　）水でとけることがなくて、長持ちするから。

2 「古いもの」とはどんなものですか。　10点

（昔の絵や美術品）

3 「昔からのせっちゃくざい」には、どんなよさがありますか。　一つ5点（20点）

（百年）前からあるせっちゃくざいは、（百年の間にどうかわるのか）や、（使い方やはがす方法）も分かっているので古いものにも（安心）して使うことができるよさがある。

4 わたしたちは、どのようにしてせっちゃくざいを作って、せっちゃくざいを使ってきましたか。　一つ10点（20点）　できたらスゴイ！

| さ | ま | ざ | ま | な | ざ | い | り | ょ | う |

とその | と | く | ち | ょ | う | を生かしてきた。

5 筆者は、新しいざいりょうと古いざいりょうのせっちゃくざいを、どうすることでくらしをゆたかにしていると考えていますか。考えて書きましょう。　20点　考えを書こう

（れい）それぞれのせっちゃくざいのとくちょうに合った使い方をすること。

---

1 ①直後に、「ゼラチンや、トウモロコシやジャガイモから作るのり」とあります。「食べられるざいりょう」でも正解とします。②6行目にじょうざいを作るときに使われているという内ようがあります。③「食べられるざいりょう」によって作られたのりなので、「体にとって安全」だと考えられています。

2 同じだん落に、「昔の絵や美術品のしゅう理では、米や小麦から作ったのりや、にかわが活やくしています。」とあることをおさえます。

3 「昔からのせっちゃくざい」とは、ここでは「百年前からあるせっちゃくざい」のことです。これらのせっちゃくざいは、「百年の間にどうかわるのか」や「使い方もはがす方法」も分かっているため、古いものにも安心して使うことができると考えられています。

4 最後のだん落の最初の一文にちゅう目して考えます。

5 筆者は、「新しいざいりょうだからよい、古いざいりょうだからよくないということではなく、それぞれのせっちゃくざいのとくちょうに合った使い方をすることで、くらしをゆたかにしている」と考えていることをおさえましょう。

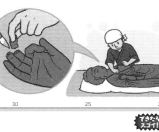

たしかめのテスト② 64~65ページ
せっちゃくざいの今と昔 ～ ローマ字②

1 読みがなを書きましょう。 一つ2点(20点)

① 薬を服用する。（ふくよう）
② みそしるの具。（ぐ）
③ 軽自動車に乗る。（けい）
④ 美しい絵。（うつく）
⑤ 指てきする。（し）
⑥ 機械の細部。（さいぶ）
⑦ 水深十メートル（すいしん）
⑧ 流星ぐんが見える。（りゅうせい）
⑨ 石炭を集める。（せきたん）
⑩ 代わりにえらばれる。（か）

2 □に漢字を、（　）に漢字と送りがなを書きましょう。 一つ2点(20点)

① 温度をはかる。
② 昔話を読む。
③ 時間の短しゅく。
④ クラスの人気者。
⑤ 電池を入れる。
⑥ 平どうに分ける。
⑦ 銀行で働く。
⑧ 植物園ですごす。
⑨ バスに（乗る）。
⑩ お水を（飲む）。

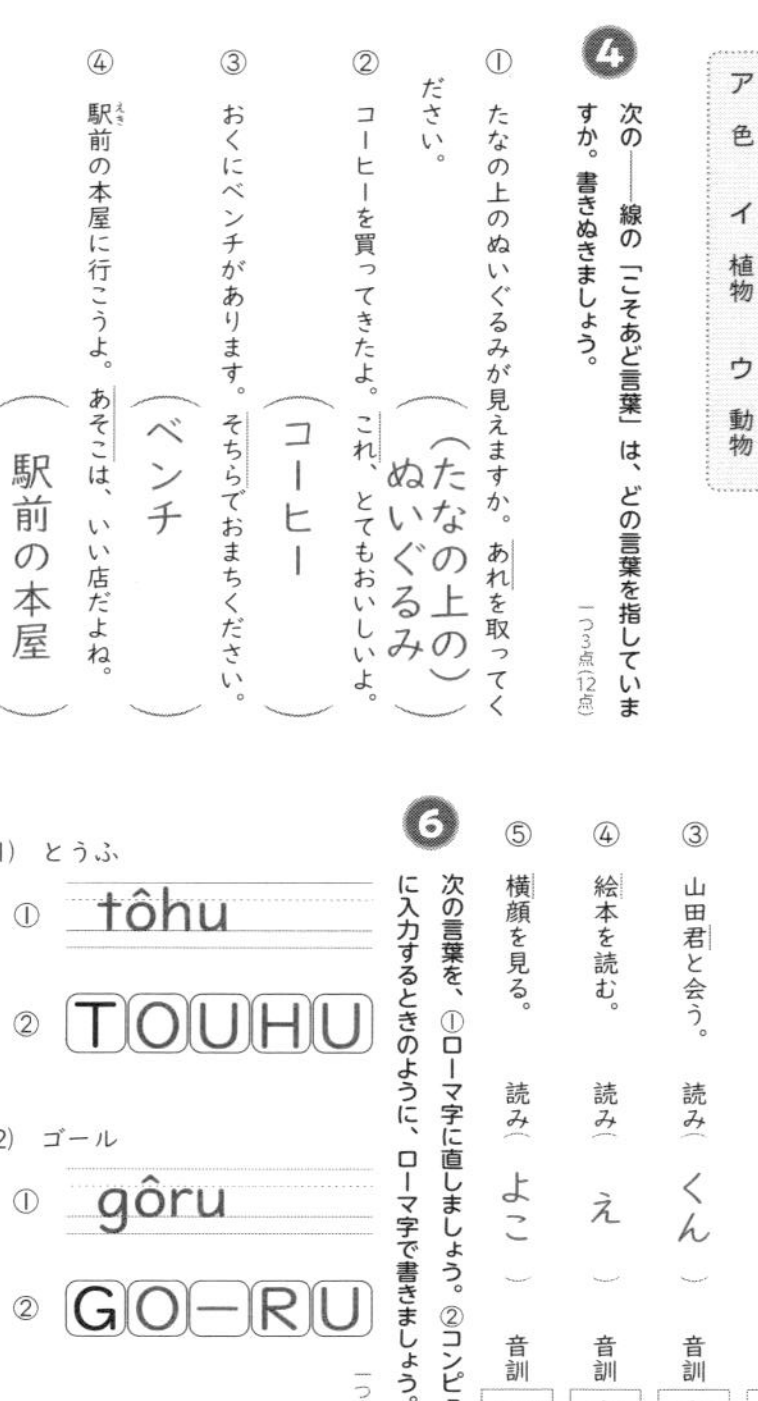

3 次の言葉は、どのようなまとまりに分けて整理していますか。□からえらんで、記号を書きましょう。 一つ8点(16点)

① ウ（ねこ・犬・キリン）
② ア（赤・黄・オレンジ）

ア 色　イ 植物　ウ 動物

4 次の――線の「こそあど言葉」は、どの言葉を指していますか。書きぬきましょう。 一つ3点(12点)

① たなの上のぬいぐるみが見えますか。あれを取ってください。（たなの上のぬいぐるみ）
② コーヒーを買ってきたよ。これ、とてもおいしいよ。（コーヒー）
③ おくにベンチがあります。そちらでおまちください。（ベンチ）
④ 駅前の本屋に行こうよ。あそこは、いい店だよね。（駅前の本屋）

5 次の――線の漢字の読みを（　）に書きましょう。□には、音と訓どちらの読みなのかを書きましょう。 一つ2点(20点)

① 平和なくらし。 読み（へい） 音
② クラスの人気者。 読み（もの） 訓
③ 山田君と会う。 読み（くん） 音
④ 絵本を読む。 読み（え） 音
⑤ 横顔を見る。 読み（よこ） 訓

6 次の言葉を、①ローマ字に直しましょう。②コンピューターに入力するときのように、ローマ字で書きましょう。 一つ3点(12点)

(1) とうふ　① tôhu　② TOUHU
(2) ゴール　① gôru　② GO–RU

3 ①「ねこ」「犬」「キリン」は、それぞれ動物のしゅるいです。
②「赤」「黄」「オレンジ」は、それぞれ色の名前です。

4 「こそあど言葉」の指す内ようは、たいていの場合、「こそあど言葉」よりも前にあります。答えになりそうな言葉が見つかったら、「こそあど言葉」のところにその答えを入れてみて、意味が通じるかたしかめてみましょう。

5 ①「へい」は音。「ひら」「たい（ら）」が訓です。
②「もの」は、聞くだけで意味が分かる、訓読みです。
③「くん」は音、「きみ」が訓です。
④「え」は聞くと意味が分かるので訓とまちがえやすいですが、音です。気をつけましょう。
⑤「よこ」は訓、音は「おう」です。

6 (1)コンピューターにローマ字で文字を入力するときローマ字の書き方が二つある場合は、どちらでも入力することができます。「ふ」という文字は、「HU」と「FU」の二つあるので、どちらで入力しても正かいです。

じゅんび 66~67ページ
モチモチの木／漢字を使おう6

かきトリ 新しい漢字

鼻（教科書44ページ・14画）　神（45ページ・9画）　祭（45ページ・11画）　歯（47ページ・12画）　医（47ページ・7画）　坂（48ページ・7画）　薬（49ページ・16画）
箱（49ページ・15画）　湯（52ページ・12画）　他（53ページ・5画）　対（54ページ・7画）　洋（57ページ・9画）　湖（57ページ・12画）　酒（57ページ・10画）
油（57ページ・8画）　拾（57ページ・9画）

1 □に読みがなを書きましょう。

① ずつう薬（やく）
② 歯を食いしばる。（は）
③ 他人のかんけい。（たにん）
④ ぞうの鼻。（はな）
⑤ ギリシャの神話。（しんわ）
⑥ 坂を下る。（さか）
⑦ お湯を用意する。（ゆ）
⑧ 洋服を買う。（ようふく）

モチモチの木

2 □に漢字を書きましょう。

① 山の神様
② 地いきのお祭り。
③ 医者を呼ぶ。
④ 薬箱の中身。
⑤ 対立する意見。
⑥ ペンを拾う。

3 正しい意味に○をつけましょう。

① 妹はおくびょうなせいかくだ。
ア（○）こわがり。
イ（　）はずかしがり屋。

② ほっぺたが落ちるような味だ。
ア（○）とてもおいしい。
イ（　）あまりおいしくない。

③ マラソンでみごとに走りきった。
ア（　）めだって。
イ（○）りっぱに。

3分でワンポイント 登場人物のせいかくを読み取ろう。

★①～③に合う言葉を□の中からえらんで記号を書きましょう。

場面	豆太の様子や気持ち
一	夜のモチモチの木におびえて、一人でしょうべんもできない①イな子。
二	モチモチの木は、②アみたいでこわい。
三	モチモチの木のお祭りは見たいけれど、夜なんて考えただけでもむりだ。
四	じさまのために、なきながら医者様をよびに走ったとき、灯がついたモチモチの木を見た。
五	いざとなれば、一人で夜道を下って医者様をよびに行ける③ウがあるやさしい子。

ア お化け　イ おくびょう　ウ 勇気

1 ②「歯をくいしばる」とは、くやしさやいかり、苦しみなどをひっしにこらえている様子を表す慣用句です。

2 ⑤「対立」とは、はんたいの立場にある者がおたがいにゆずらないことという意味の言葉です。

3 ①「おくびょう」とは、ちょっとしたことでもこわがる、気の小さいことを表した言葉です。
②「ほっぺたが落ちる」とは、とてもおいしいという意味の慣用句です。
③「みごと」とは、りっぱだ、すばらしい様子という意味の言葉です。

3分でワンポイント

「モチモチの木（斎藤隆介）」では、登場人物のせいかくを想ぞうして考えましょう。文章中の行動や、会話の他に、語り手がどのように言っているかにちゅう目するとよいでしょう。ここでは、五つの場面に分けて、豆太の様子や気持ちについておさえましょう。

練習① 68〜69ページ

モチモチの木

文章を読んで、答えましょう。

全く、豆太ほどおくびょうなやつはいない。もう五つにもなったんだから、夜中に一人でせっちんぐらいに行けたっていい。

ところが豆太は、せっちんは表にあるし、表には大きなモチモチの木がつっ立っていて、空いっぱいのかみの毛をバサバサとふるって、両手を「ワァッ！」とあげるからって、夜中には、じさまについてってもらわないと、一人じゃしょうべんもできないのだ。

じさまは、ぐっすりねむっている真夜中に、豆太が「じさまぁ。」って、どんなに小さい声で言っても、「しょんべんか。」と、すぐ目をさましてくれる。いっしょにねている一まいしかないふとんを、ぬらされちまうよりいいからなぁ。

それにとうげのりょうし小屋に、自分とたった二人でくらしている豆太がかわいそうで、かわいかったからだろう。

けれど豆太のおとうだって、くまと組みうちして、頭をぶっさかれて死んだほどのきもすけだったし、じさまだって六十四の今、まだ青じしをおっかけて、きもをひやすような岩から岩へのとびうつりだって、みごとにやってのける。

それなのに、どうして豆太だけが、こんなにおくびょうなんだろうか――。

斎藤 隆介「モチモチの木」より

❶ 「豆太」は、どんな男の子ですか。

（五）つになったのに、[おくびょう]な男の子。

❷ 「夜中に一人でせっちんぐらいに行けたっていい。」について、

① 豆太は、夜中にせっちんに行くとき、だれといっしょなのですか。

（じさま）

② 豆太が、夜中に一人でせっちんに行くことができないのは、なぜですか。

せっちんがある表には大きなモチモチの木があり、[かみの毛]をバサバサとふるって、（両手を「ワァッ！」とあげる）のがこわいから。

❸ 「じさまぁ。」とありますが、この部分を音読するとき、どのように読みますか。一つに〇をつけましょう。

ア（ ）なきながら、わがままな調子で読む。

イ（〇）はずかしそうに、あまえた調子で読む。

ウ（ ）おこったように、らんぼうな調子で読む。

ヒント 豆太にとってじさまがどんなそんざいなのかをおさえよう。

❹ 「すぐ目をさましてくれる。」とありますが、じさまがすぐ起きてくれるのは、なぜですか。

・ふとんを（ぬらされる）よりもいいから。

・二人きりでくらす豆太が[かわいそう]で、[かわいかった]から。

ヒント 理由を表す「〜から」という言葉にちゅう目しよう。

❺ 「どうして豆太だけが」とありますが、豆太の「おとう」と「じさま」はどんな人ですか。

・おとう…くまと組みうちするほどの（きもすけ）。

・じさま…（六十四）さいなのに、青じしをおっかけて、岩から岩へのとびうつりができるような人。

練習② 70〜71ページ

モチモチの木

文章を読んで、答えましょう。

モチモチの木ってのはな、豆太がつけた名前だ。小屋のすぐ前に立っているでっかいでっかい木だ。

秋になると、茶色いぴかぴか光った実をいっぱいふり落としてくれる。その実をじさまが木うすでついて、石うすでひいて、粉にする。粉にしたやつをもちにこねあげて、ふかして食べると、ほっぺたが落っこちるほどうまいんだ。

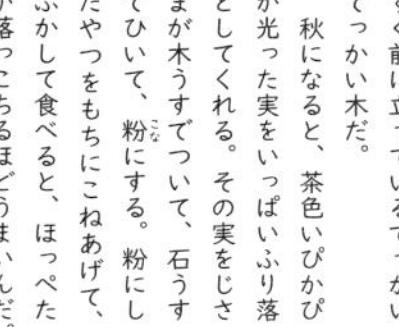

「やい木ぃ、モチモチの木ぃ！ 実ぃ落とせぇ！」なんて、昼間は木の下に立って、かた足で足ぶみして、いばってさいそくしたりするくせに、夜になると豆太は、もうだめなんだ。木がおこって、両手で、「お化けぇぇ！」って、上からおどかすんだ。夜のモチモチの木は、そっちを見ただけで、もうしょんべんなんか出なくなっちまう。じさまが、しゃがんだひざの中に豆太をかかえて、

「ああ、いい夜だ。星に手がとどきそうだ。おく山じゃあ、しかやくまめらが、鼻ぢょうちん出して、ねっこけてやがるべ。それ、シイーッ。」

って言ってくれなきゃ、とっても出やしない。しないでねると、あしたの朝、とこの中がこう水になっちまうもんだから、じさまはかならず、そうしてくれるんだ。五つになって「シー」なんて、みっともないやなぁ。

でも豆太は、そうしなくっちゃだめなんだ。

斎藤 隆介「モチモチの木」より

❶ 「モチモチの木」とは、どんな木ですか。

[小屋]のすぐ前にある[でっかい][でっかい]木。

❷ 「やい木ぃ、モチモチの木ぃ！ 実ぃ落とせぇ！」について、

① 豆太が「モチモチの木」に「実ぃ落とせぇ！」と言ったのは、なぜですか。

実を粉にしたやつを[もち]にこねあげて、ふかして食べると、[ほっぺたが落][っこちる]ほどうまいから。

② この部分を音読するとき、どのように読むとよいですか。一つに〇をつけましょう。

ア（〇）いばっているように、らんぼうな調子で読む。

イ（ ）おねがいするように、ていねいな調子で読む。

ウ（ ）楽しんでいるように、元気のよい調子で読む。

❸ 「じさまはかならず、そうしてくれるんだ。」とありますが、じさまは、豆太にどうしてくれるのですか。

しゃがんだひざの中に豆太をかかえて、

（[れい] シイーッと言ってくれる）。

❹ 「豆太は、そうしなくっちゃだめなんだ。」について、

① 豆太は、そうしないとどうなってしまうのですか。

[しょんべん]が出なくなってしまう。

② ①のようになってしまうのは、なぜですか。

豆太は夜の[モチモチの木]がこわいから。

ヒント そして、「あしたの朝、とこの中がこう水になっちまう」んだね。

❺ 豆太は、どんなせいかくの人物ですか。一つに〇をつけましょう。

ア（ ）いばりやで、弱い者いじめばかりしている人物。

イ（ ）身がってで、じさまにわがままを言っている人物。

ウ（〇）こわがりで、じさまにあまえている人物。

ヒント 人物のせいかくは、その人の行動から考えよう。

練習①

❶ 「豆太ほどおくびょうなやつはいない。」は、言いかえると「豆太はだれよりもおくびょうだ。」という意味です。

❷ 大きなモチモチの木のすがたが、夜はぶきみに見えるので、じさまについてきてもらわないとせっちん（しょうべん）にいけないのです。

❸ 音読するときは、人物の気持ちを考え、それに合うように読みます。おくびょうな豆太が、夜中にじさまを起こすときの気持ちを考えましょう。

❹ 直後の二だん落にちゅう目しましょう。「一まいしかないふとんを、ぬらされちまうよりいい」、「自分とたった二人でくらしている豆太がかわいそうで、かわいかったから」とあります。

❺ 人物のせいかく（どんな人か）は、その人の行動などから読み取ります。「くまと組みうち」する人は、勇気のある人です。六十四さいになっても「青じしをおっかけて」「岩から岩へのとびうつり」ができるのも、勇気のある人ということです。

練習②

❶ 次の文の「小屋のすぐ前に立っているでっかいでっかい木だ。」にちゅう目しましょう。

❷ ①モチモチの木の実をもちにして食べるとおいしいので、豆太は「実ぃ落とせぇ！」と言うのです。

②「やい木ぃ」「実ぃ落とせぇ！」という言い方は、めいれいするようでらんぼうな言い方です。豆太は、昼間のモチモチの木はこわくないので、いばった言い方で声をかけるのです。

❸ 「そうしてくれる」が指す内ようを考えましょう。じさまは、とこの中がこう水にならないように、豆太がねる前にしょうべんができるように「シイーッ」と言っているのです。

❹ ❷②で見たように昼間のモチモチの木はこわくないのに、「夜」のモチモチの木がこわいということをおさえましょう。

❺ 豆太は、夜になると、ただの木でもこわがる「こわがり」なせいかくです。そしてじさまにせっちん（しょうべん）についてきてもらう、あまえんぼうです。

じゅんび　72~73ページ

人物の気持ちを表す言葉／いろいろなつたえ方／本から発見したことを……

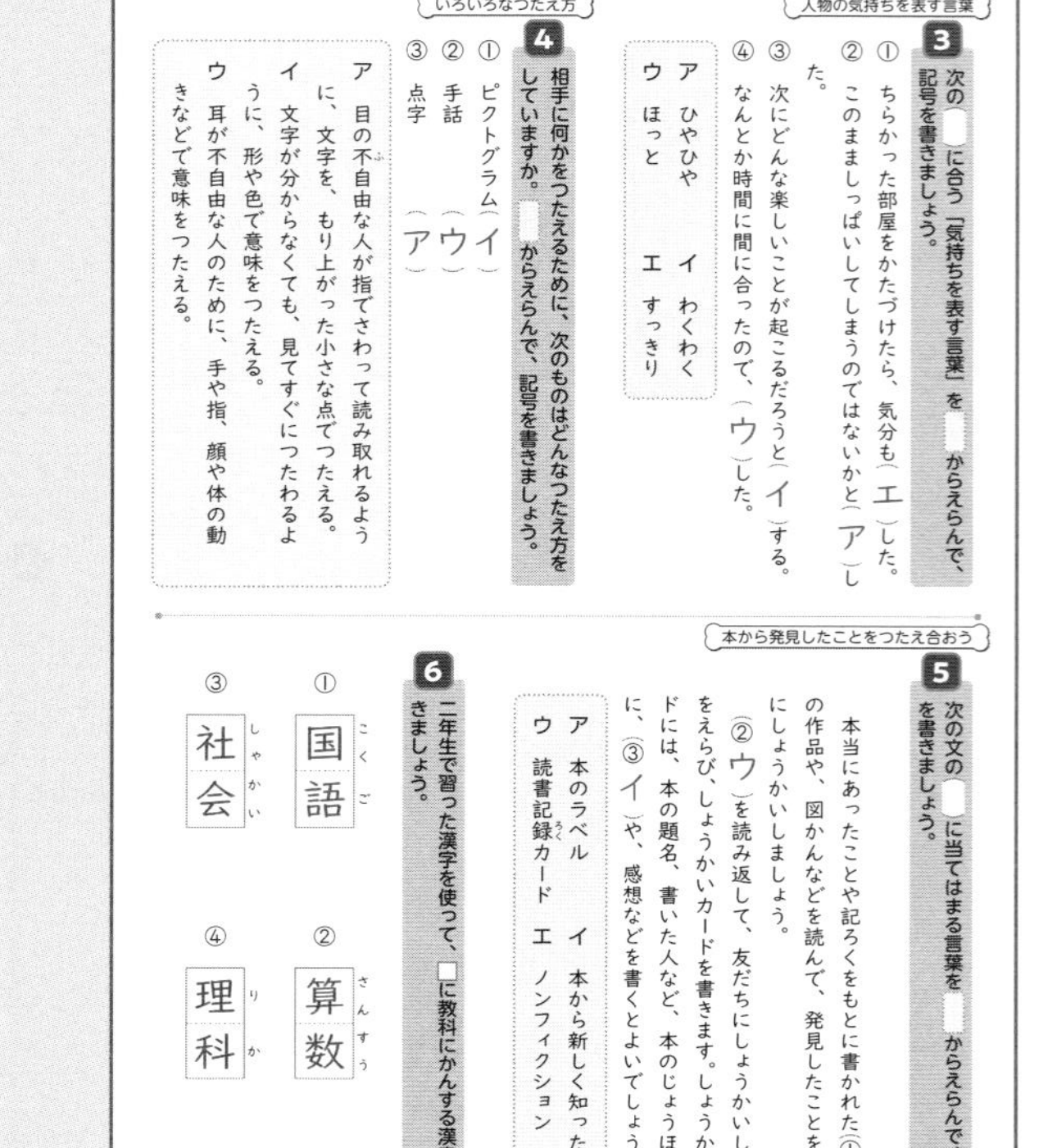

新しい漢字

羊（6画）　駅（14画）　港（12画）　界（9画）　期（12画）　勉（10画）

級（9画）　式（6画）　列（6画）　予（4画）　談（15画）　反（4画）

1 □に読みがなを書きましょう。

① 近くの駅。（えき）　② 読点をうつ。（とうてん）

③ 二学期が始まる。（がっき）　④ 先生に相談する。（そうだん）

2 □に漢字を書きましょう。

① 音声（おんせい）案内　② 世界（せかい）を旅する。

③ 勉強（べんきょう）をする。　④ 学級（がっきゅう）会の時間。

⑤ 一列（れつ）にならぶ。　⑥ 考えに反対（はんたい）する。

人物の気持ちを表す言葉

3 次の□に合う「気持ちを表す言葉」を□からえらんで、記号を書きましょう。

① ちらかった部屋をかたづけたら、気分も（エ）した。

② このままじっぱいしてしまうのではないかと（ア）した。

③ 次にどんな楽しいことが起こるだろうと（イ）する。

④ なんとか時間に間に合ったので、（ウ）した。

ア ひやひや　イ わくわく　ウ ほっと　エ すっきり

いろいろなつたえ方

4 相手に何かをつたえるために、次のものはどんなつたえ方をしていますか。□からえらんで、記号を書きましょう。

① ピクトグラム（イ）　② 手話（ウ）　③ 点字（ア）

ア 目の不自由な人が指でさわって読み取れるように、文字を、もり上がった小さな点でつたえる。

イ 文字が分からなくても、見てすぐにつたわるように、形や色で意味をつたえる。

ウ 耳が不自由な人のために、手や指、顔や体の動きなどで意味をつたえる。

本から発見したことをつたえ合おう

5 次の文の□に当てはまる言葉を□からえらんで、記号を書きましょう。

本当にあったことや記ろくをもとに書かれた（①エ）の作品や、図かんなどを読んで、発見したことを友だちにしょうかいしましょう。

（②ウ）を読み返して、友だちにしょうかいしたい本をえらび、しょうかいカードを書きます。しょうかいカードには、本の題名、書いた人など、本のじょうほうの他に、（③イ）や、感想などを書くとよいでしょう。

ア 本のラベル　イ 本から新しく知ったこと　ウ 読書記録カード　エ ノンフィクション

6 二年生で習った漢字を使って、□に教科にかんする漢字を書きましょう。

① 国語（こくご）　② 算数（さんすう）　③ 社会（しゃかい）　④ 理科（りか）

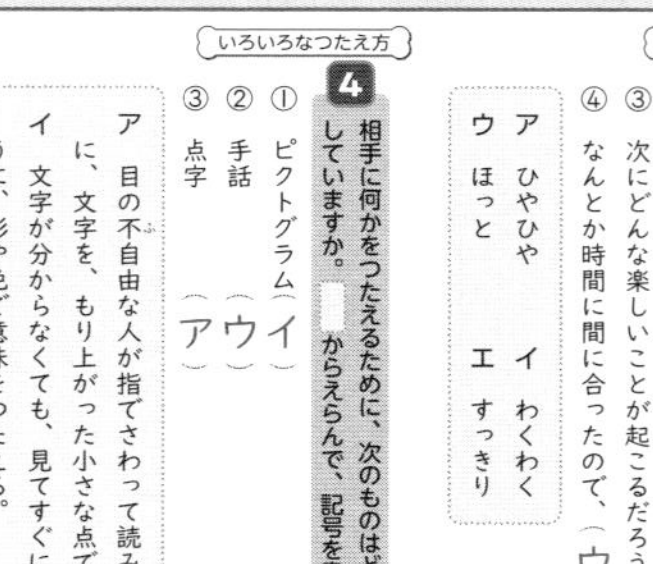

3 ①ちらかった部屋をかたづけたときの気分を表す言葉なので、「すっきり」が入ります。

②しっぱいしてしまうのではないかと心ぱいする気持ちを表す言葉なので、「ひやひや」が入ります。

③次に起こる楽しいことを考えたときの気持ちを表す言葉なので「わくわく」が入ります。

④なんとか時間に間に合ったときの安心した気持ちを表す言葉なので「ほっと」が入ります。

4 ①ピクトグラムは、人が集まる駅や空港、建物などで使われることが多いです。また、世界共通で使われるものもあります。

5 本を読んで発見したことを友だちにしょうかいするときの手じゅんやしょうかいカードの書き方についておさえましょう。また、しょうかいされた本を読んで、友だちに感想をつたえてみてもよいでしょう。

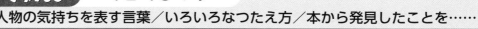

たしかめのテスト①

74〜75ページ

モチモチの木
〜 漢字を使おう7

おうちのかたへ

人物像を読み取るには、まず「地の文」から「年齢」「姿形」「立場」などをつかみます。「おくびょう」「おだやか」など、性格を表す言葉にも注目しましょう。また人物の行動や「会話文」からも性格が読み取れます。特に、大きな出来事に直面したときの行動に注目するのは有効です。

文章を読んで、答えましょう。 思考・判断・表現

豆太は真夜中に、ひょっと目をさました。頭の上でくまのうなり声が聞こえたからだ。

「じさまぁっ！」

むちゅうでじさまにしがみつこうとしたが、じさまはいない。

「ま、豆太、しんぺえすんな。じさまは、じさまは、ちょっと、はらがいてえだけだ。」

まくらもとで、くまみたいに体を丸めてうなっていたのは、じさまだった。

「じさまっ！」

こわくて、びっくらして、豆太はじさまにとびついた。けれどもじさまは、ころりとたたみにころげると、歯を食いしばって、ますますすごくうなるだけだ。

——医者様を、よばなくっちゃ！

豆太は小犬みたいに体を丸めて、表戸を体でふっとばして走りだした。

ねまきのまんま。はだしで。半道もあるふもとの村まで……。

外はすごい星で、月も出ていた。とうげの下りの坂道は、一面のまっ白いしもで、雪みたいだった。しもが足にかみついた。足からは血が出た。豆太はなきなき走った。いたくて、寒くて、こわかったからなぁ。

でも、大すきなじさまの死んじまうほうが、もっとこわかったから、なきなきふもとの医者様へ走った。

これも年よりじさまの医者様は、豆太からわけを聞くと、

「おうおう……。」

と言って、ねんねこばんてんに薬箱と豆太をおぶうと、真夜中のとうげ道を、えっちら、おっちら、じさまの小屋へ上ってきた。

とちゅうで、月が出てるのに雪がふり始めた。この冬はじめての雪だ。豆太は、そいつをねんねこの中から見た。

そして医者様のこしを、足でドンドンけとばした。じさまが、何だか、死んじまいそうな気がしたからな。

豆太は小屋へ入るとき、もう一つふしぎなものを見た。

「モチモチの木に灯がついている！」

斎藤 隆介「モチモチの木」より

1 よく出る 「じさまぁっ！」「じさまっ！」とありますが、この部分を音読するときは、どんなふうに読みますか。それぞれ一つえらびましょう。 一つ10点（20点）

① 「じさまぁっ！」 イ　② 「じさまっ！」 ア

ア びっくりしたように、大きな声で読む。
イ 助けてもらいたい気持ちをこめて、大きな声で読む。
ウ なさけなさそうに、小さな声で読む。

2 ① 「表戸を体でふっとばして走りだした。」について、豆太が走りだしたのは、何のためですか。 一つ5点（10点）

半道もある ふもとの村 まで行って、医者様 をよぶため。

② 豆太は、どんなかっこうで走り出しましたか。二つ書きましょう。 一つ5点（10点）

ねまきのまんま

3 すらすらスラスラ 「いたくて、寒くて、こわかったからなぁ。」について、

① それなのに、豆太が走ったのはなぜですか。 15点

はだし

（れい）大すきなじさまが死んでしまうほうが、もっとこわかったから。

② ①のような行動をした豆太は、どんな人物だと思われますか。一つに〇をつけましょう。 10点

ア（　）やさしいが、一人では何もできない人物。
イ（　）弱くて、いつもんくばかり言う人物。
ウ（〇）いざというときは勇気を出せる人物。

4 ① 「もう一つふしぎなものを見た。」について、豆太が見た、「もう一つふしぎなもの」とは何ですか。 10点

（れい）灯がついているモチモチの木。

② 考えを書こう ①を見た豆太は、このとき、どんな気持ちでしたか。考えて書きましょう。 25点

（れい）おどろいたなあ。

1 ①同じような言葉ですが、豆太の気持ちによって読み方はかわります。①は、「くまのうなり声」を聞いて「じさまにしがみつこう」としているときの気持ち、②は、じさまが体を丸めて苦しんでいることを知ったときの気持ちを考えます。

2 ①「医者様を、よばなくっちゃ！」と思って、「ふもとの村」へ向かっています。
②「ねまきのまんま」「はだし」というかっこうから、豆太の気持ちが分かります。かっこうも気にならないほど、あわててひっしで走っていったのです。

3 ①「大すきなじさまの……こわかったから」の「から」という理由を表す言葉に気をつけて、答えを書きましょう。
②ふだんはこわがりでも、大すきな人が苦しんでいるときには、夜の山道を一人で走っていくだけの勇気を出すことができるのです。

4 ①豆太が見た二つのふしぎなものとは、「月が出てるのに雪がふり始めた」ことと、「モチモチの木に灯がついている」ことです。
②ふだんは見たことがないようなものを見たおどろきや感動をまとめましょう。「ふしぎだなあ。」「どうしてだろう。」などでも正かいです。

たしかめのテスト② 76~77ページ
モチモチの木 ～ 漢字を使おう７

1 読みがなを書きましょう。 （一つ２点〔20点〕）

① えいきゅう歯（し）
② 薬局で買う。（やっきょく）
③ 文化祭を行う。（ぶんかさい）
④ じゅ業の予習。（よしゅう）
⑤ せん湯に入る。（とう）
⑥ あま酒を飲む。（ざけ）
⑦ 石油ストーブ（せきゆ）
⑧ 港が見える。（みなと）
⑨ 天神様のやしろ。（てんじん）
⑩ 湖で泳ぐ。（みずうみ）

2 □に漢字を、（　）に漢字と送りがなを書きましょう。 （一つ２点〔20点〕）

① 他の人の意見。
② 医者を目指す。
③ 急な下り坂。
④ 次の対せん相手。
⑤ きょう里へ帰る。
⑥ 羊を見る。
⑦ 期日を守る。
⑧ 妹の入学式。
⑨ ペンを（拾う）。
⑩ 体を（反らす）。

3 次の文の（　）に当てはまる言葉を□からえらんで、記号を書きましょう。 （一つ４点〔20点〕）

① 自転車にぶつかりかけて、（イ）をひやす。
② 母のケーキは（オ）が落ちるほどおいしい。
③ いたみにたえて、（ア）を食いしばった。
④ 時計の音におどろいて、（エ）をさます。
⑤ 寒くて、ねこのように（ウ）を丸めた。

ア 歯　イ きも　ウ 体
エ 目　オ ほっぺた

4 次の言葉を使って、短い文を作りましょう。 （一つ５点〔10点〕）

① 心がおどる
（れい）明日の遊園地が楽しみで、心がおどる。
② そわそわ
（れい）テストが近づいて、そわそわする。

5 次の文の（　）に当てはまる言葉を□からえらんで、記号を書きましょう。 （一つ５点〔15点〕）

文章を書くときには、漢字やひらがななどの文字の他に、句点や読点などの（イ）も使います。その中には、おどろきがより強くつたわるときに使う（エ）や、相手にたずねているときに使う（ア）もあります。

ア ぎもん符　イ 記号
ウ ピクトグラム　エ かんたん符

6 本から発見したことを友だちとつたえ合うときの手じゅんになるように、（　）に番号を書きましょう。 （ぜんぶできて15点）

（４）しょうかいされた本を読んだあとは、友だちに感想をつたえる。
（１）読書記録カードを読み返して、友だちにしょうかいしたい本をえらぶ。
（３）カードをもとに本をしょうかいし合う。
（２）しょうかいカードを書く。

じゅんび 78~79ページ
俳句に親しもう

かきトリ！ 新しい漢字

注 チュウ そそ(ぐ) 8画 教科書70ページ
暗 アン くら(い) 13画 75ページ

1 □に読みがなを、□に漢字を書きましょう。

① 注意深く見る。（ちゅうい）
② 水を注ぐ。（そそ）
③ 俳句を暗記する。（あんき）
④ 竹林を育てる。（ちくりん）
⑤ 部屋の中が暗い。（くら）

2 俳句についてまとめた次の文の□に当てはまる言葉を□からえらんで、記号を書きましょう。 （俳句に親しもう）

俳句は、日本で昔から作られている短い（ア）で、五・七・五の（エ）の音でできています。俳句の中のきせつを表す言葉を「（オ）」といいます。

ア 詩　イ 曲　ウ 三十
エ 十七　オ 季語　カ 題名

3 次の俳句を、五・七・五の音ごとに／で分けて、ひらがなで書きましょう。

① 閑かさや岩にしみ入る蝉の声　松尾芭蕉
（しずかさや／いわにしみいる／せみのこえ）
② 人来たら蛙となれよ冷し瓜　小林一茶
（ひとくたら／かえるとなれよ／ひやしうり）

4 俳句を読んで、答えましょう。

菜の花や月は東に日は西に　与謝蕪村
ひっぱれる糸まっすぐや甲虫　高野素十
をりとりてはらりとおもきすすきかな　飯田蛇笏

(1) ①「菜の花や……」の俳句、②「ひっぱれる……」の俳句の、季語と、その表すきせつを書きましょう。
① 季語（菜の花）きせつ（春）
② 季語（甲虫（かぶと虫））きせつ（夏）
(2)「菜の花や……」の俳句は、一日のうちのいつごろの時間をえがいたものですか。一つに○をつけましょう。
ア（　）朝
イ（　）昼
ウ（○）夕方
(3)「ひっぱれる……」の俳句で、糸をひっぱっているのはだれ（何）ですか。
（甲虫（かぶと虫））
(4)「をりとりて……」の俳句にえがかれているのはどんな気持ちですか。一つに○をつけましょう。
ア（　）思ったとおりすすきがおもかったよ。
イ（○）思ったよりすすきはおもたいなあ。

---

3 ①「きもをひやす」とは、おどろきおそれて、ひやりとするという意味の慣用句です。

④「目をさます」とは、ねむっているじょうたいから起きること、びっくりすることという意味の慣用句です。

4 ①「心がおどる」とは、楽しみやよろこびのきたいから、心がわくわくすることを表す慣用句です。楽しみやよろこばしいことと組み合わせて文を作りましょう。

②「そわそわ」とは、気持ちが落ち着かない様子を表す言葉です。テスト前や発表会の前など、気持ちが落ち着かない場面を考えて文を作りましょう。

5 記号を使ったつたえ方について整理しましょう。ぎもん符（？）があることで、相手にたずねていることがはっきりと分かるようになります。また、かんたん符（！）があることで、おどろきが強くつたわるようになります。使いすぎることなく、場面におうじて使い分けていきましょう。

3 俳句を声に出して読んでみたときに、音の数が五・七・五になります。漢字のまま数えると、五・七・五にはならないので、注意しましょう。

4 (1)季語は、きせつを感じさせる動物・植物・天気・行事などに注目してさがします。

①「菜の花」は春に花をさかす植物です。②「甲虫」は夏に見かけることが多い生き物です。

(2)「日は西に」に注目しましょう。太陽が西のほうにあるということは、夕方になって太陽がしずみかけているということです。

(3)甲虫と物を糸でつないで、引っぱらせて遊んでいたところ、甲虫が動いて引いた糸がまっすぐになったという様子をえがいた俳句です。

(4)すすきをおって手にとったところ、「はらり」としていながらおもいと感じたという内ようです。

じゅんび　80~81ページ

カミツキガメは悪者か／漢字を使おう 8

かきトリ　新しい漢字

教科書78ページ　悪　アク　わるい　11画
80ページ　岸　ガン　きし　8画
85ページ　放　ホウ　はなす・はなつ・はなれる・ほうる　8画
86ページ　幸　コウ　しあわせ・さいわい　8画
87ページ　悲　ヒ　かなしい・かなしむ　12画
91ページ　商　ショウ　11画
91ページ　昭　ショウ　9画
91ページ　帳　チョウ　11画
読み方がいろいろある漢字に注意しよう！

1 □に読みがなを書きましょう。

① 岸べにすわる。（きし）　② 悪い話。（わる）

③ 昭和生まれ（しょうわ）　④ 商品をとどける。（しょうひん）

2 □に漢字を、〔　〕に漢字と送りがなを書きましょう。

① たいがんを見る。（対岸）　② しんぶんを読む。（新聞）

③ 魚を川にはなつ。（放）　④ れんらくちょうを書く。（帳）

⑤ しあわせな時間。（幸せ）　⑥ かなしい顔の少女。（悲しい）

●読み方が新しい漢字

カミツキガメは悪者か

3 正しい意味に○をつけましょう。

① 社会にえいきょうをあたえる。
ア（○）他の物や人に、力がおよぶこと。
イ（　）自分だけに問題があること。

② あなの中に住みつく。
ア（○）一つの場所に落ち着いて住むこと。
イ（　）いろいろな場所にうつり住むこと。

③ となりの家の犬は、気があらい。
ア（○）いきおいがあって、おこりっぽい様子。
イ（　）しずかで、おだやかな様子。

④ ねこは、けいかい心が強い。
ア（　）十分に注意をしないこと。
イ（○）あらかじめ用心すること。

⑤ 夜空に星がちらばる。
ア（　）同じ場所にかたまる。
イ（○）ばらばらにはなれる。

3分でワンポイント　筆者の考えとそれをささえる理由を読み取ろう。

★①～③に合う言葉を□の中からえらんで記号を書きましょう。

始め　日本にいないはずの生き物がふえている。（れい カミツキガメ）

中　カミツキガメが日本にいると……
・もともといた生き物が①イ。
・足をかんだり、魚をとるあみをやぶったりして、こまる。
カミツキガメをつかまえて、②ウ。

終わり　生き物をかうときの③アを考えなければならない。

ア　ルール　イ　いなくなる　ウ　取りのぞく

練習　82~83ページ

カミツキガメは悪者か

文章を読んで、答えましょう。

カミツキガメは、どんな生き物なんだろう。どのようにくらしているんだろう。カミツキガメにきょうみを持ったわたしは、毎日のように田んぼや池に通い、かんさつをつづけるようになりました。

カミツキガメは夜行せいであると知られていますが、かんさつをつづけていると、昼の池や田んぼにもよくあらわれることに気づきました。でも、見かけるのは、いつも水面からほんの少し顔を出しているすがただけ。しかも、人の気配がすると、すぐににげてしまいます。わたしにかみつこうと、向かってくるようなこともありません。また、クサガメやミシシッピアカミミガメのように、岸に上がって太陽の光をあびることもありません。見つからないように、しずかに水中にひそんでいるのです。

それまで、テレビや新聞で見ていたカミツキガメは、何にでもかみつく、どうもうなカメでした。しかしそれは、カミツキガメの本当のすがたではありませんでした。カミツキガメは、けいかい心が強く、人とはかかわらないようにくらしている、おくびょうなカメだったのです。かみつくのは身のきけんを感じたときに、自分の身を守ろうとしてのことなのでしょう。わたしの中で、カミツキガメのイメージが、がらりとかわりました。

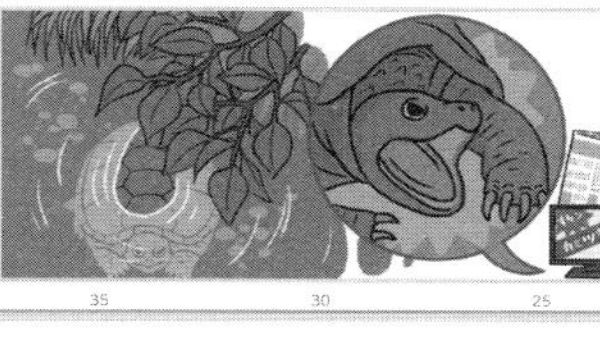

松沢　陽士「カミツキガメは悪者か」より

❶ 筆者が、カミツキガメのかんさつをつづけるようになったのは、どのように考えたからですか。二つ書きましょう。
・（どんな生き物なんだろう。）
・（どのようにくらしているんだろう。）

❷ 筆者は、カミツキガメのかんさつをつづけて、どんなことに気づきましたか。
カミツキガメは（夜行せい）だが、（昼の池や田んぼにもよくあらわれる）こと。

ヒント　11行目の「～に気づきました」に注目しよう。

❸ 筆者がかんさつしていたカミツキガメは、どんなすがたでしたか。
いつも（水面）からほんの少し（顔）を出しているすがた。

ヒント　「見かけるのは～だけ」とあるよ。

❹ カミツキガメのとくちょうはどのようなものですか。二つに○をつけましょう。
ア（　）岸に上がって太陽の光をあびることがある。
イ（　）人の気配がした方へと向かっていく。
ウ（○）自分の身を守るときにかみつくことがある。
エ（　）こうき心が強く、岸や水中などさまざまな場所にあらわれる。
オ（○）人とはできるだけかかわらないように、おもに水中ですごしている。

❺「カミツキガメのイメージが、がらりとかわりました。」とありますが、どのようにかわりましたか。
何にでもかみつく、どうもうなカメから、おくびょうなカメというイメージにかわった。

3 ①「えいきょう」とは、他の物や人に、力がおよぶことという意味の言葉です。②「住みつく」とは、住む場所が決まって、落ち着いて長く住むという意味の言葉です。③「気があらい」とは、人の生まれつきのせいかくを表す言葉で、言動などがらんぼうであることです。④「けいかい心」とは、よくないことが起きないように、前もって用心する気持ちという意味の言葉です。⑤「ちらばる」とは、ばらばらになってあたりに広がることという意味の言葉です。

3分でワンポイント

「カミツキガメは悪者か（松沢(まつざわ)　陽士(ようじ)）」では、筆者の考えとそのように考える理由や事例(れい)を読んだ後に、生き物について の考えを深めていきましょう。「始め」「中」「終わり」のまとまりに分けて、書かれていることを図式化して整理することで、筆者の考えをとらえましょう。

❶ 最初(さいしょ)の内ように注目しましょう。

❷「カミツキガメは夜行せいであると知られていますが、かんさつをつづけていると、昼の池や田んぼにもよくあらわれることに気づきました。」とあります。

❸ 筆者がかんさつをつづけるなかで、見かけていたのは、「いつも水面からほんの少し顔を出しているすがただけ。」だったとあります。

❹ 筆者は、テレビや新聞を見て「カミツキガメは、何にでもかみつく」カメだと考えていたとあります。しかし、それは本当のすがたではなく、実は「けいかい心が強く、人とはかかわらないようにくらしている」カメだったと分かります。

❺「何にでもかみつく、どうもうなカメ」から、「けいかい心が強く、人とはかかわらないようにくらしている、おくびょうなカメ」へと、筆者の中でカミツキガメのイメージがかわっていることをおさえましょう。

考えと理由／クラスの思い出作りのために

考えと理由

1 次の考えの理由を下からえらんで、――線でつなぎましょう。

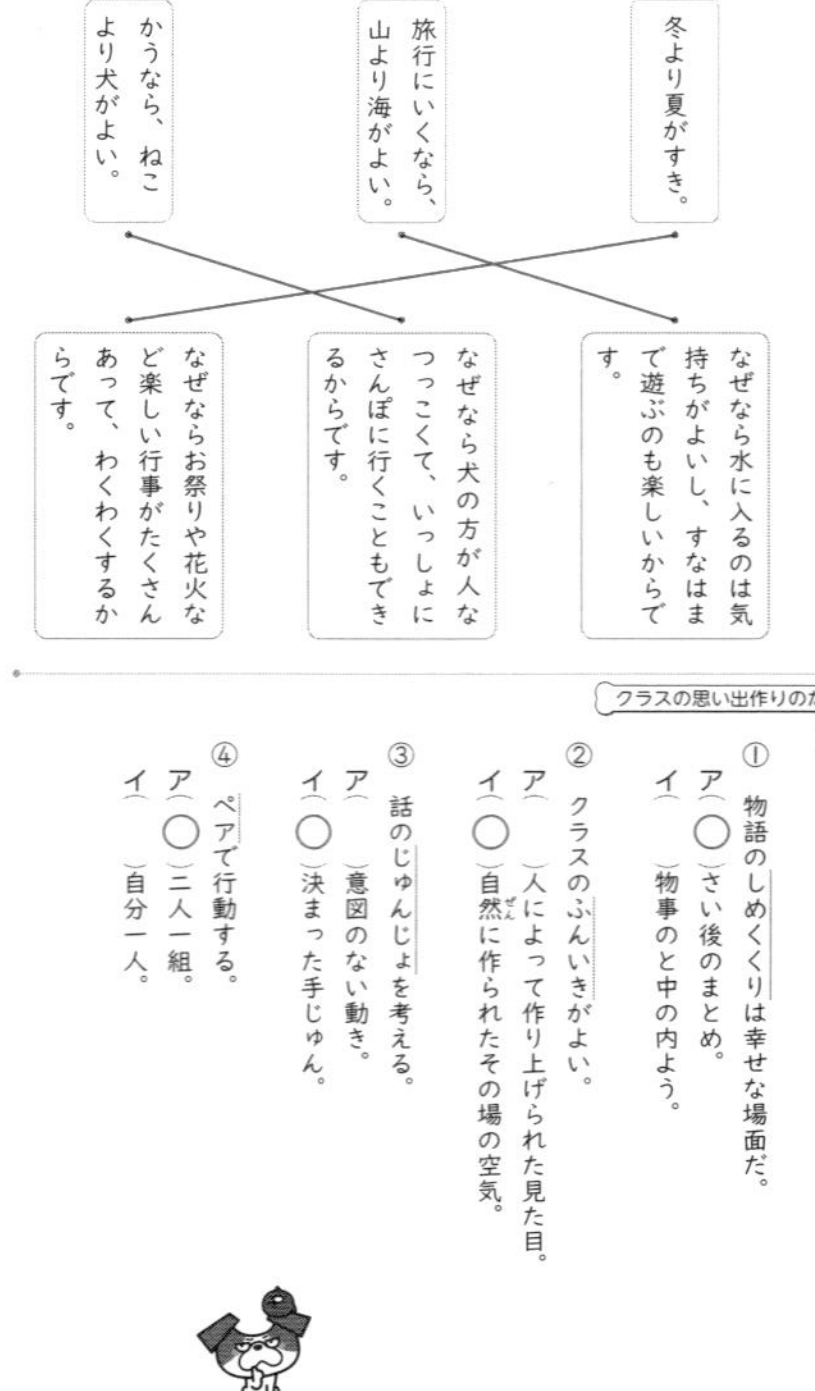

クラスの思い出作りのために

2 正しい意味に○をつけましょう。

① 物語のしめくくりは幸せな場面だ。
ア（○）さい後のまとめ。
イ（ ）物事のと中の内よう。

② クラスのふんいきがよい。
ア（ ）人によって作り上げられた見た目。
イ（○）自然に作られたその場の空気。

③ 話のじゅんじょを考える。
ア（ ）意図のない動き。
イ（○）決まった手じゅん。

④ ペアで行動する。
ア（○）二人一組。
イ（ ）自分一人。

3 次の文の□に当てはまる言葉を□からえらんで、記号を書きましょう。

① 青色がすきだ（ウ）、青色の服を買った。
② 今日はきんちょうしてねむれそうにない。（ア）、明日は水泳教室のテストがあるからだ。
③ くまのぬいぐるみは、大すきなおばあちゃんに買ってもらいました。（イ）、わたしはくまのぬいぐるみを大切にしています。

ア なぜなら　イ このような理由から　ウ から

4 自分の考えとその理由を次の組み立てで書くとき、①・②にはどんなことを書くとよいですか。□からえらんで、記号を書きましょう。

始め	自分の考え
中	（①イ）
終わり	（②ア）

ア 自分の考え　イ 考えの理由　ウ じこしょうかい

5 次のメモの□に当てはまる内ようを□からえらんで、記号を書きましょう。

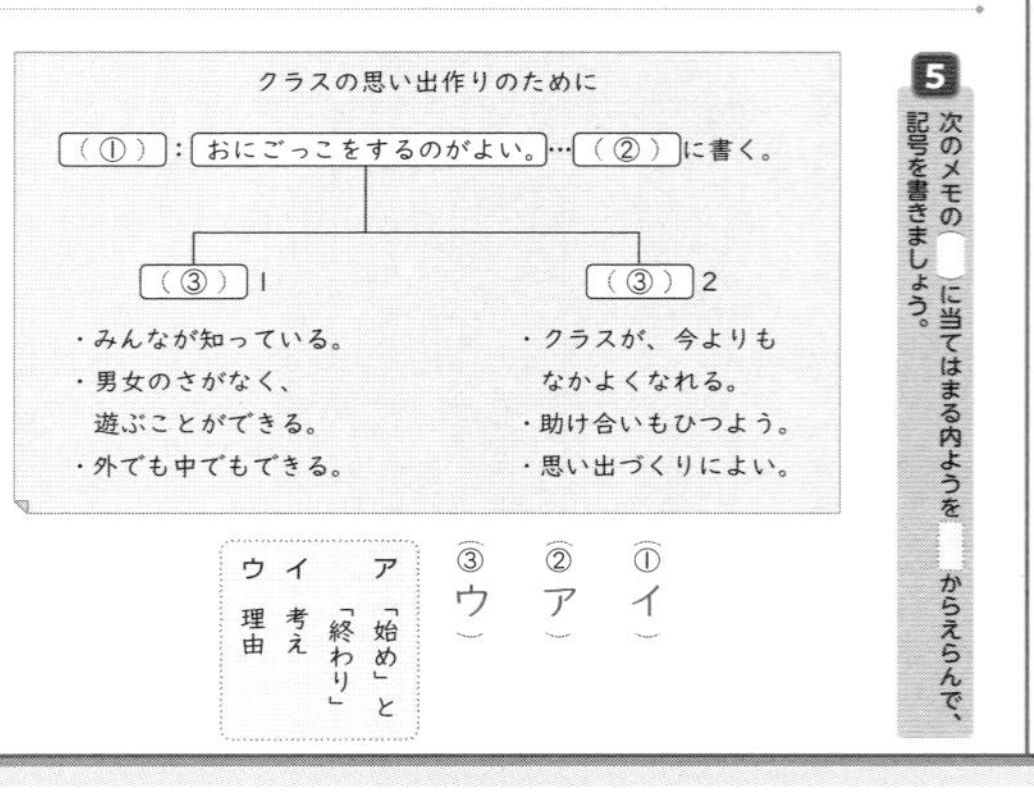

クラスの思い出作りのために
（①）：おにごっこをするのがよい。…（②）に書く。
（③）1
・みんなが知っている。
・男女のさがなく、遊ぶことができる。
・外でも中でもできる。
（③）2
・クラスが、今よりもなかよくなれる。
・助け合いもひつよう。
・思い出づくりによい。

①（イ）　②（ア）　③（ウ）

ア 「始め」と「終わり」　イ 考え　ウ 理由

道具のうつりかわりを説明しよう／漢字を使おう９／くわしく表す言葉

おさらい 新しい漢字

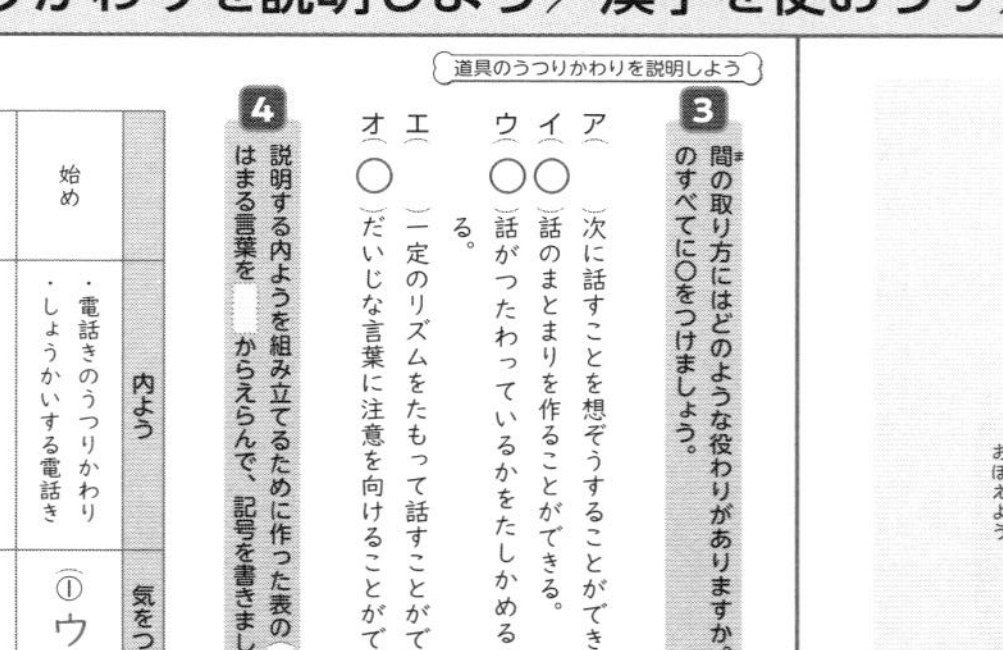

1 □に読みがなを書きましょう。

① そう庫を整理する。（こ）
② 福わらいをする。（ふく）
③ 古ふんをおとずれる。（こ）
④ 校庭で遊ぶ。（こうてい）

2 □に漢字を、□に漢字と送りがなを書きましょう。

① 自転車に乗る。
② 安全第一
③ 王宮で生活する。
④ 宿を予やくする。
⑤ 等しい数にする。
⑥ てきを追う。

道具のうつりかわりを説明しよう

3 間の取り方にはどのような役わりがありますか。正しいものすべてに○をつけましょう。

ア（ ）次に話すことを想ぞうすることができる。
イ（○）話のまとまりを作ることができる。
ウ（○）話がつたわっているかをたしかめることができる。
エ（ ）一定のリズムをたもって話すことができる。
オ（○）だいじな言葉に注意を向けることができる。

4 説明する内ようを組み立てるために作った表の□に当てはまる言葉を□からえらんで、記号を書きましょう。

	内よう	気をつけること
始め	・電話きのうつりかわり ・しょうかいする電話き	（①ウ）を言う。
（②ア）	・電話きの発明について	

ア 電話きの発明　イ まとめ　ウ 何についてせつ明するか

くわしく表す言葉

5 次の□の文について、答えましょう。

ぼくは、きのう　お店で　おいしい　いちごの　ケーキを　買った。

① □の文の主語とじゅつ語をさがして、それぞれ書きましょう。
主語（ぼくは）　じゅつ語（買った）

② □の文の「何を」をさがして書きましょう。
（ケーキを）

③ □の文の「いつ」と「どこで」をさがして、それぞれ書きましょう。
いつ（きのう）　どこで（お店で）

④ □の文の「様子をくわしく表す言葉」を二つさがして書きましょう。
（おいしい）（いちごの）

④の「様子をくわしく表す言葉」は、「どんな」「何の」「どのように」などを表す言葉をさがそう。

---

1 自分の考えを分かってもらうために、考えの理由をつたえるようにしましょう。①「冬より夏がすき」だという考えの理由には、お祭りや花火があるといった夏のよさをつたえるとよいでしょう。②「山より海がよい」という考えの理由には、水が気持ちよいことやすなはまで遊ぶことが楽しいなどの海のよさをつたえるとよいでしょう。③「ねこより犬がよい」という考えの理由には、人なつっこいなど犬のよさをつたえるとよいでしょう。

3 理由を表すときには、「理由は」「……から。」「だから」「なぜなら」「このような理由から」などの言葉を内ように合うように使うようにしましょう。

4 自分の考えをつたえるときは、始めに「自分の考え」を書き、そのあとに「考えの理由」をつけくわえると分かりやすくなります。最後に、もう一度「自分の考え」を書いてまとめるとよいでしょう。

5 考えと理由を明らかにして、文章を書くときには、始めに自分の考えを書き出してまとめるようにしましょう。

3 みんなの前で説明するときには、声の大きさや間の取り方など、話し方をくふうするようにしましょう。

4 みんなの前で話したいことが決まれば、どのように話すとつたわりやすくなるのか、話の組み立てを考えるようにしましょう。「始め」には、「電話きのうつりかわり」というように、何について説明するかを最初につたえましょう。

5 「くわしく表す言葉」には、「どんな」ものかを表す言葉と、「どのように」するのかを表す言葉と、「何の」ものかを表す言葉があります。「おいしい」「いちごの」は「どんな」ものかを表す言葉です。この問題にはありませんが、「楽しそうに」「すやすやと」などは「どのように」するのかを表す言葉です。また、何をくわしく表しているかは、「くわしく表す言葉」とその言葉をつづけて読んでみて、意味が通るかどうかでたしかめましょう。

たしかめのテスト①

88〜89ページ

カミツキガメは悪者か 〜くわしく表す言葉

おうちのかたへ

説明文では、筆者が読み手に伝えようとしている考えやものの見方をつかむことが最終目標になります。筆者の考えが書かれた部分と、その具体例や詳しい説明が書かれた部分を読み分けていきましょう。

文章を読んで、答えましょう。 思考・判断・表現

このようなことをふせぎ、カミツキガメのひがいを少しでもへらそうと、印旛沼（いんばぬま）やそのまわりでは、たくさんの人たちがカミツキガメをつかまえて、取りのぞいています。もし、カミツキガメをそのまま放っておけば、やがて印旛沼のまわりの水べはカミツキガメだらけになってしまうからです。

なぜ印旛沼のまわりでは、カミツキガメがふえてしまったのでしょうか。それは、ペットにするために外国からつれてきたカミツキガメを、人が放してしまったからです。さらに、印旛沼には、大きくなったカミツキガメをおそうような生き物がいません。これでは、カミツキガメがふえるのもとうぜんです。

かっている生き物を、自然（ぜん）の中に放せば、その生き物が幸せになれると思う人もいるかもしれません。でも、それはまちがっています。そこにいなかった生き物が自然の中でふえ、もともといた生き物や人の生活にえいきょうが出るようなことになれば、その生き物は、自然の中から取りのぞかなければならなくなるからです。

カミツキガメもそうした生き物の一つです。日本の自然の中にいてはいけない生き物として、取りのぞかれていくカミツキガメ。そんなカミツキガメが幸せでないことは、きっとだれにでも分かるはずです。

カミツキガメのような悲しい生き物をふやさないためには、どうすればよいのか。わたしたち一人一人が、生き物をかうときのせきにんとルールについて考えなければなりません。

松沢 陽士「カミツキガメは悪者か」より

1 たくさんの人たちが、印旛沼やそのまわりでカミツキガメをつかまえて取りのぞいているのは、なぜですか。一つに○をつけましょう。 10点

ア（○）カミツキガメだらけになるのをふせぎ、ひがいをへらすため。

イ（　）カミツキガメを自分の家や学校でかって大きくするため。

ウ（　）カミツキガメを印旛沼いがいの場所でもふやすため。

2 よく出る 印旛沼のまわりで、カミツキガメがふえてしまったのはなぜですか。二つ書きましょう。 一つ10点（30点）

・ペットにするために、（外国）からつれてきたカミツキガメを、（人が放してしまった）から。

・（大きくなったカミツキガメ）をおそうような生き物がいないから。

3 「それはまちがっています。」とありますが、どんな考えがまちがっているのですか。一つに○をつけましょう。 20点

ア（　）外国からつれてきた生き物が日本で、大きくりっぱに育つのはよいことだという考え。

イ（　）日本にいなかった生き物と、もともといた生き物がいっしょにくらすことができるという考え。

ウ（○）かっている生き物を、自然の中に放すことは生き物にとって幸せなことだという考え。

4 できたらスゴイ！ カミツキガメは、日本の自然にとってどんな生き物ですか。 20点

（日本の自然の中にいてはいけない生き物）

5 考えを書こう 「生き物をかうときのせきにんとルール」とありますが、生き物をかうときにどんなことに気をつけるとよいですか。考えて書きましょう。 20点

カミツキガメのような悲しい生き物をふやさないために、

（れい　さいごまでしっかりとかうことに気をつけるとよい。）

---

1 カミツキガメを放っておくと、印旛沼（いんばぬま）やそのまわりがカミツキガメだらけになってしまうとあります。さらに、カミツキガメによるひがいを少しでもへらすために、たくさんの人たちがカミツキガメをつかまえています。

2 「それは、ペットにするために外国からつれてきたカミツキガメを、人が放してしまったからです。」「大きくなったカミツキガメをおそうような生き物がいません。」とあることに注目しましょう。これらの理由から、印旛沼のまわりで、カミツキガメがふえたと考えています。

3 「それは」という言葉が指す内ようを考えましょう。「こそあど言葉」が指す内ようは、前に書かれている内ようであることが多いことに注目しましょう。

4 文章の第四だん落に、「日本の自然（ぜん）の中にいてはいけない生き物として、取りのぞかれていくカミツキガメ。」とあります。

5 「生き物をかうときのせきにんとルール」について、考えましょう。カミツキガメは、かえなくなって自然に放されたことで、つかまえて取りのぞかれているのです。このようなことがないようにかうひつようがあります。

れい2 かえなくなったからといって自ぜんに放たないようにするとよい。

たしかめのテスト② 90~91ページ
カミツキガメは悪者か ～ くわしく表す言葉

1 読みがなを書きましょう。 一つ2点(20点)

① 学級新聞をはる。(しんぶん)　② 放課後になる。(ほう)
③ 八百屋をいとなむ。(やおや)　④ 大きな悲鳴。(ひめい)
⑤ れいぞう庫を買う。(こ)　⑥ 一等しょうを取る。(いっとう)
⑦ 明日の予定。(よてい)　⑧ 日記帳を書く。(ちょう)
⑨ 昭和のくらしを学ぶ。(しょうわ)　⑩ 太古の化石。(たいこ)

2 □に漢字を、(　)に漢字と送りがなを書きましょう。 一つ2点(20点)

① 悪人の役。　② 海岸通りを歩く。
③ 幸運な人。　④ 転校する。
⑤ 県道を走る。　⑥ ホテルに宿はくする。
⑦ 三角定ぎを使う。　⑧ 商品を見る。
⑨ 玉を(転がす)。　⑩ 親の手が(放れる)。

3 ①・②のような考えを他の人につたえるとき、どんな理由をつけくわえるとよいですか。○をつけましょう。 一つ5点(10点)

① 物語を味わうときは、テレビよりも本がよい。
ア(　)なぜなら自分の家では、テレビをあまり見ないからです。
イ(○)本は、風けいなどを自分で自由に想ぞうしながら読めるからです。

② 人にれんらくするときは、電話よりもメールがよい。
ア(○)メールなら、相手が都合のよい時に読めばいいので、めいわくにならないからです。

イ(　)電話で話すほうが、すぐに返事がもらえるし、相手の気持ちもよく分かるからです。

4 調べたことや人から聞いたことを話すときに使う言葉を次からえらんで、二つに○をつけましょう。 一つ5点(10点)

ア(○)～そうです。
イ(　)～と思います。
ウ(　)～したいです。
エ(○)～によると、

5 次の文の(　)に当てはまる言葉を[　]からえらんで、記号を書きましょう。また、(　)の言葉がくわしく表している言葉を[　]に書きましょう。 一つ3点(30点)

① (オ)服を着る。[服を]
② (ア)夕やけがかがやく。[かがやく]
③ 赤ちゃんが(ウ)歩く。[歩く]
④ 雨が(エ)ふり出した。[ふり出した]
⑤ 魚が(イ)泳ぐ。[泳ぐ]

ア 真っ赤に　イ すいすい　ウ よちよち　エ ぽつぽつ　オ 新しい

6 次の文の中から、様子をくわしく表す言葉をさがして、線を引きましょう。 一つ5点(10点)

① 長い橋をゆっくりとわたる。
② たくさんの小さな鳥がにぎやかに歌っている。

3 自分の考えをつたえるときは、他の人が聞いてなっとくしてくれるような理由を考えます。

①ア「自分の家」のことは、他の人の家には当てはまらないことも多いので、なっとくしてもらえません。

②イは「電話のよいところ」の説明になっています。「メールがよい」理由としてはふさわしくありません。

4 「父によると、今度駅前に本屋ができるそうです。」のように使います。

5 ①「新しい　服を」は意味が通じますが、「新しい　着る」は意味が通じないので、「新しい」は「服（を）」をくわしく表しています。

②「真っ赤に　夕やけが」は意味が通じませんが、「真っ赤に　かがやく」は意味が通じるので、「真っ赤に」は「かがやく」をくわしく表しています。他も同じように考えてみましょう。

6 一つの言葉に、二つ以上の「くわしく表す言葉」がついている場合もあるので、注意しましょう。

じゅんび 92~93ページ
ゆうすげ村の小さな旅館――ウサギのダイコン／漢字を使おう 10

かきトリ 新しい漢字

112ページ	112ページ	113ページ	113ページ	115ページ	115ページ	116ページ
旅 10画	息 10画	階 12画	重 9画	畑 9画	去 5画	礼 5画

120ページ	127ページ	127ページ	127ページ
待 9画	秒 9画	病 10画	童 12画

読み方がいろいろある漢字に注意しよう！

1 □に読みがなを書きましょう。

① 色が多少ちがう。(たしょう)　② 野鳥をかんさつする。(やちょう)
③ 土地が広い。(とち)　④ 自力でのりこえる。(じりき)
⑤ 口調がきつい。(くちょう)　⑥ き重な品物。(ちょう)

2 □に漢字を、(　)に漢字と送りがなを書きましょう。

① 旅行をする。　② 童話を読む。
③ 妹を(待つ)。　④ お皿を(重ねる)。

3 正しい意味に○をつけましょう。

① 一人で家事を切りもりする。
ア(○)うまくやりくりする。
イ(　)きれいにまとめる。

② 新しいホテルにたいざいする。
ア(　)何回も行く。
イ(○)しばらくとどまる。

③ 米をしゅうかくする。
ア(　)ほり返す。
イ(○)とり入れる。

4 次の文の(　)に当てはまる言葉を[　]からえらんで、記号を書きましょう。

① ねぼうして(イ)ちこくするところだった。
② (ウ)、あしたは学校が休みだ。
③ ぼくは(ア)より道をした。

ア つい　イ あやうく　ウ そういえば

3分でワンポイント 人物の様子から物語のしかけを見つけよう。

★①～③の(　)に合う言葉を[　]の中からえらんで記号を書きましょう。

美月はどんな人物かな？

名前	とくちょう	持っていたもの
美月 ①(ウ)	・色白 ・②(イ)	③(ア)

美月の正体は「ウサギ」だとわかる。

ア ウサギダイコン　イ 耳がよい　ウ 宇佐見

2 ④「重」には、他にも「おも（い）」「え」「ジュウ」「チョウ」などの読み方があるので注意しておぼえましょう。

3 ①「切りもりする」は、あれこれとくふうをしてやっていくという意味です。

②「たいざいする」は、どこかにしばらくの間とどまるという意味です。

③「しゅうかくする」は、田畑で作られたものをとり入れるという意味です。

4 ①「あやうく」は、もう少しのところで、たいへんなことが起こりそうだったときに使う言葉です。

②「そういえば」は、何かを思いついたときに使う言葉です。

③「つい」は、思わず、という意味の言葉です。

3分でワンポイント

「ゆうすげ村の小さな旅館（茂市久美子）」では、美月の様子に気をつけて読むと、あるしかけが見つかります。物語の中から、美月の名前やとくちょう、持っていたものをさがしてみましょう。

練習① 94~95ページ

ゆうすげ村の小さな旅館――ウサギのダイコン

文章を読んで、答えましょう。

わか葉のきせつでした。ゆうすげ旅館では、山に林道を通す工事の人たちがとまりに来て、ひさしぶりに、六人ものたいざいのお客さんがありました。つぼみさんは、朝早くから夜おそくまで大いそがしで、息をつくひまもありませんでした。

わかいころなら、お客さんの六人ぐらい、何日とまっても平気でした。でも、年のせいでしょうか。一週間もすると、ふとんを上げたり、おぜんを持って階だんを上ったりするのが、つらくなってきたのです。

ある日、つぼみさんは、夕はんの買い物から帰るとちゅう、重い買い物ぶくろをちょっとの間、道ばたに下ろして、ついひとり言を言いました。

「せめて、今とまっているお客さんたちが帰るまで、だれか、手つだってくれる人がいないかしら。」

そのよく朝のことです。つぼみさんが、朝ごはんのかたづけをしていると、色白のぽっちゃりとしたむすめが、何本ものダイコンを入れたかごを持って、やってきました。

「おはようございます。わたし、美月（みづき）っていいます。お手つだいに来ました。」

「えっ？」

つぼみさんが、きょとんとしていると、むすめは、親しげにわらいかけました。

「ほら、きのうの午後、だれか手つだってくれる人がいないかしらって、言ってたでしょ。」

（へんねえ。買い物の帰り、だれにも会わなかったけど……。）

つぼみさんが首をかしげると、むすめは言いました。

「わたし、こちらの畑をかりてる宇佐見（うさみ）のむすめです。父さんが、よろしくって言ってました。これ、あの畑で作ったウサギダイコンです。」

むすめは、持ってきたダイコンを、つぼみさんにさし出しました。

茂市　久美子「ゆうすげ村の小さな旅館――ウサギのダイコン」より

❶ いつごろのお話ですか。七字で書きぬきましょう。

［わか葉のきせつ］のお話。

❷ 「ゆうすげ旅館」を切りもりしているのは、だれですか。

（つぼみ（さん））

❸ 「息をつくひまもありません」について、

① これほどまでにいそがしいのは、なぜですか。一つに○をつけましょう。

ア（　）山に林道が通ってお客さんがふえたから。
イ（○）六人ものたいざいのお客さんがあったから。
ウ（　）わかいころよりも、買う物がふえたから。

② 一週間もすると、つぼみさんはどうなってきましたか。

［ふとん］を上げたり、［おぜん］を持って［階だん］を上ったりするのが、［つらく］なってきた。

❹ 「そのよく朝」について、

① 旅館には、だれがやってきましたか。

（美月）という名前の（色白）で（ぽっちゃり）としたむすめ。

② 何をするために、やってきましたか。

つぼみさんの［お手つだい］をするため。

❺ 「首をかしげると」とありますが、つぼみさんが「首をかしげ」たのは、なぜですか。一つに○をつけましょう。

ア（○）買い物の帰りは、だれにも会わなかったから。
イ（　）むすめが、親しげにわらいかけてきたから。
ウ（　）知り合いに、こんなわかいむすめはいないから。

ヒント：むすめは、つぼみさんのひとり言を知っていたんだよ。

❻ 「つぼみさんにさし出しました。」とありますが、何をさし出したのですか。

かりている畑で作った［ウサギダイコン］。

ヒント：むすめが持ってきたものに注目しよう。

練習② 96~97ページ

ゆうすげ村の小さな旅館――ウサギのダイコン

文章を読んで、答えましょう。

さて、ダイコンづくしの料理（りょうり）がつづくようになったある日、仕事から帰ってきたお客さんが言いました。

「近ごろ、耳がよくなったみたいなんですよ。小鳥の声や、動物の立てる音が、実によく聞こえるんです。おかげで、工事であやうくこわすところだった小鳥の巣（す）を見つけて、ほかにうつしてやれましたよ。」

それを聞くと、つぼみさんは、はっとしました。そういえば、つぼみさんの耳も、近ごろ、急によくなった気がします。遠くの小鳥の声や、小川のせせらぎが、しょっちゅう聞こえてくるのです。夜など、みんながねしずまって、あたりがしいんとすると、はるか遠い山の上をふく風の音を聞いて、それが今どのあたりをふいているのか、聞き分けることができました。

（急に、どうしたのかしら。）

つぼみさんは、ふしぎに思いました。

またたく間に、二週間がすぎて、たいざいのお客さんたちは、仕事が終わり、ゆうすげ旅館を引きあげていくことになりました。

お客さんが帰って、後かたづけがすむと、むすめはおずおずとエプロンを外しました。

「それじゃあ、わたしも、そろそろおいとまします。」

「えっ、もう帰ってしまうの。」

つぼみさんががっかりすると、むすめは、下を向きました。

「畑のダイコンが、今、ちょうど、とり入れどきなんです。父さん一人じゃたいへんだから。しゅうかくがおくれると、まほうのきき目が、なくなってしまうんです。」

「まほうのきき目って？」

「耳がよくなるまほうです。夜は、星の歌も聞こえるんですよ。山のみんなは、ウサギダイコンがとれるのを今か今かと待ってるんです。」

（まあ。だから、お客さんもわたしも、急に耳がよくなったんだ。）

つぼみさんは、大きくうなずきました。

「じゃあ、引き止めるわけにはいかないわねえ。」

茂市　久美子「ゆうすげ村の小さな旅館――ウサギのダイコン」より

❶ 「ダイコンづくしの料理」を食べつづけたお客さんは、どうなりましたか。一つに○をつけましょう。

ア（○）耳がよくなって、小さな声や音もよく聞こえるようになった。
イ（　）工事がはかどって、空いた時間に小鳥の巣を見つけるようになった。
ウ（　）小鳥などの小さな生き物を、より大切にするようになった。

❷ 「はっとしました。」とありますが、つぼみさんがはっとしたのはなぜですか。

近ごろ、つぼみさんの［耳］も、急に［よくなった］ことに気づいたから。

❸ 「わたしも、そろそろおいとまします。」について、

① むすめはどんな様子で言いましたか。一つに○をつけましょう。

ア（　）つぼみさんをこわがっている様子。
イ（○）つぼみさんになかなか言いにくそうな様子。
ウ（　）すこしでも早く家に帰りたい様子。

ヒント：むすめが言い出す前の様子に気をつけて考えよう。

② むすめが帰ってしまうのは、なぜですか。

ちょうど畑の（ウサギ）ダイコン）がとり入れどきで、（父さん）が一人でしゅうかくするのは（たいへん）なため、手つだいをしないといけないから。

❹ 「お客さんもわたしも、急に耳がよくなったんだ。」とありますが、なぜそうなったのですか。

ウサギダイコンを食べて、［耳がよく］［なるまほう］にかかったから。

❺ この文章では、大切な役わりをもつ物や道具として、何が出てきましたか。七字で書きぬきましょう。

［ウサギダイコン］

ヒント：くり返し出てきて、出来事をへん化させたものをさがそう。

---

❶❷ 「いつ」「どこで」「だれが」などは、物語のはじめに書かれています。

❸ ①「ひさしぶりに、六人ものたいざいのお客さんがありました。」に注目します。「六人も」とあるので、いつもより多いお客さんで「いそがし」かったのだと分かります。

❹ ①「色白のぽっちゃりとしたむすめ」がやってきて、「わたし、美月（みづき）っていいます。」と言っています。

❺ 「首をかしげる」は、ふしぎに思ったときのしぐさです。なぜふしぎに思ったのかを読み取りましょう。つぼみさんが買い物の帰りに「手つだってくれる人がいないかしら」とつぶやいたとき、「だれにも会わなかった」のです。だれも聞いている人はいなかったはずなのに、美月がそのことを知っていたのでふしぎに思いました。

❻ 「持ってきたダイコンを……さし出しました。」とあるので、この「ダイコン」はどんなダイコンなのか、美月の言葉から読み取ります。

❶ お客さんの言葉から読み取りましょう。

❷ 「はっとする」は、急にあることに気がつくというときに使う言葉です。何に気づいたのかを読み取ります。「そういえば、つぼみさんの耳も……よくなった気がします。」とあります。

❸ ①「おずおずと」という言葉に注目します。「おずおずと」は、おそるおそる、ためらいながらする様子を表す言葉です。つぼみさんががっかりするだろうと思うと、家に帰るとは言いだしにくいため、おそるおそる話したのです。

②美月の言葉から読み取ります。理由を表す「から」に注目しましょう。

❹ 美月の言葉から、ウサギダイコンには「耳がよくなるまほう」のききめがあることが分かります。そのダイコンを食べていたので、お客さんもつぼみさんも耳がよくなったのです。

❺ この物語では、ウサギダイコンがくり返し出てきて、ウサギダイコンによって人々の耳がよくなるという出来事が起きました。何度も出てくるものは、物語で大切な役わりをしていることが多いです。

じゅんび 98~99ページ

漢字の組み立てと意味／わたしのベストブック

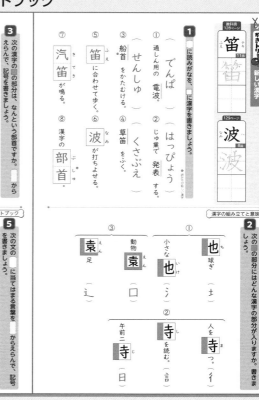

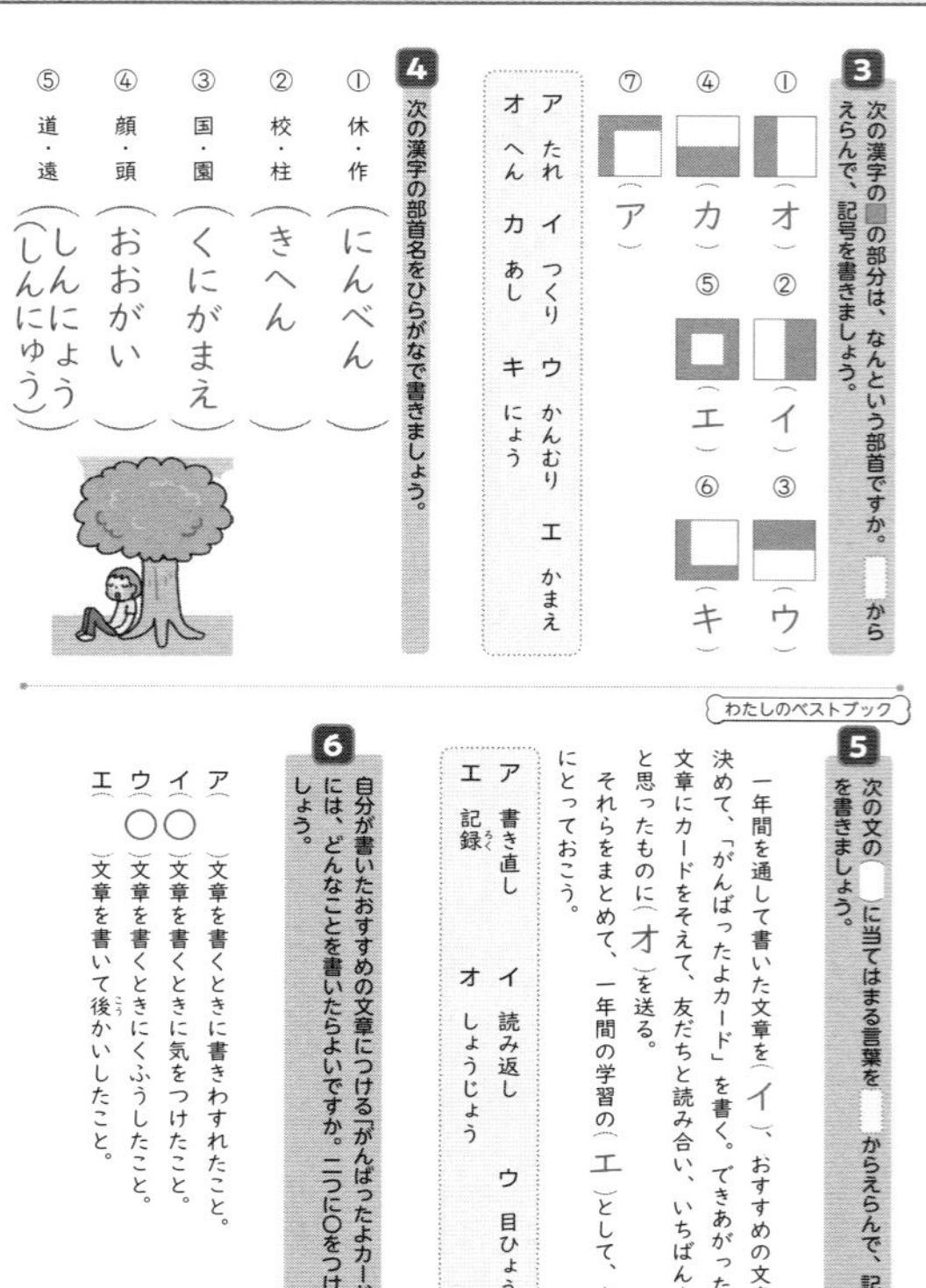

新しい漢字

笛 教科書128ページ 11画

波 129ページ 8画

1 □に読みがなを、□に漢字を書きましょう。

①通しん用の（でんぱ）電波。 ②じゅ業で（はっぴょう）発表する。 ③（せんしゅ）船首をかたむける。 ④（くさぶえ）草笛をふく。 ⑤笛に合わせて歩く。 ⑥波が打ちよせる。 ⑦汽笛が鳴る。 ⑧漢字の部首。

2 次の□の部分にはどんな漢字の部分が入りますか。書きましょう。

漢字の組み立てと意味

①球ぎ（土）、小さな（氵）、人を待つ。（彳）

②を読む。（言）、午前二時（日）

③動物園（口）、足（辶）

3 次の漢字の■の部分は、なんという部首ですか。□からえらんで、記号を書きましょう。

①（オ） ②（イ） ③（ウ） ④（カ） ⑤（エ） ⑥（キ） ⑦（ア）

ア たれ　イ つくり　ウ かんむり　エ かまえ　オ へん　カ あし　キ にょう

4 次の漢字の部首名をひらがなで書きましょう。

①休・作（にんべん） ②校・柱（きへん） ③国・園（くにがまえ） ④顔・頭（おおがい） ⑤道・遠（しんにょう）（しんにゅう）

わたしのベストブック

5 次の文の□に当てはまる言葉を□からえらんで、記号を書きましょう。

一年間を通して書いた文章を（イ）、おすすめの文章を決めて、「がんばったよカード」を書く。友だちと読み合い、いちばんよいと思ったものに（オ）を送る。それらをまとめて、一年間の学習の（エ）として、大切にとっておこう。

ア 書き直し　イ 読み返し　ウ 目ひょう　エ 記録　オ しょうじょう

6 自分が書いたおすすめの文章につける「がんばったよカード」には、どんなことを書いたらよいですか。二つに○をつけましょう。

ア（ ）文章を書くときに書きわすれたこと。
イ（○）文章を書くときに気をつけたこと。
ウ（○）文章を書くときにくふうしたこと。
エ（ ）文章を書いて後かいしたこと。

2 同じ部分を持っていても、部首によってちがう漢字になります。

3 ①「へん」には、「きへん」「にんべん」「ごんべん」などがあります。
②「つくり」には、「おおがい」などがあります。
③「かんむり」には、「たけかんむり」などがあります。
④「あし」には、「こころ」などがあります。
⑤「かまえ」には、「くにがまえ」「もんがまえ」などがあります。
⑥「にょう」には「しんにょう（しんにゅう）」などがあります。
⑦「たれ」には、「まだれ」などがあります。

5 一年間を通して書いてきた文章をもとに、自分の文章のよいところを見つけ記録として「ベストブック」を作るときの、手じゅんなどをおさえましょう。

6 自分ががんばったと思うところを書いて友だちと交かんし、おたがいのよいところを見つけ合いましょう。

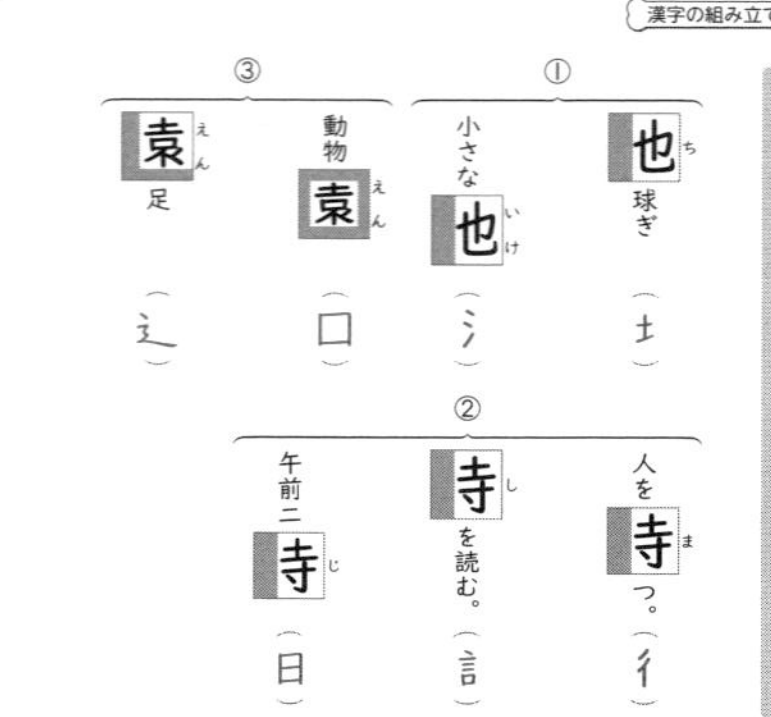

たしかめのテスト① 100〜101ページ

ゆうすげ村の小さな旅館——ウサギのダイコン ～ わたしのベストブック

おうちのかたへ

物語の伏線を読み取ることは、三年生の児童にはとても難しい課題です。初めのうちは、物語を最後まで読んで物語のしかけを理解してから、もう一度読み直してみましょう。すると、物語のいろいろな場所にヒントがかくされていることに気づくことができます。

文章を読んで、答えましょう。　思考・判断・表現

よく日、つぼみさんは町に出かけて、むすめのために花がらのエプロンを買うと、それを持って山の畑に出かけました。

（ここに来るのは、何年ぶりかしら。エプロン、気に入ってくれるといいけど。）

畑に着いて、つぼみさんの目にとびこんできたのは、二ひきのウサギでした。

（たいへん、ウサギが、畑をあらしているわ！）

でも、すぐに、つぼみさんは、そうではないことに気がつきました。二ひきは、ダイコンをぬいているところだったのです。

（そういうことだったの……。）

つぼみさんは、畑のダイコンに見とれました。青々とした葉っぱの下から、雪のように真っ白な根が顔を出しています。

（山のよい空気と水で、ウサギさんたちが、たんせいこめて育てたダイコンだもの、どんなダイコンよりおいしいはずだわ。）

つぼみさんは、エプロンのつつみに「美月さんへ」と書いて畑におき、こっそりと帰っていきました。

よく朝、ゆうすげ旅館の台所の外には、一かかえほどのダイコンがおいてあり、こんな手紙がそえられていました。

『すてきなエプロン、ありがとうございました。きのう、おかみさんが畑に来たのが、足音で分かったのですが、父さんもわたしも、ウサギのすがたを見られるのが、何だかはずかしくて、知らんぷりしてしまいました。いそがしくなったら、また、お手つだいに行きます。どうぞ、お元気で。ウサギの美月より』

茂市 久美子「ゆうすげ村の小さな旅館——ウサギのダイコン」より

1 「つぼみさんは町に出かけて」とありますが、何のために町に出かけたのですか。　一つ5点(10点)

（れい むすめ）に（（花がらの）エプロン）を買うため。

2 「二ひきのウサギ」について、

① 「二ひきのウサギ」がいた場所は、どこですか。　10点

（（山の）畑）

② 「二ひきのウサギ」は、何をしていたのですか。　10点

（れい ダイコンをぬいていた。）

3 よく出る 「そういうことだったの……。」とありますが、つぼみさんはどんなことに気づいたのですか。一つに○をつけましょう。　10点

ア（○）美月がウサギだったということ。
イ（　）ウサギたちが畑をあらしていたこと。
ウ（　）ダイコンの葉っぱが青々としていたこと。

4 「どんなダイコンよりおいしいはずだわ。」と、つぼみさんが思ったのは、なぜですか。　一つ10点(20点)

山の（よい空気と水）で、ウサギたちが、（たんせいこめて育てた）ダイコンだから。

5 「こんな手紙」とは、どんな手紙ですか。　10点

（（すてきな）エプロン）をもらったことを感しゃする、美月からつぼみさんへの手紙。

6 美月は、つぼみさんが来たのを、何で知りましたか。　10点

（（つぼみさんの）足音）で知った。

7 「ウサギの美月より」とありますが、実は美月がウサギであることはどんなところに表れていますか。考えて書きましょう。　20点

（れい 美月が、つぼみさんが来たのを足音でわかった）ところ。

---

1 つぼみさんが、山の畑に行く前に、町で何をしたのかを考えます。
れい2 むすめのため
れい3 美月

2 ①つぼみさんがどこで二ひきのウサギを見つけたのかを考えます。
②つぼみさんは、ウサギが畑をあらしているのではないことに気がついています。
れい2 ダイコンのとり入れ。

3 つぼみさんは、美月がいるはずの「山の畑」に行きましたが、畑でダイコンのとり入れをしていたのは二ひきのウサギだったのです。ここから、美月がウサギだったことが分かります。

5 「こんな」という、こそあど言葉が指す内ようは、こそあど言葉よりも前に書かれていることが多いのですが、今回のように後に出てくる場合もあるので注意しましょう。後に出てくる手紙には「エプロン、ありがとうございました」と、エプロンのお礼が書かれています。

7 美月の手紙には「おかみさんが畑に来たのが、足音で分かった」と書かれています。ここから、美月はとても耳がよいことが分かります。耳がよいことは、ウサギのとくちょうでもあることから考えましょう。
れい2 ウサギがいる畑にエプロンをおいたら、美月から手紙が来た（ところ。）

たしかめのテスト② 102~103ページ

ゆうすげ村の小さな旅館――ウサギのダイコン ～ わたしのベストブック

1 読みがなを書きましょう。（一つ2点〔20点〕）

① 息（いき）をすいこむ。
② 一秒（いちびょう）を大切にする。
③ 少年（しょうねん）と遊ぶ。
④ お礼（れい）をする。
⑤ 病気（びょうき）がなおる。
⑥ 人力（じんりき）で動く。
⑦ 階（かい）だんを上る。
⑧ 多数（たすう）の人が集まる。
⑨ 笛（ふえ）をふく。
⑩ 畑（はたけ）でトマトを育てる。

2 □に漢字を、〔　〕に漢字と送りがなを書きましょう。（一つ2点〔8点〕）

① 船（ふね）に乗る。
② 旅（たび）に出る。
③ 汽車（きしゃ）に乗る。
④ 長い時間〔待つ〕（まつ）。

3 ――線の漢字の読み方を、音はかたかなで、訓はひらがなで書きましょう。（一つ2点〔12点〕）

① 重　ア 手を重ねる。（かさ）　イ 体重をはかる。（ジュウ）　ウ 重い本。（おも）
② 去　ア 冬が去る。（さ）　イ 去年の出来事。（キョ）　ウ 過去を思い出す。（コ）

4 次の――線の言葉の意味を下からえらんで、――線でつなぎましょう。（一つ2点〔10点〕）

① たんせいをこめる。
② おいとまする。
③ ひょうばんがよい。
④ またたく間にすぎる。
⑤ 畑をこころよくかす。

ア おわかれ。
イ まごころ。
ウ ちょっとの間。
エ 気もちよく。
オ まわりが決めるねうち。

5 次の漢字に共通する部首と、その部首名を書きましょう。（両方できて一つ5点〔20点〕）

		部首	部首名
① 算・答・筆	→	（⺮）	（たけかんむり）
② 広・店	→	（广）	（まだれ）
③ 思・意・悪	→	（心）	（こころ）（したごころ）
④ 週・道・近	→	（⻌）	（しんにょう）（しんにゅう）

6 次の部首がつく漢字は、何にかんけいがありますか。下からえらんで、――線でつなぎましょう。（一つ3点〔15点〕）

① 氵（さんずい）
② 言（ごんべん）
③ 艹（くさかんむり）
④ 扌（てへん）
⑤ 亻（にんべん）

ア 言葉
イ 植物
ウ 水
エ 人の行動など
オ 手の動作

7 次のしょうじょうの□に当てはまる内ようを□からえらんで、記号を書きましょう。（一つ5点〔15点〕）

小山　研太どの
あなたが書いた「①　」は
たいへんよい文章です。②
よって、金しょうをおくります。③
三月三日
南小学校　木下　明子

①（イ）　②（ア）　③（ウ）

ア 文章の名前
イ しょうのしゅるい
ウ よく書けていると思ったところ

たしかめのテスト 104ページ

漢字と言葉の練習

1 □に漢字を、〔　〕に漢字と送りがなを書きましょう。（一つ3点〔24点〕）

① 先生が指名（しめい）する。
② 薬（くすり）を飲む。
③ 役を交代（こうたい）する。
④ 昔（むかし）の話を聞く。
⑤ 自転車（じてんしゃ）に乗る。
⑥ このくらいの雨は平気（へいき）だ。
⑦ 考えを〔深める〕（ふかめる）。
⑧ 長さが〔等しい〕（ひとしい）。

2 次の部首をもつ漢字を□からえらんで、記号を書きましょう。（一つ2点〔14点〕）

① くさかんむり（ウ）
② きへん（カ）
③ しんにょう（エ）
④ もんがまえ（ア）
⑤ おおがい（オ）
⑥ こころ（キ）
⑦ まだれ（イ）

ア 開　イ 庭　ウ 花　エ 遠　オ 頭　カ 柱　キ 急

3 上の言葉につながる「人物の気持ちを表す言葉」を下からえらんで、――線でつなぎましょう。（一つ4点〔12点〕）

① 遠足のことを考えると
② 母が市長にえらばれて
③ テストの点が悪くて

ア 落ちこむ。
イ よろこぶ。
ウ うきうきする。

---

4 ②だれかの家から帰るときのあいさつとして、「おいとまします」と言うこともあります。
④「またたく間にすぎる」とは、時間がすぐにすぎる、という意味です。

5 ①「かんむり」は、他に「宀（うかんむり）」「艹（くさかんむり）」などがあります。
②「たれ」は、他に「厂（がんだれ）」「疒（やまいだれ）」などがあります。
③「あし」は、他に「灬（れんが・れっか）」「儿（ひとあし）」などがあります。
④「にょう」は、他に「廴（えんにょう）」などがあります。

6 部首の意味をおぼえておくと、形のにた漢字を見分けるのに役に立つ場合があります。たとえば、「持」は「扌（てへん）」で、「（手で）持つ」という意味を表します。「詩」は「言（ごんべん）」で、言葉で書かれた「詩」を表します。

7 友だちが書いた文章の中で、よく書けていると思うものがあれば、しょうじょうを書いておくってみましょう。

1 ①「指名」とは、物や人を指していうことという意味です。
③「交代」とは、入れ代わることという意味です。
⑦「考えを深める」とは、自分の考えをより深く理かいすることという意味です。

2 ①「かんむり」は、他に「宀（うかんむり）」「⺮（たけかんむり）」などがあります。
②「へん」は、他に「亻（にんべん）」「言（ごんべん）」などがあります。
④「かまえ」は、他に「囗（くにがまえ）」などがあります。
⑥「あし」は、他に「灬（れんが・れっか）」「儿（ひとあし）」などがあります。

3「人物の気持ちを表す言葉」は、他にもいろいろあります。合わせておぼえましょう。「うれしい」気持ちや「楽しい」気持ちを表す言葉には、「わくわく」「幸せだ」「天にも上る」などがあります。「かなしい」気持ちや「くやしい」気持ちを表す言葉には、「つらい」「なみだが出る」「ためいきが出る」などがあります。

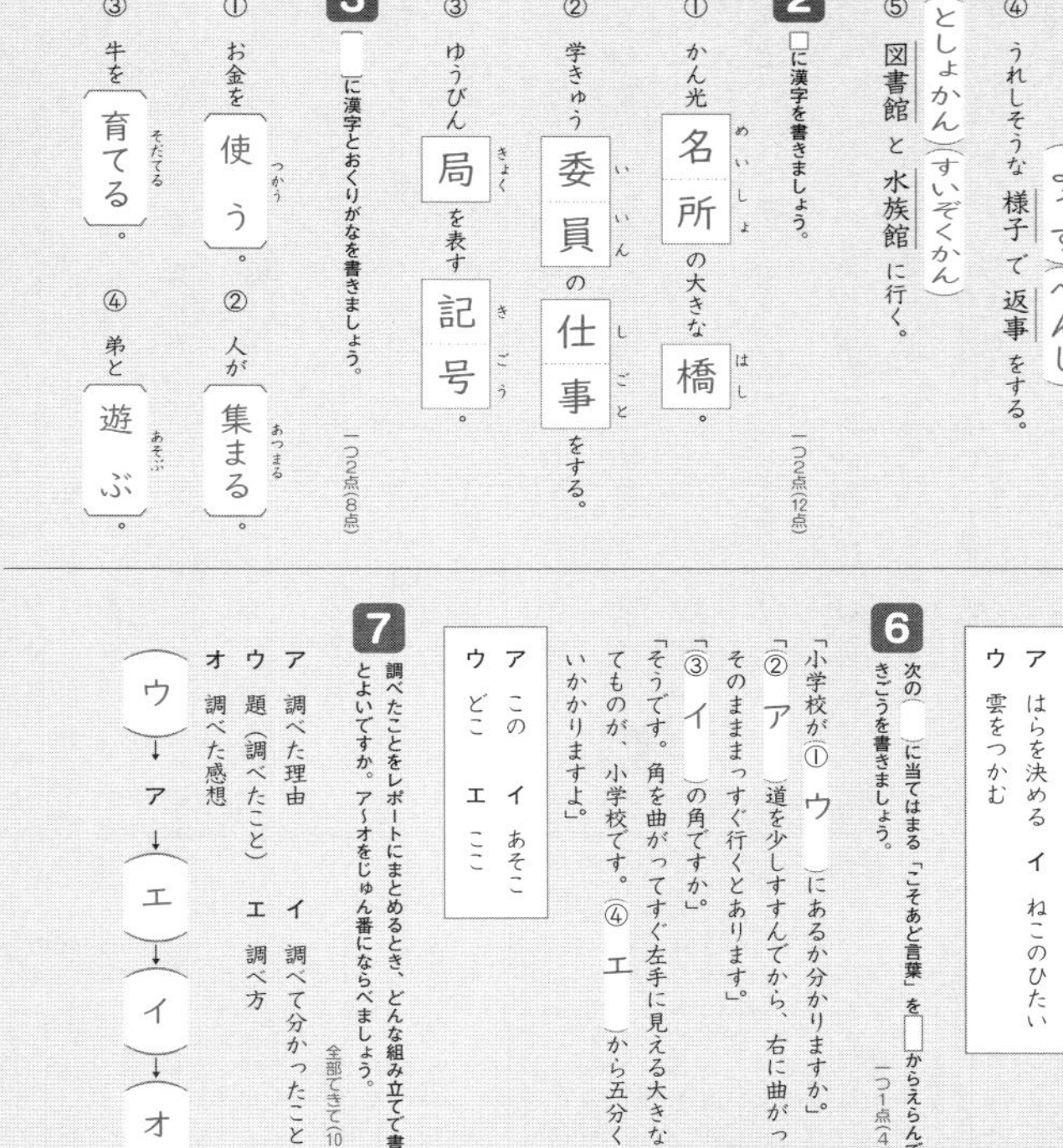

夏のチャレンジテスト　教科書 上16〜107ページ

名前　　月　日

時間 40分　思考・判断・表現 /50　ごうかく80点 /100

答え35ページ

1 （　）に読みがなを書きましょう。　一つ1点(10点)

① 有名（ゆうめい）な歌手（かしゅ）に会う。
② 動物（どうぶつ）の世話をする係（かかり）。
③ 水泳（すいえい）の練習（れんしゅう）をする。
④ うれしそうな様子（ようす）で返事（へんじ）をする。
⑤ 図書館（としょかん）と水族館（すいぞくかん）に行く。

2 □に漢字を書きましょう。　一つ2点(12点)

① かん光 名所（めいしょ）の大きな 橋（はし）。
② 学きゅう 委員（いいん）の 仕事（しごと）をする。
③ ゆうびん 局（きょく）を表す 記号（きごう）。

3 □に漢字とおくりがなを書きましょう。　一つ2点(8点)

① お金を 使う（つかう）。　② 人が 集まる（あつまる）。
③ 牛を 育てる（そだてる）。　④ 弟と 遊ぶ（あそぶ）。

4 次の――線の漢字の表す意味が、ほかとちがうものに○をつけましょう。　一つ1点(3点)

① （○）曲線　（　）名曲　（　）曲調
② （　）決行　（　）行動　（○）先行
③ （　）表面　（　）表紙　（○）図表

5 次の意味を表す慣用句を□からえらんで、きごうを書きましょう。　一つ1点(3点)

① たいへんせまいばしょのたとえ。（イ）
② 決心する。かくごを決める。（ア）
③ はっきりしなくて、分からない。（ウ）

ア はらを決める　イ ねこのひたい　ウ 雲をつかむ

6 次の（　）に当てはまる「こそあど言葉」を□からえらんで、きごうを書きましょう。　一つ1点(4点)

「小学校が（①ウ）にあるか分かりますか。」

「（②ア）道を少しすすんでから、右に曲がってそのまままっすぐ行くとあります。」

「（③イ）の角ですか。」

「そうです。角を曲がってすぐ左手に見える大きなたてものが、小学校です。（④エ）から五分くらいかかりますよ。」

ア この　イ あそこ　ウ どこ　エ ここ

7 調べたことをレポートにまとめるとき、どんな組み立てで書くとよいですか。ア〜オをじゅん番にならべましょう。　全部できて(10点)

ア 調べた理由　イ 調べて分かったこと　ウ 題（調べたこと）　エ 調べ方　オ 調べた感想

（ウ）→ア→（エ）→（イ）→（オ）

◎うらにも問題があります。

8 思考・判断・表現　文章を読んで、答えましょう。

おばあさんは、ふと気になって、外へ出ました。すると、男の子は、もう向こうの竹やぶをまがって行くところでした。

「足のはやい子だね。でも、わたしだって、まだまだ負けていないよ。」

おばあさんは、はや足でひょいひょいと、男の子のあとをつけていきました。

一本道から、田んぼのあぜ道をぬけ、小川をぽんとまたいで、山の中へ入っていきます。

「こんなところにうちがあったのかしらねえ。」

そのうち、男の子のかげがふいときえました。

「どこに行ったのかしら。」

おばあさんが立ち止まってきょろきょろしていると、どこからかかすかに子どもの声が聞こえました。

おばあさんは、声のする方へそっと近づいてみました。木のねっこのほらあなから、声が聞こえてきます。

そうっとのぞきこんだおばあさんはびっくりぎょうてん。

たぬきの子どもたちがまるくなってすわっています。そのうちのいちばん大きな子だぬきが、

「今夜は、月に上ったうさぎのお話だよ。」

と言って、得意そうに絵本を開きました。

「ピョンタはとてもさみしがりやのうさぎです。ある日、お月さまを見ていて、友だちになりたいと思いました。」

そこまで読むと子だぬきは、くんくんとはなを鳴らして言いました。

「あら、たいへん。お豆をにてるのわすれてた。ちょっと、まっててね。……さあ、おまたせ。おまたせ。もう少しで、真っ黒になるところだったわ。」

（まあ、わたしの言ったとおりに読んでる。）

おばあさんは、プッとふき出してしまいました。

子だぬきが絵本を読み終えると、はく手かっさいです。

「さあ、おしまい。みんなもうおやすみ。父さんと母さんは、山の向こうへ食べ物をさがしに行ったから、今夜もおそくなるからね。」

小さな子だぬきたちは、こくりとうなずきました。

肥田 美代子「山のとしょかん」平成27年度版 東京書籍「新編 新しい国語 三上」より

(1) 「男の子のあとをつけていきました。」とありますが、それはなぜですか。　両方できて10点
（男の子）の（うち）がどこにあるのか気になったから。

(2) 「どこからかかすかに子どもの声が聞こえました。」とありますが、どこから聞こえてきたのですか。十字で書きぬきましょう。　5点
木のねっこのほらあな

(3) 「そうっとのぞきこんだおばあさんはびっくりぎょうてん。」とありますが、おばあさんは何を見つけたのですか。　5点
たぬきの子どもたち。

(4) 「今夜は、月に上ったうさぎのお話だよ。」とありますが、この部分を音読するとき、どのように読むとよいですか。一つに○をつけましょう。　10点
ア（　）えらそうに、らんぼうな声で。

イ（○）ほこらしそうに、どうどうとした声で。

ウ（　）さびしそうに、しずかな声で。

エ（　）楽しそうに、のんびりと明るい声で。

(5) 「おばあさんは、プッとふき出してしまいました。」とありますが、おばあさんがふき出してしまったのはなぜですか。一つに○をつけましょう。　10点
ア（　）子だぬきが、お話のとちゅうではなを鳴らしはじめたから。

イ（　）子だぬきが、おばあさんのまねを上手にしてみせたから。

ウ（　）子だぬきが、にていたお豆を真っ黒にしてしまったから。

エ（○）子だぬきが、おばあさんの言ったとおりに本を読んでいたから。

(6) 「子だぬき」はどんなたぬきだと思いますか。あなたの考えを書きましょう。　10点
れい 絵本がすきで、ほかの小さな子だぬきたちに絵本を読んであげる、やさしいお兄さんのようなたぬき。

4 ①の「曲線」の曲は、「曲がった」という意味です。②の「決行」「行動」の「行」は「行う」という意味、「先行」では、「行く」という意味です。③の「表面」「表紙」の「表」は、「おもて」という意味です。

7 最初に書くのは「題（調べたこと）」です。調べたことをまとめるときは、先に「調べ方」を説明してから「調べて分かったこと」を書きます。「調べた感想」は最後に書きましょう。

8 (1)おばあさんは男の子のあとをつけていき、山の中に入ると、「こんなところにうちがあったのかしらねえ。」と言っています。

(2)すぐあとに「声のする方へそっと近づいてみました。木のねっこのほらあなから、声が聞こえてきます。」とあります。

(3)「まるくなってすわっているたぬきの子どもたち」でも正かいです。ほらあなをのぞくと「たぬきの子どもたちがまるくなってすわって」いたので、おばあさんはびっくりしたのです。この場面から、おばあさんがあとをつけていた男の子は、実はたぬきだったと考えられます。

(4)「得意そうに絵本を開きました。」とあります。「得意そう」とは、自信にあふれて、ほこらしそうな様子のことです。

(5)すぐ前に「まあ、わたしの言ったとおりに読んでる。」とあります。子だぬきが絵本を読んでいる部分に「あら、たいへん。お豆をにてるのわすれてた。ちょっと、まっててね。……さあ、おまたせ。おまたせ。もう少しで、真っ黒になるところだったわ。」とありますが、これは絵本の言葉ではなく、前におばあさんが男の子に絵本を読んでいるとちゅうに言った言葉なのです。

(6)おばあさんがあとをつけた男の子は、実は子だぬきでした。子だぬきは、おばあさんに読んでもらった絵本を、小さい子だぬきたちのために読んであげています。小さい子だぬきたちの世話をしているところから、やさしいたぬきであることをまとめましょう。また、絵本を読み終えて「はく手かっさい」になるところから、絵本を読むときの様子にもふれながらまとめましょう。

おうちのかたへ

「男の子」が子だぬきであることをおさえ、子だぬきやおばあさんがしたことや言ったことを読み取りましょう。また、子だぬきの行動から、性格を読み取りましょう。

冬のチャレンジテスト

教科書 上108〜下69ページ

名前　　月　日

時間 40分

思考・判断・表現 ／50　ごうかく80点 ／100

答え36ページ

1 （　）に読みがなを書きましょう。 一つ1点(10点)

① 太陽（たいよう）の光で道路（どうろ）があたたまる。

② お祭（まつ）りは、湖（みずうみ）のそばで行われる。

③ 打球（だきゅう）が屋根（やね）に上がる。

④ 三学期（さんがっき）に向けて新しい筆箱（ふでばこ）を買う。

⑤ 勉強（べんきょう）の方ほうを相談（そうだん）する。

2 □に漢字を書きましょう。 一つ2点(12点)

① 運動会（うんどうかい）の予行（よこう）をする。

② 空港（くうこう）で荷物（にもつ）をまつ。

③ 神様（かみさま）が登場する童話（どうわ）を読む。

3 （　）に漢字と送りがなを書きましょう。 一つ2点(8点)

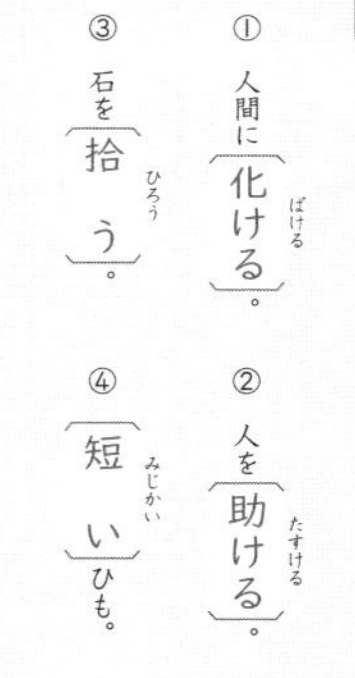

① 人間に（化ける）。（ばける）

② 人を（助ける）。（たすける）

③ 石を（拾う）。（ひろう）

④（短い）ひも。（みじかい）

4 次の言葉をローマ字で書きましょう。 一つ1点(4点)

① 犬（いぬ） inu

② 本屋（ほんや） hon'ya

③ 金魚（きんぎょ） kingyo

④ 学校（がっこう） gakkô

5 次の文の主語とじゅつ語をさがして、書きましょう。 一つ1点(6点)

① 妹は　真っ赤な　トマトを　食べた。
主語（妹）　じゅつ語（食べた）

② 先生は　大きな声で　名前を　よんだ。
主語（先生）　じゅつ語（よんだ）

③ わたしは　毎週　ピアノ教室に　通っている。
主語（わたし）　じゅつ語（通っている）

6 次の——線の漢字の読みが音であればア、訓であればイを書きましょう。 一つ1点(4点)

① 薬品（ア）　② 空耳（イ）

③ 相手（イ）　④ 駅前（ア）

7 ふうとうの表とうらに書くことを、□からえらんで、記号を書きましょう。 全部できて6点

ふうとう（表）　ふうとう（うら）

①（エ）　②（イ）　③（ウ）　④（ア）

ア 書いた人の名前　イ 相手の名前
ウ 書いた人の住所　エ 相手の住所

うらにも問題があります。

8 思考・判断・表現
文章を読んで、答えましょう。

あるまどの下を通りかかると、人間の声がしていました。何というやさしい、何という美しい、何というおっとりした声なんでしょう。

「ねむれ　ねむれ　母のむねに、
ねむれ　ねむれ　母の手に——。」

子ぎつねは、その歌声は、きっと人間のお母さんの声にちがいないと思いました。だって、子ぎつねがねむるときにも、やっぱり母さんぎつねは、あんなやさしい声でゆすぶってくれるからです。

すると今度は、子どもの声がしました。

「母ちゃん、こんな寒い夜は、森の子ぎつねは寒い寒いってないてるでしょうね。」

すると母さんの声が、

「森の子ぎつねもお母さんぎつねのお歌を聞いて、ほらあなの中でねむろうとしているでしょうね。さあぼうやも早くねんねしなさい。森の子ぎつねとぼうやとどっちが早くねんねするか、きっとぼうやのほうが早くねんねしますよ。」

それを聞くと、子ぎつねは急にお母さんがこいしくなって、母さんぎつねの待っている方へとんでいきました。

母さんぎつねは、心配しながら、ぼうやのきつねの帰ってくるのを、今か今かとふるえながら待っていましたので、ぼうやが来ると、あたたかいむねにだきしめてなきたいほどよろこびました。

二ひきのきつねは森の方へ帰っていきました。月が出たので、きつねの毛なみが銀色に光り、その足あとには、コバルトのかげがたまりました。

「母ちゃん、人間ってちっともこわかないや。」

「どうして？」

「ぼう、まちがえて本当のおてて出しちゃったの。でもぼうし屋さん、つかまえやしなかったもの。ちゃんとこんないいあたたかい手ぶくろくれたもの。」

と言って、手ぶくろのはまった両手をパンパンやってみせました。母さんぎつねは、

「まあ！」

とあきれましたが、

「本当に人間はいいものかしら。本当に人間はいいものかしら。」

とつぶやきました。

新美南吉「手ぶくろを買いに」
平成23年度版 東京書籍「新しい国語 三下」より

(1)「人間の声」とありますが、子ぎつねが、あるまどの下で聞いた人間の声は、どんな声でしたか。三つ書きましょう。 全部できて10点

（やさしい）声。
（美しい）声。
（おっとりした）声。
※順番はちがっていてもよい。

(2)「その歌声は、きっと人間のお母さんの声にちがいない」と子ぎつねが思ったのは、なぜですか。 一つ5点(10点)

その歌声は［母さんぎつね］のように［やさしい声］だったから。

(3)「母さんぎつねの待っている方へとんでいきました」とありますが、それはなぜですか。一つに○をつけましょう。 10点

ア（○）母さんぎつねに、早く会いたくなったから。
イ（　）母さんぎつねのことが、心配になったから。
ウ（　）人間のぼうやよりも、早くねんねしようと思ったから。
エ（　）人間のお母さんに見つかり、びっくりしたから。

(4)「母ちゃん、人間ってちっともこわかないや。」とありますが、子ぎつねが人間をこわくないと思ったのはなぜですか。 10点

れい　まちがえて本当の手を出したのに、子ぎつねをつかまえないで、ちゃんといいあたたかい手ぶくろをくれたから。

(5)「本当に人間はいいものかしら。本当に人間はいいものかしら。」とありますが、このとき、母さんぎつねは、どんな気持ちだったと思いますか。あなたの考えを書きましょう。 10点

れい　人間がいいものなのかわるいものなのか分からなくなって、なやんでいる気持ち。

4 ②「ほんや」は、はねる音「ん(n)」のあとに「y」が来るので「'」を入れます。

④「がっこう」のようにつまる音は、つぎに来る音の最初（さいしょ）の字を重ねて書きます。

5 文の中で「だれが」や「何が」にあたるものを主語、「どうする」にあたるものをじゅつ語と言います。

①文の「だれが」にあたる「妹」が主語です。「どうする」にあたる「食べた」がじゅつ語です。

②文の「だれが」にあたる「先生」が主語です。「どうする」にあたる「よんだ」がじゅつ語です。

③文の「だれが」にあたる「わたし」が主語です。「どうする」にあたる「通っている」がじゅつ語です。

6 ④「駅」の音読み「エキ」は、訓（くん）読みと間違（まちが）えやすいので注意（ちゅうい）しましょう。

8 (1)すぐあとに「何というやさしい、何という美しい、何というおっとりした声なんでしょう。」と、その「人間の声」について説明（せつめい）しています。

(2)すぐあとに「だって、子ぎつねがねむるときにも、やっぱり母さんぎつねは、あんなやさしい声でゆすぶってくれるからです。」と、理由が書かれています。「あんなやさしい声」とは、子ぎつねが聞いた人間の歌声のことです。

(3)すぐ前に「それを聞くと、子ぎつねは急にお母さんがこいしくなって」とあります。人間のお母さんのやさしい声を聞いて、自分のお母さんに会いたくなったのです。

(4)「どうして？」と母さんぎつねが聞いたあとの子ぎつねの言葉に注目しましょう。子ぎつねはまちがって本当の手を出してしまったのに、人間は子ぎつねをつかまえないで、ちゃんと手ぶくろをくれたのです。

(5)母さんぎつねは、子ぎつねが帰ってくるのを「心配」して待って（ま）いました。しかし、子ぎつねが、ぶじに手ぶくろを買ってきたので、「人間はいいもの」なのかどうかと、なやんでしまっているのです。

おうちのかたへ

「手ぶくろを買いに」の、子ぎつねが手袋を買いに町へ行った帰りの場面からの出題です。母さんぎつねは、人間はきつねを捕まえる怖いものだと思っていましたが、子ぎつねが無事に帰ってきたことから、考えが変わりかけていることを読み取りましょう。

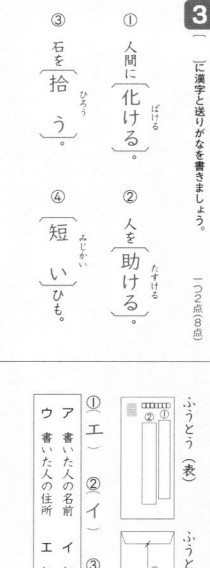

春のチャレンジテスト

教科書 下70〜133ページ

名前　　月　日

時間 40分　思考・判断・表現 /50　ごうかく80点 /100

答え 37ページ

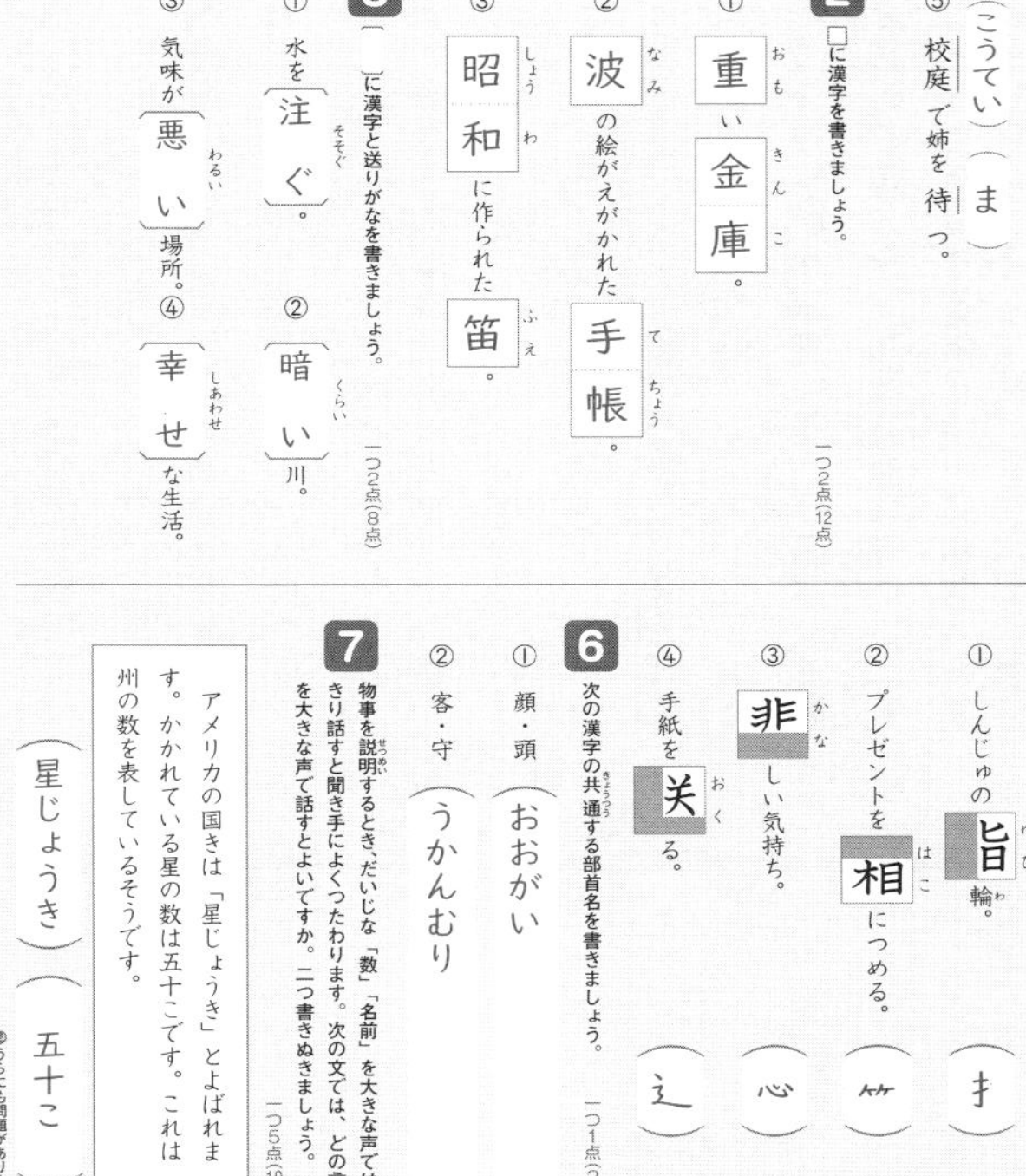

1 （　）に読みがなを書きましょう。　一つ1点(10点)

① 福引きで一等が当たる。（ふく）（いっとう）
② 自転車で追いかける。（じてんしゃ）（お）
③ 旅行に行く予定がある。（りょこう）（よてい）
④ 宿の商店で買い物をする。（やど）（しょうてん）
⑤ 校庭で姉を待つ。（こうてい）（ま）

2 □に漢字を書きましょう。　一つ2点(12点)

① 重い金庫。（おも／きんこ）
② 波の絵がえがかれた手帳。（なみ／てちょう）
③ 昭和に作られた笛。（しょうわ／ふえ）

3 （　）に漢字と送りがなを書きましょう。　一つ2点(8点)

① 水を注ぐ。（そそぐ）　② 暗い川。（くらい）
③ 気味が悪い場所。（わるい）　④ 幸せな生活。（しあわせ）

4 □の言葉は、どの季節の季語ですか。春・夏・秋・冬に分けて、それぞれ記号を書きましょう。　季節一つが全部できて1点(4点)

春（エ　ク）　夏（ウ　キ）　秋（ア　オ）　冬（イ　カ）

ア 赤とんぼ　イ セーター　ウ かき氷
エ さくら　オ すすき　カ スキー
キ きんぎょ　ク ひな祭り

5 次の■部に当てはまる、漢字の部分を書きましょう。　一つ1点(4点)

① しんじゅの旨輪。（ゆび）（扌）
② プレゼントを相につめる。（はこ）（⺮）
③ 非しい気持ち。（かな）（心）
④ 手紙を关る。（おく）（辶）

6 次の漢字の共通する部首名を書きましょう。　一つ1点(2点)

① 顔・頭（おおがい）
② 客・守（うかんむり）

7 物事を説明するとき、だいじな「数」「名前」を大きな声ではっきり話すと聞き手によくつたわります。次の文では、どの言葉を大きな声で話すとよいですか。二つ書きぬきましょう。　一つ5点(10点)

アメリカの国きは「星じょうき」とよばれます。かかれている星の数は五十こです。これは州の数を表しているそうです。

（星じょうき）（五十こ）

※うらにも問題があります。

8 思考・判断・表現　文章を読んで、答えましょう。

（つぼみさんは、旅館に来たわか者から風船をもらった。）

「実はこれ、ただの風船じゃありません。手紙をつければ、とどけたい人の所へとんでいってくれる風船なんです。ただし、これをふくらませるときには、手紙をとどけたい相手のことを、心から思ってふくらませてください。」

「まほうの風船ですか！　ありがとうございます。」

つぼみさんが風船を受け取ると、わか者は、ほこらしそうに言いました。

「この風船、電話を持っていない山の人たちには、とてもありがたがられているんですよ。」

「そうでしょうねえ。」

つぼみさんは、エプロンのポケットに風船をしまうと、わくわくして、それこそ、むねが風船のようにふくらみました。

よく朝、わか者は、会計をすませ、ゆうすげ旅館を引きあげていきました。

その日の午後、ゆうすげ旅館に電話がかかってきました。それは、去年の春、山に林道を通す工事のためにとまった人からでした。

「おかみさん、元気ですか。来週の月曜日から二週間、林道の工事のため、またそちらに行くんですが、六人、おねがいできますか。みんな、どうしてもおかみさんのところにとまりたいと思っているのですが、どうでしょうか。」

「まあ、あのときのお客さん。お部屋のほうは、空いていますから、だいじょうぶですよ。ありがとうございます。お待ちしています。」

けれども、つぼみさんは、受話器をおくと、小さなため息をつきました。

（どうしてもうちにとまりたいだなんて、ありがたいことねえ。でも、六人ものお客さんが来て、わたし一人で二週間も、だいじょうぶかしら。去年は、美月ちゃんが手つだいに来てくれたから、よかったけど……。）

美月は、ゆうすげ旅館の山の畑をかりている宇佐見さんのむすめでした。去年の春、畑でとれたウサギダイコンを持って、手つだいにやってきてくれたのでした。

（電話をするにも、あの子のところには、電話がなかったんだわ。山の畑までいくしかなさそうね。）

茂市久美子「クマの風船」より

(1) 「まほうの風船ですか！」とありますが、それはどんな風船でしたか。　一つ5点(10点)

（手紙）をつければ、（とどけたい人）の所へとんでいく風船。

(2) 「むねが風船のようにふくらみました。」とありますが、このときのつぼみさんはどんな気持ちでしたか。一つに○をつけましょう。　5点

ア（　）このわか者はとてもやさしい人だなあ。
イ（○）早くすてきな風船を使ってみたいなあ。
ウ（　）めずらしい風船をみんなに自まんしよう。

(3) 「電話がかかってきました。」とありますが、どんな用事の電話でしたか。　一つ5点(10点)

来週月曜日から、二週間、（六人）でゆうすげ旅館に（とまりたい）とたのむ電話。

(4) 「小さなため息をつきました。」とありますが、なぜですか。一つに○をつけましょう。　5点

ア（○）一人でお客さんの世話ができるか心配だから。
イ（　）二週間もつづけてとまる客はめいわくだから。
ウ（　）仕事でいそがしくなるのがいやだったから。

(5) 「電話をする」とありますが、つぼみさんは電話で美月さんにどんなことをつたえたかったのですか。　7点

（れい）今年も美月ちゃんにゆうすげ旅館に手つだいにきてほしいということ。

(6) 「山の畑までいくしかなさそうね。」とありますが、このあとつぼみさんは、ほかの方法を思いつきます。それはどんな方法ですか。考えて書きましょう。　8点

（れい）まほうの風船に手紙をつけて、美月ちゃんの所へとばす方ほう。

(7) この物語の、大切な役わりを持つ物や道具は何ですか。六字で書きぬきましょう。　5点

まほうの風船

4 ア「赤とんぼ」は秋によく見かけます。オ「すすき」は、秋に開花します。キ「きんぎょ」は夏祭りなどでよく見かけ、すずしげないんしょうがあります。

7 アメリカの国きの名前である「星じょうき」と、星の数である「五十こ」を大きな声で話します。

8 (1)「とどけたい人」は「とどけたい相手」でも正かいです。すぐ前のわか者の言葉に注目しましょう。「ただの風船じゃありません。手紙を……とんでいってくれる風船なんです。」と言っています。

(2)「むねがふくらむ」とは、期待で心がはずむときによく使われる言葉です。ここでは、まほうの風船をもらって、使うのを楽しみにする気持ちを表します。

(3)――線のあとの「おかみさん……」という言葉が電話の内ようです。

(4)すぐあとの（　）の言葉は、つぼみさんの心の中の言葉です。お客が来るのは「ありがたい」けれど、大ぜいがくるとお世話もたいへんなので、「わたし一人で」「だいじょうぶかしら」と心配しています。

(5)「去年は、美月ちゃんが手つだいに来てくれたから、よかったけど……。」と思いおこしています。今年もそうしてくれたら助かると思って、美月ちゃんに「電話」をしてたのむことを考えたのです。

(6)文章のはじめのほうで、わか者が「この風船、電話を持っていない山の人たちには、とてもありがたがられているんですよ。」と言っていることに注目しましょう。電話がなくても、まほうの風船があれば手紙をとどけられるので、ありがたがられているのです。つぼみさんも、同じようにすればよいですね。

(7)わか者にもらった風船には、とくべつなまほうの力があり、つぼみさんの役に立ってくれるというお話です。

おうちのかたへ

「ゆうすげ村の小さな旅館」は、ゆうすげ旅館の一年間を描いた作品です。教科書で学習する「ウサギのダイコン」から始まり、一年後の最終話がこの「クマの風船」となっています。「ウサギのダイコン」とのつながりに注意しながら読んでみると良いでしょう。

3年 国語のまとめ

学力しんだんテスト

名前

月　日

時間 40分

ごうかく70点　／100

答え38ページ

1 読みがなを書きましょう。　一つ2点(14点)

① みんなの 都合（つごう） にあわせる。

② 自転車で 坂道（さかみち） を上るのは 苦（くる） しい。

③ 仕事（しごと） が早く 終（お） わる。

④ 新緑（しんりょく） の山で 遊（あそ） ぶ。

2 漢字を書きましょう。　一つ2点(16点)

① 落（お）としものを 拾（ひろ）う。

② 大きな 荷物（にもつ）。

③ 期待（きたい） が外れる。

④ 地球（ちきゅう） のかんきょうを 守（まも） る。

⑤ 自分の 部屋（へや） で 勉強（べんきょう） をする。

3 次の漢字の▓部の名前を書きましょう。　一つ2点(4点)

① 池（さんずい）

② 橋（きへん）

4 次のひらがなをローマ字で書きましょう。　一つ2点(6点)

① いしゃ　isya

② そうこ　sôko

③ らっぱ　rappa

5 山村（やまむら）さんの学級では、自分の住む町について調べました。次の山村さんの発表を読んで、問題に答えましょう。

> わたしが住む朝日（あさひ）町で行われる祭りをしょうかいします。…ア
> 朝日町の祭りは、お米がたくさんとれたことをいわって、毎年十月のはじめに行われます。…イ
> 笛の音にあわせて、ししまいが近所をじゅんにまわります。…ウ
> 生まれたばかりの子どもがいる家は、ししまいに頭をかんでもらいます。…エ
> ししまいを見にくる人も多く、にぎやかです。…オ

① 次は、山村さんが発表の前に作ったメモです。この内ようが話されているのは、どの部分ですか。記号を書きましょう。　5点

朝日町の祭りの目てきを話す。

イ

② 山村さんの発表へのしつもんとして、ふさわしいものはどれですか。一つに○をつけましょう。　5点

ア（　）ほかの町の祭りへは、行かないのですか。

イ（　）わたしの町では、おみこしをします。朝日町はししまいのほかに何かやりますか。

ウ（　）ぼくの町では、十二月にクリスマス会をします。朝日町は十二月には何をしますか。

エ（○）生まれたばかりの子どもの頭をししまいにかんでもらうのは、どうしてですか。

うらにも問題があります。

6 活用力をみる　文章を読んで、答えましょう。

> 大づなを作るときには、おおぜいの力がひつようです。ふりしきる雪の中で、大人も子どもも、かけ声に合わせて力をふりしぼります。できあがった大づなの直径（ちょっけい）は約（やく）八十センチ、長さは、上町（かみちょう）の「おづな」が六十四メートル、下町（しもちょう）の「めづな」が五十メートルもあります。
> つな引きの日がやってきました。夕ぐれの通りに、町の人たちがぞくぞくと集まってきます。道にのばされた「おづな」と「めづな」がむすび合わされ、むすび合わされた大づなの上から建元（たてもと）さんがとび下りました。これを合図に、「ワーッ。」という声がひびきわたります。いよいよ三千人と三千人のつな引きが始まりました。
> 「ジョーヤサノー、ジョーヤサノー。」のかけ声に合わせ、大づなから出ているえだづなを、声をはり上げながらけんめいに引きます。引かれた方の人たちは、雪にしゃがみこみ、少しでも体を重くして引きずられないようにがんばります。子どもたちも、ひっしになって足をふんばっています。
> 引かれた方もばん回をはかります。「ジョヤサー、ジョヤサー。」二メートル、三メートル、じりじりと引きもどします。そばでおうえんしていたおばさんもたまらず、とびこんでつなを引き始めました。
> こうしてつな引きは数十分もつづき、ようやく勝負がつきました。勝った方からはかん声が上がります。負けた方には、くやしなきをしている子どもがいます。「今年勝ってしまったら、楽しみがないもんな。」と、負けおしみを言う人もいます。町の人たちのこうふんは、なかなかおさまりません。
> 刈和野（かりわの）のつな引きは、五百年以上（いじょう）もつづいています。昔は、どちらの町で市場を開くかをこのつな引きで決めたといいます。今は、「上町が勝てば米のねだんが上がり、下町が勝てば米がよくとれる。」といわれていて、その年がどちらであるかをうらなうのです。どちらが勝っても農家には都合のよいことですが、負けては一年のはずみがつきません。それで、上町も下町も、しんけんにつなを引き合います。
>
> ＊おづな…上町の人が作ったつな。　＊めづな…下町の人が作ったつな。
> ＊建元さん…つな引きの世話をする人。
>
> 北村（きたむら）皆雄（みなお）「つな引きのお祭り」平成14年度版 東京書籍「新しい国語 三下」より

(1) 「つな引きの日」の様子が書かれているのは、どこまでですか。終わりの五字を書きぬきましょう。（句読点も字数にふくみます。）　6点

りません。

(2) 町の人たちがつな引きに集まってくるのはいつですか。二つに○をつけましょう。　一つ3点(6点)

ア（　）春　イ（　）夏　ウ（　）秋　エ（○）冬　オ（　）朝　カ（　）昼　キ（○）夕方　ク（　）夜

(3) 「そばでおうえんしていたおばさんもたまらず、とびこんでつなを引き始めました。」とありますが、ここからどんなことがわかりますか。一つに○をつけましょう。　6点

ア（　）まわりでおうえんしている人が多いこと。

イ（○）町の人みんながこうふんしていること。

ウ（　）つな引きが、町と町の勝負であること。

エ（　）つな引きが、女の人に人気が高いこと。

(4) 「くやしなきをしている子どもがいます。」とありますが、それほどしんけんにつな引きをするのはなぜですか。次の□に当てはまる言葉を文章中から書きぬきましょう。　6点

負けると一年の はずみ がつかないから。

(5) 「刈和野のつな引き」が大がかりなものであることは、どんなことからわかりますか。次の□に当てはまる言葉を文章中から書きぬきましょう。　一つ6点(12点)

それぞれ 三千人 もの大人数で引き合い、勝負がつくまでに 数十分 もかかること。

(6) この文章を読んで、感じたこと、考えたことを書きましょう。　14点

（れい）こんなに長いでんとうのあるつな引きがあることをはじめて知って、とてもおどろきました。

4 ①isha と書いても正かいです。

②souko と書かないようにしましょう。

5 ①「目てき」とあるので、何のために祭りをするのかが書かれている文をさがしましょう。

②しつもんをするときは、発表された内ようにかかわることを聞きましょう。インタビューではないので、自分のきょうみのあることを何でも聞けばよいというわけではありません。

6 (1)この文章は、つな引きの様子をえがいた部分と、つな引きの説明（せつめい）をしている部分に分けられます。話題のかわりめをさがしましょう。

(2)「夕ぐれの通り」に、人々がつな引きをしに集まったこと、引かれた方の人たちが「雪」にしゃがみこんだことから分かります。

(3)おうえんしているだけではがまんできなくなって、つな引きにくわわったというのです。おばさんの力の入りようが感じられます。

(4)最後（さいご）のだん落の説明の中からさがします。「それで、……しんけんにつなを引き合います。」とあるので、その前に理由が書かれているはずだと考えられます。つな引きをしんけんにするのは、勝つか負けるかが大事なことだからです。

(5)刈和野（かりわの）のつな引きが大がかりだということは、最後の説明の部分には出てきません。そこで、じっさいのつな引きの様子をえがいている部分を読んでさがします。問題の文から「大人数」であること、「（時間が）かかる」ことが想像（そうぞう）できるので、これらが書かれている部分を見つけましょう。

(6)文章を読んで感じたこと、考えたことを書く問題ですので、文章から分かったことと、自分の気持ちとを入れて書きましょう。文章とちがっていたり、かけはなれたりしていなければ、内ようは何でもかまいません。

おうちのかたへ

全国各地にあるつな引きの祭りについて書かれた本からの出題です。段落と段落の関係を整理して、筆者の伝えたいことや、自分の意見を考えましょう。

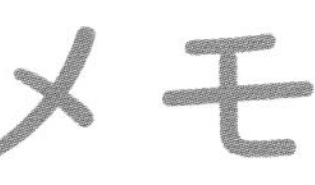
メモ

ふろく とりはずしておつかいください。

漢字せんもんドリル

3年生で習う漢字

テストによく出る問題をといてレベルアップしよう！

もくじ	このふろくのページ
1 あ行の漢字 か行の漢字①	2～3
2 か行の漢字②	4～5
3 か行の漢字③ さ行の漢字①	6～7
4 さ行の漢字②	8～9
5 た行の漢字①	10～11
6 た行の漢字②　な行の漢字 は行の漢字①	12～13
7 は行の漢字②　ま行の漢字 や行の漢字　ら行・わ行の漢字	14～15
8 三年生で習った漢字	16～17
答え	18～19

3年　組

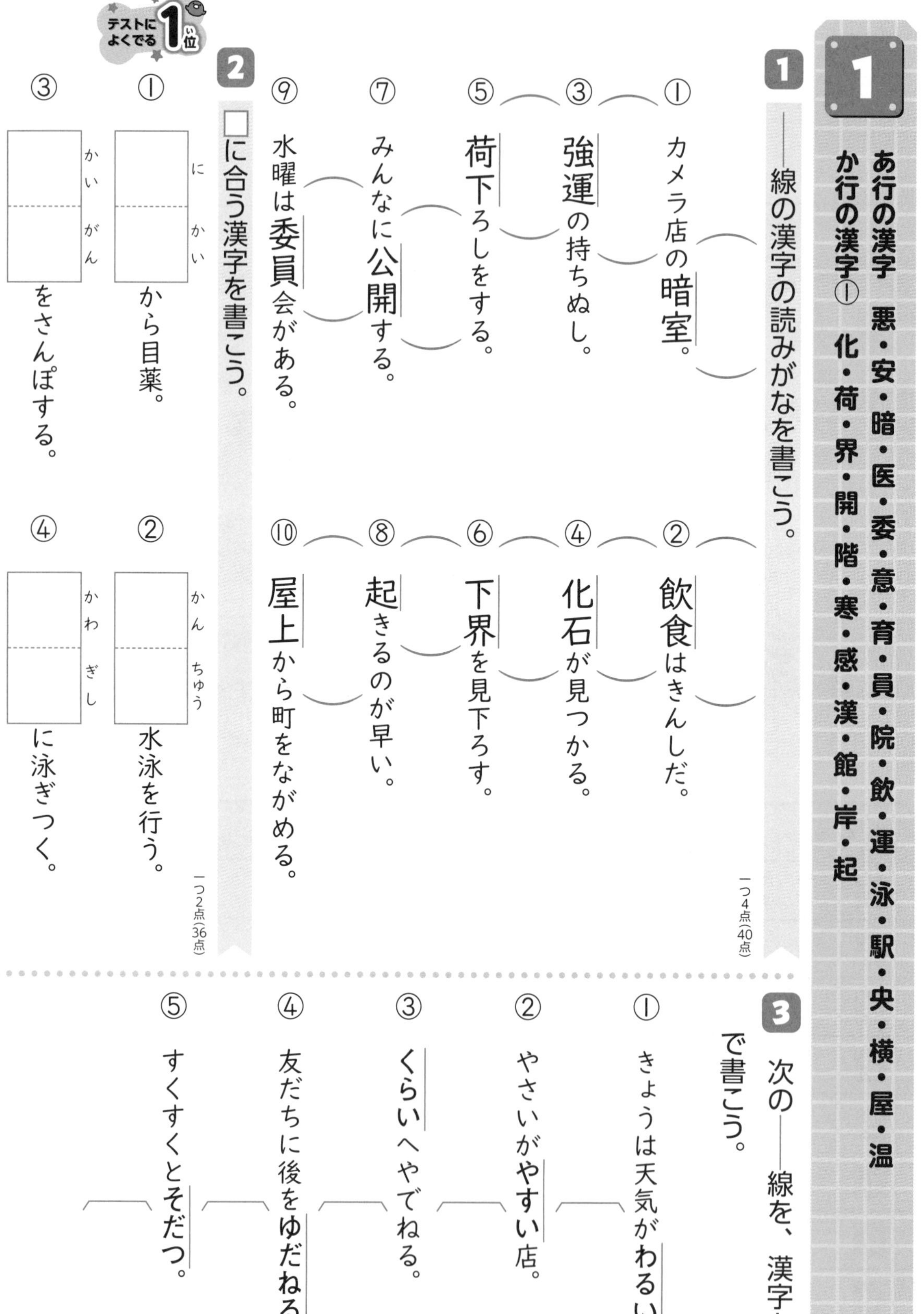

1 あ行の漢字 悪・安・暗・医・委・意・育・員・院・飲・運・泳・駅・央・横・屋・温 か行の漢字① 化・荷・界・開・階・寒・感・漢・館・岸・起

／100

1 ――線の漢字の読みがなを書こう。 一つ4点（40点）

① カメラ店の暗室。（　　）
② 飲食はきんしだ。（　　）
③ 強運の持ちぬし。（　　）
④ 化石が見つかる。（　　）
⑤ 荷下ろしをする。（　　）
⑥ 下界を見下ろす。（　　）
⑦ みんなに公開する。（　　）
⑧ 起きるのが早い。（　　）
⑨ 水曜は委員会がある。（　　）
⑩ 屋上から町をながめる。（　　）

テストによくでる1位

2 □に合う漢字を書こう。 一つ2点（36点）

① □□（に・かい）から目薬。
② □□（かん・ちゅう）水泳を行う。
③ □□（かい・がん）をさんぽする。
④ □□（かわ・ぎし）に泳ぎつく。

3 次の――線を、漢字と送りがなで書こう。 一つ2点（24点）

① きょうは天気がわるい。（　　）
② やさいがやすい店。（　　）
③ くらいへやでねる。（　　）
④ 友だちに後をゆだねる。（　　）
⑤ すくすくとそだつ。（　　）

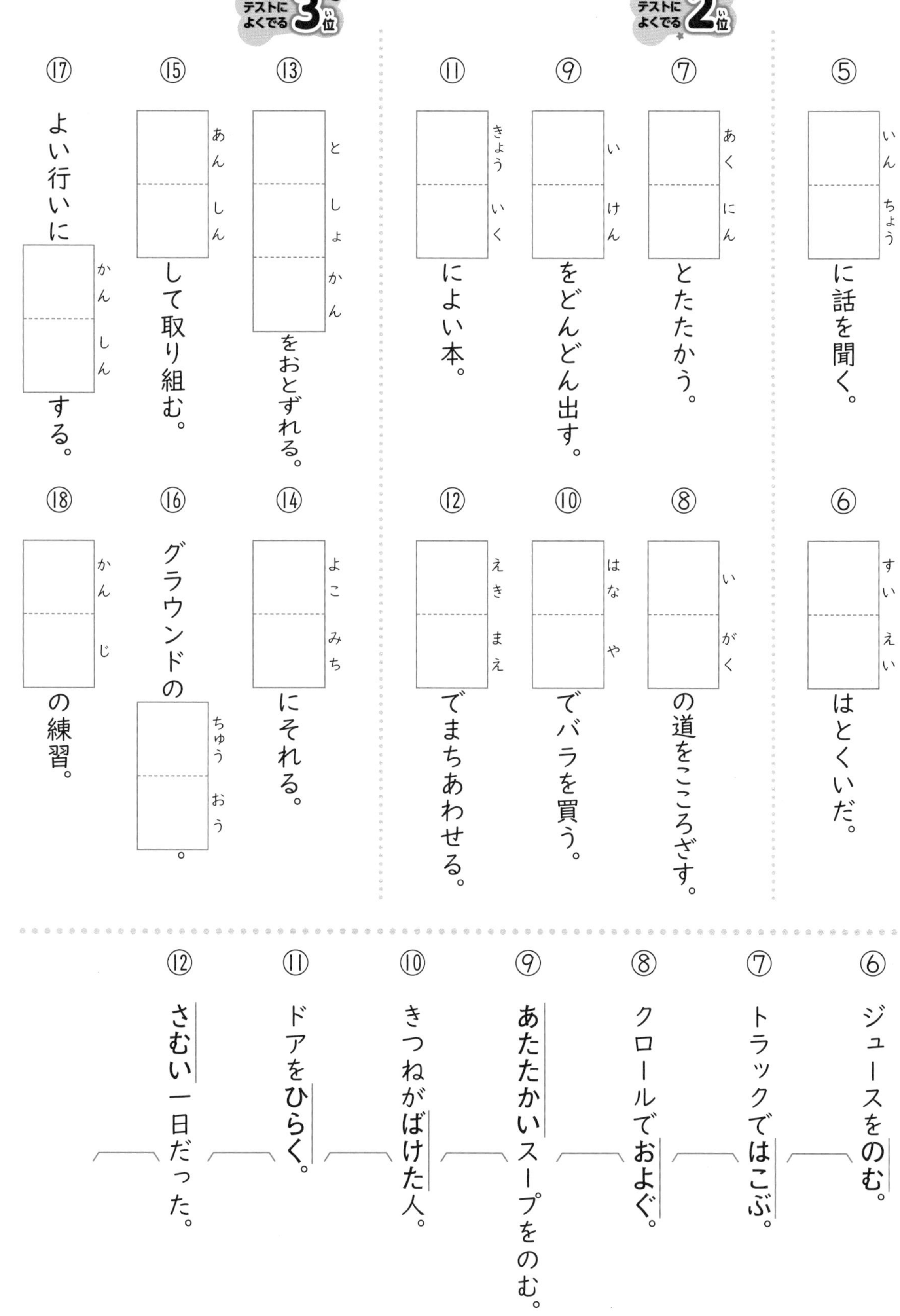

テストによくでる2位
⑤ [いんちょう]に話を聞く。
⑥ [すいえい]はとくいだ。
⑦ [あくにん]とたたかう。
⑧ [いがく]の道をこころざす。
⑨ [いけん]をどんどん出す。
⑩ [はなや]でバラを買う。
⑪ [きょういく]によい本。
⑫ [えきまえ]でまちあわせる。
テストによくでる3位
⑬ [としょかん]をおとずれる。
⑭ [よこみち]にそれる。
⑮ [あんしん]して取り組む。
⑯ グラウンドの[ちゅうおう]。
⑰ よい行いに[かんしん]する。
⑱ [かんじ]の練習。
⑥ ジュースをのむ。
⑦ トラックではこぶ。
⑧ クロールでおよぐ。
⑨ あたたかいスープをのむ。
⑩ きつねがばけた人。
⑪ ドアをひらく。
⑫ さむい一日だった。

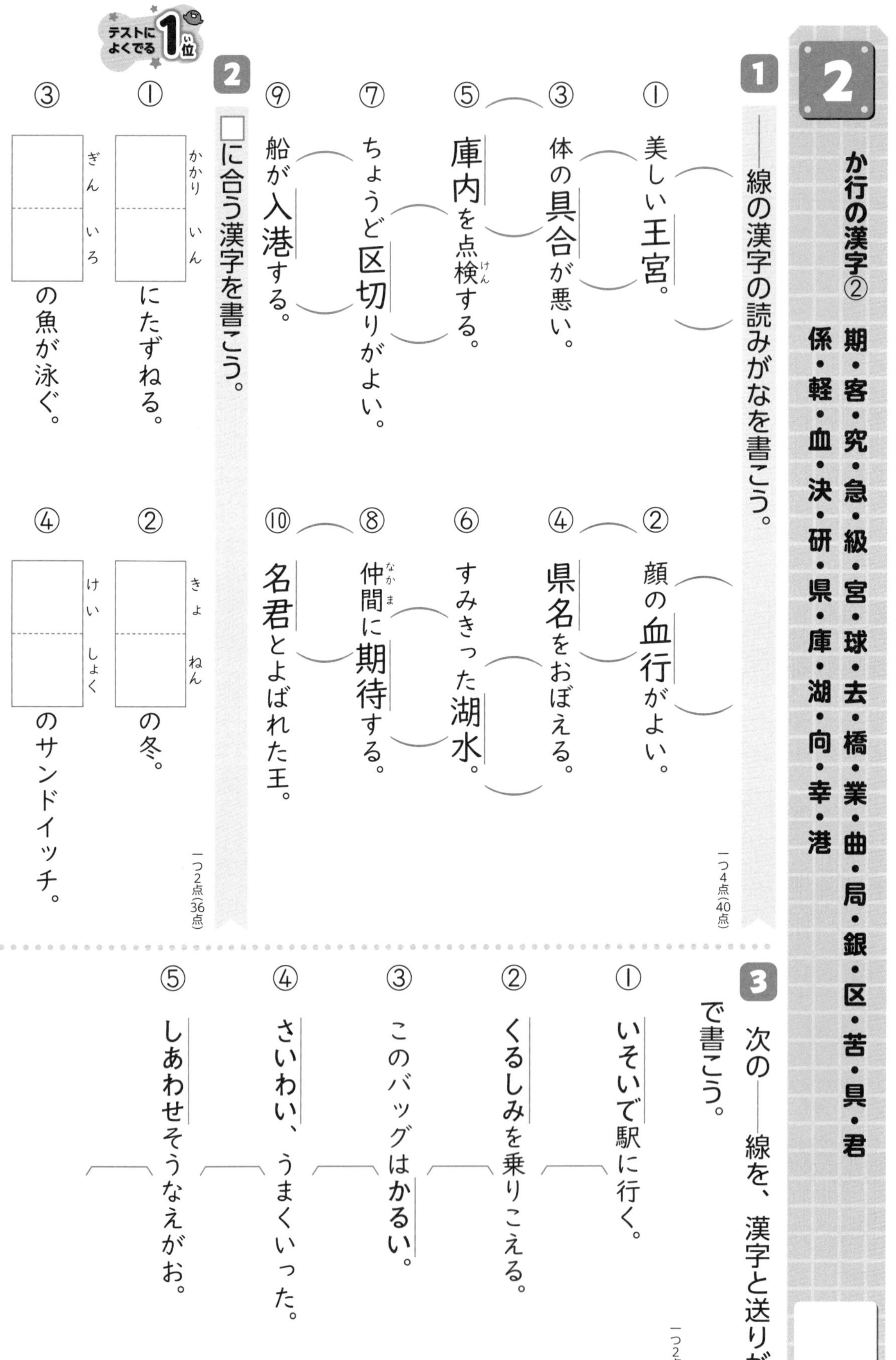

2 か行の漢字②

期・客・究・急・級・宮・球・去・橋・業・曲・局・銀・区・苦・具・君・係・軽・血・決・研・県・庫・湖・向・幸・港

／100

1 ——線の漢字の読みがなを書こう。 一つ4点(40点)

① 美しい王宮。（　）
② 顔の血行がよい。（　）
③ 体の具合が悪い。（　）
④ 県名をおぼえる。（　）
⑤ 庫内を点検する。（　）
⑥ すみきった湖水。（　）
⑦ ちょうど区切りがよい。（　）
⑧ 仲間に期待する。（　）
⑨ 船が入港する。（　）
⑩ 名君とよばれた王。（　）

テストによくでる1位

2 □に合う漢字を書こう。 一つ2点(36点)

① □□（かかりいん）にたずねる。
② □□（きょねん）の冬。
③ □□（ぎんいろ）の魚が泳ぐ。
④ □□（けいしょく）のサンドイッチ。

3 次の——線を、漢字と送りがなで書こう。 一つ2点(24点)

① いそいで駅に行く。（　）
② くるしみを乗りこえる。（　）
③ このバッグはかるい。（　）
④ さいわい、うまくいった。（　）
⑤ しあわせそうなえがお。（　）

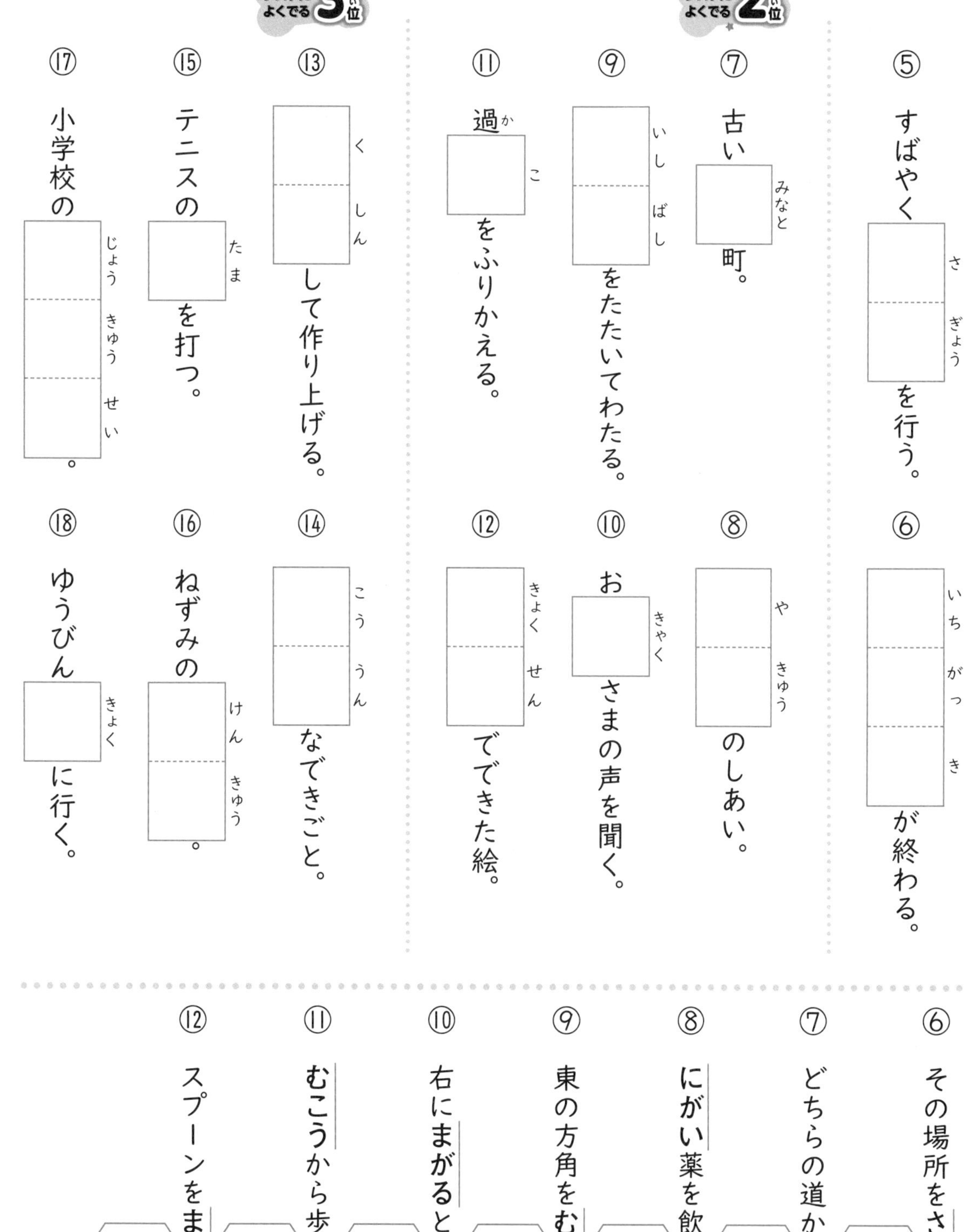
⑤ すばやく［さぎょう］を行う。

⑥ ［いちがっき］が終わる。

テストによくでる2位

⑦ 古い［みなと］町。

⑧ ［やきゅう］のしあい。

⑨ ［いしばし］をたたいてわたる。

⑩ お［きゃく］さまの声を聞く。

⑪ 過（か）［こ］をふりかえる。

⑫ ［きょくせん］でできた絵。

テストによくでる3位

⑬ ［くしん］して作り上げる。

⑭ ［こううん］なできごと。

⑮ テニスの［たま］を打つ。

⑯ ねずみの［けんきゅう］。

⑰ 小学校の［じょうきゅうせい］。

⑱ ゆうびん［きょく］に行く。

⑥ その場所を<u>さる</u>。（　　）

⑦ どちらの道かを<u>きめる</u>。（　　）

⑧ <u>にがい</u>薬を飲む。（　　）

⑨ 東の方角を<u>むく</u>。（　　）

⑩ 右に<u>まがる</u>と学校だ。（　　）

⑪ <u>むこう</u>から歩いてくる。（　　）

⑫ スプーンを<u>まげる</u>。（　　）

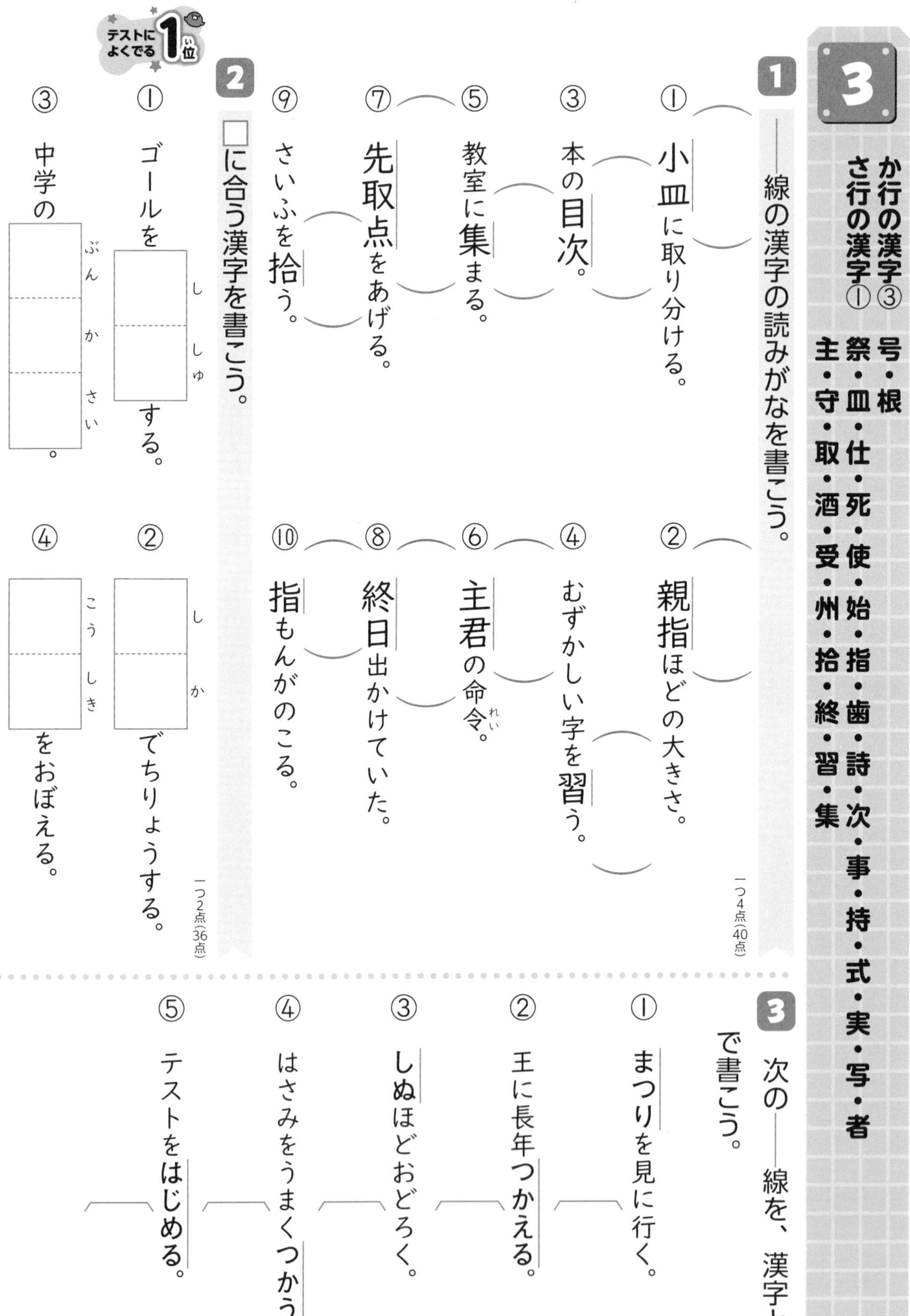

3 か行の漢字③ さ行の漢字①

号・根・祭・皿・仕・死・使・始・指・歯・詩・次・事・持・式・実・写・者・主・守・取・酒・受・州・拾・終・習・集

/100

1 ――線の漢字の読みがなを書こう。 一つ4点(40点)

① 小皿に取り分ける。（　　）
② 親指ほどの大きさ。（　　）
③ 本の目次。（　　）
④ むずかしい字を習う。（　　）
⑤ 教室に集まる。（　　）
⑥ 主君の命令。（　　）
⑦ 先取点をあげる。（　　）
⑧ 終日出かけていた。（　　）
⑨ さいふを拾う。（　　）
⑩ 指もんがのこる。（　　）

2 □に合う漢字を書こう。 一つ2点(36点)

テストによくでる 1位

① ゴールを□□(しゅう)する。
② □□(し か)でちりょうする。
③ 中学の□□□(ぶん か さい)。
④ □□(こう しき)をおぼえる。

3 次の――線を、漢字と送りがなで書こう。 一つ2点(24点)

① まつりを見に行く。（　　）
② 王に長年つかえる。（　　）
③ しぬほどおどろく。（　　）
④ はさみをうまくつかう。（　　）
⑤ テストをはじめる。（　　）

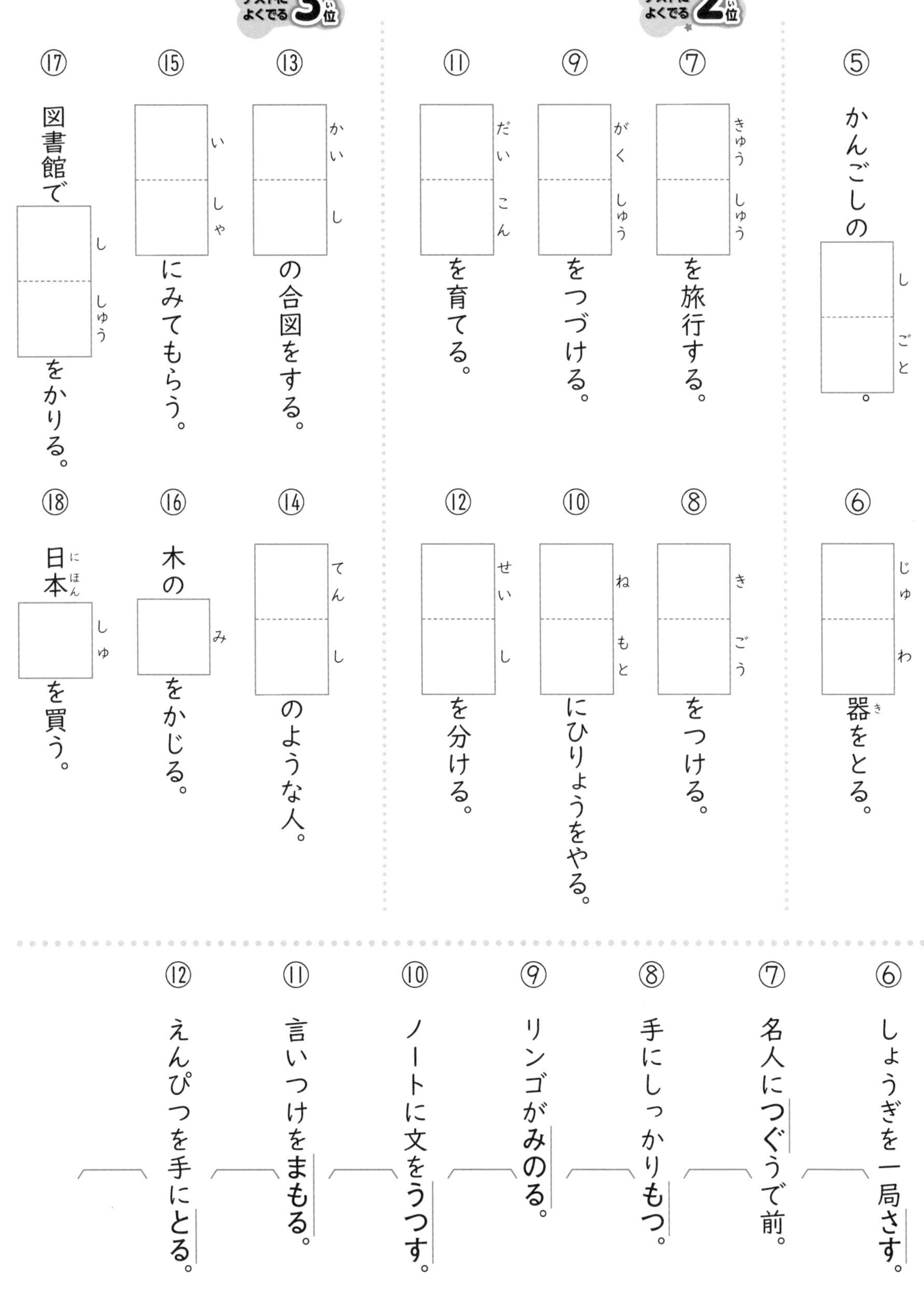

⑤ かんごしの［しごと］。

⑥ ［じゅわ］器をとる。

テストによくでる2位

⑦ ［きゅうしゅう］を旅行する。

⑧ ［きごう］をつける。

⑨ ［がくしゅう］をつづける。

⑩ ［ねもと］にひりょうをやる。

⑪ ［だいこん］を育てる。

⑫ ［せいし］を分ける。

テストによくでる3位

⑬ ［かいし］の合図をする。

⑭ ［てんし］のような人。

⑮ ［いしゃ］にみてもらう。

⑯ 木の［み］をかじる。

⑰ 図書館で［ししゅう］をかりる。

⑱ 日本（にほん）［しゅ］を買う。

⑥ しょうぎを一局さす。（　）

⑦ 名人につぐうで前。（　）

⑧ 手にしっかりもつ。（　）

⑨ リンゴがみのる。（　）

⑩ ノートに文をうつす。（　）

⑪ 言いつけをまもる。（　）

⑫ えんぴつを手にとる。（　）

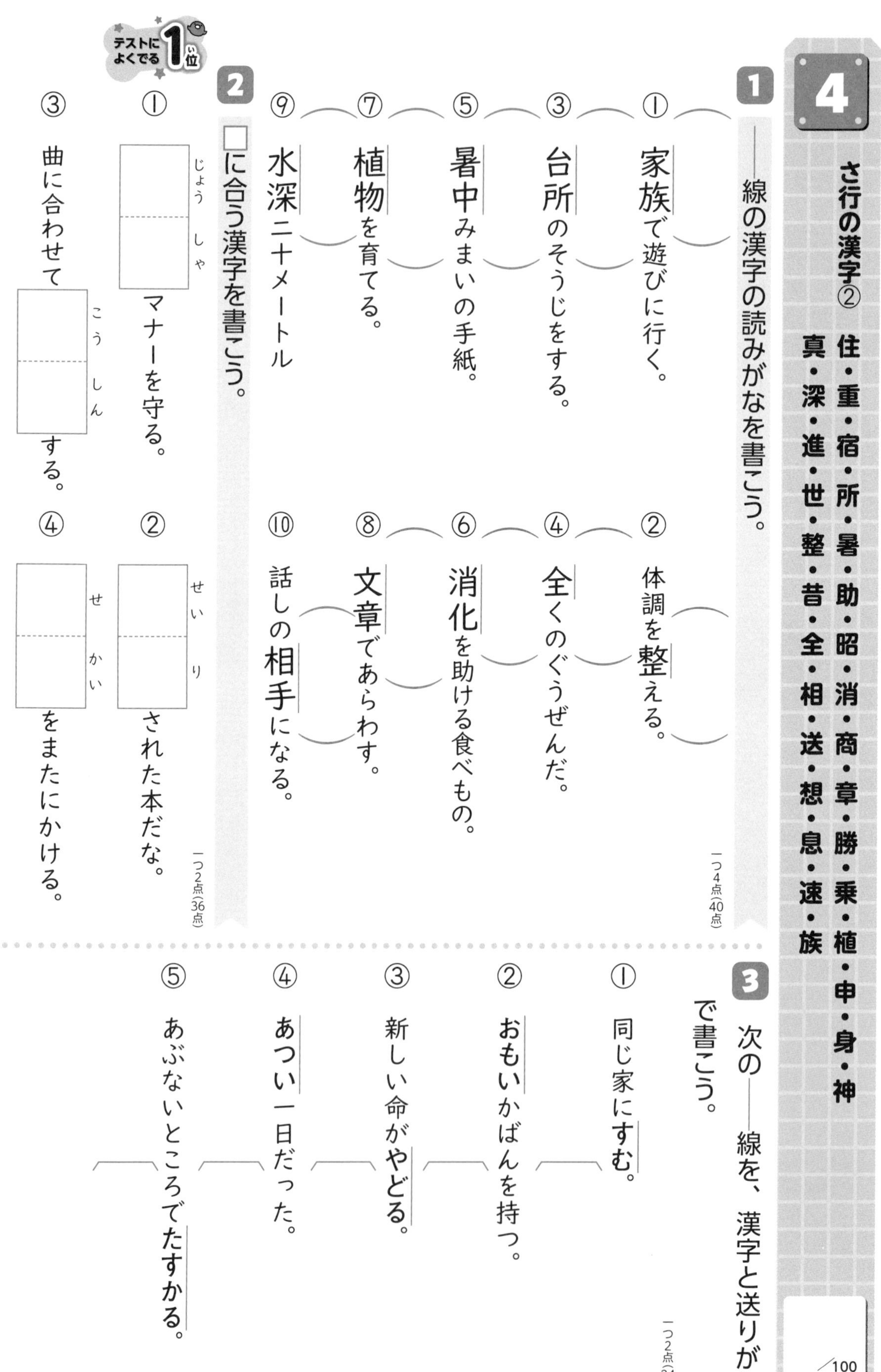

4 さ行の漢字②

住・重・宿・所・暑・助・昭・消・商・章・勝・乗・植・申・身・神
真・深・進・世・整・昔・全・相・送・想・息・速・族

/100

テストによくでる1位

1 ――線の漢字の読みがなを書こう。 一つ4点(40点)

① 家族で遊びに行く。
② 体調を整える。
③ 台所のそうじをする。
④ 全くのぐうぜんだ。
⑤ 暑中みまいの手紙。
⑥ 消化を助ける食べもの。
⑦ 植物を育てる。
⑧ 文章であらわす。
⑨ 水深二十メートル
⑩ 話しの相手になる。

2 □に合う漢字を書こう。 一つ2点(36点)

① □□（じょう しゃ）マナーを守る。
② □□（せい り）された本だな。
③ 曲に合わせて□□（こう しん）する。
④ □□（せ かい）をまたにかける。

3 次の――線を、漢字と送りがなで書こう。 一つ2点(24点)

① 同じ家にすむ。
② おもいかばんを持つ。
③ 新しい命がやどる。
④ あつい一日だった。
⑤ あぶないところでたすかる。

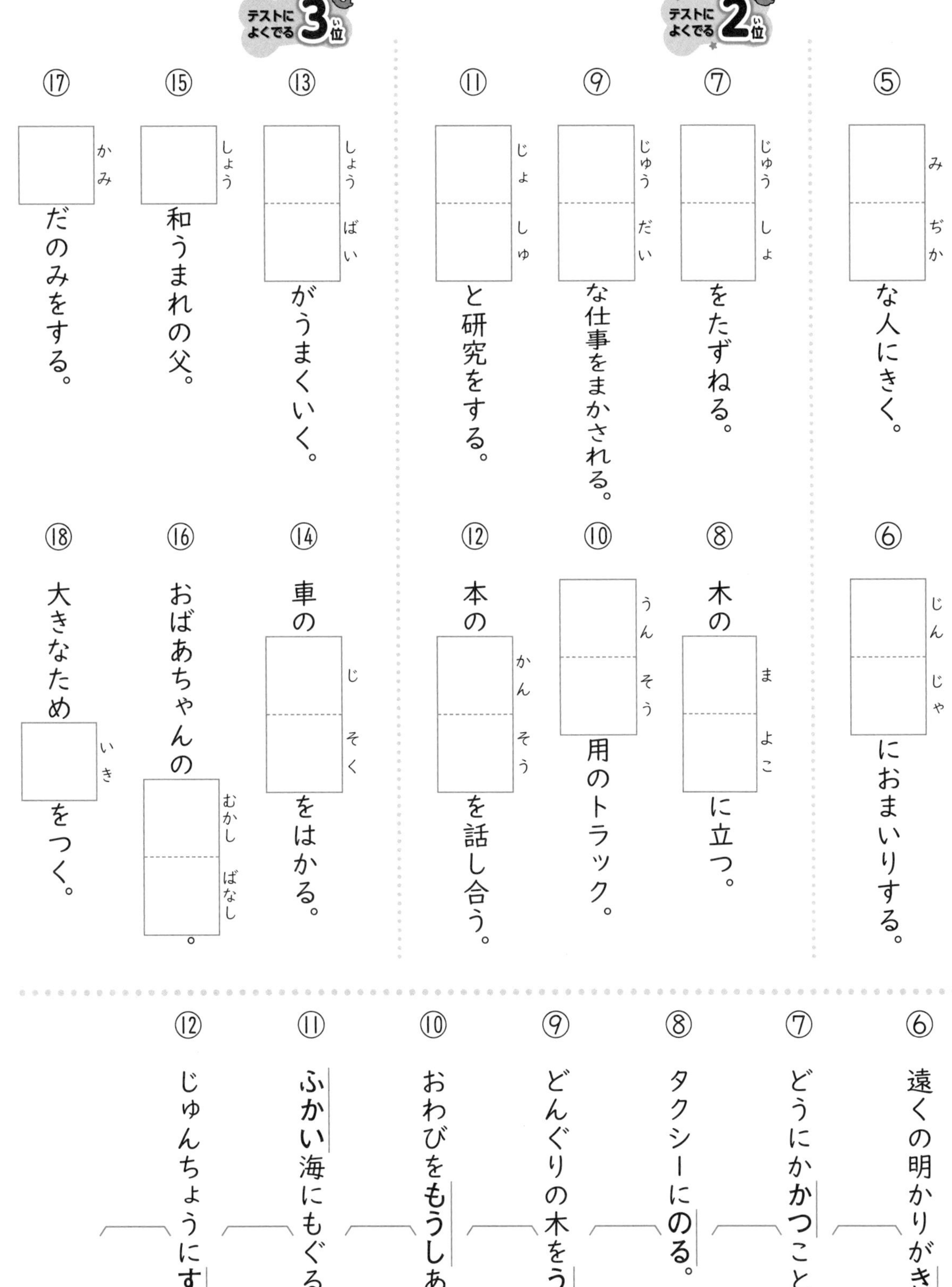

テストによくでる2位

⑤ ［　］（みぢか）な人にきく。

⑥ ［　］（じんじゃ）におまいりする。

⑦ ［　］（じゅうしょ）をたずねる。

⑧ 木の［　］（まよこ）に立つ。

⑨ ［　］（じゅうだい）な仕事をまかされる。

⑩ ［　］（うんそう）用のトラック。

⑪ ［　］（じょしゅ）と研究をする。

⑫ 本の［　］（かんそう）を話し合う。

テストによくでる3位

⑬ ［　］（しょうばい）がうまくいく。

⑭ 車の［　］（じそく）をはかる。

⑮ ［　］（しょう）和うまれの父。

⑯ おばあちゃんの［　］（むかしばなし）。

⑰ ［　］（かみ）だのみをする。

⑱ 大きなため［　］（いき）をつく。

⑥ 遠くの明かりが<u>きえる</u>。〔　　〕

⑦ どうにか<u>かつ</u>ことができた。〔　　〕

⑧ タクシーに<u>のる</u>。〔　　〕

⑨ どんぐりの木を<u>うえる</u>。〔　　〕

⑩ おわびを<u>もうし</u>あげる。〔　　〕

⑪ <u>ふかい</u>海にもぐる。〔　　〕

⑫ じゅんちょうに<u>すすむ</u>。〔　　〕

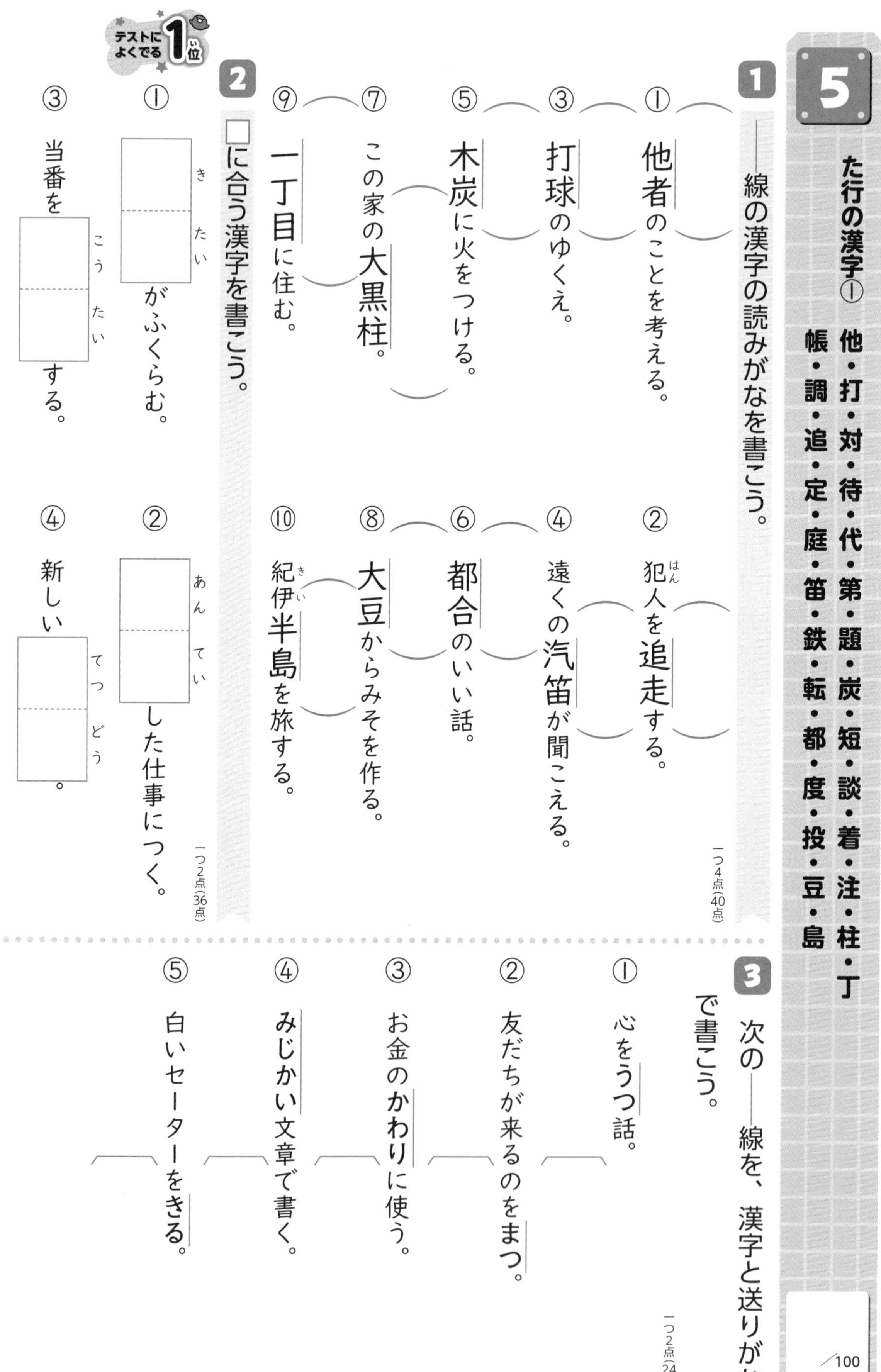

5 た行の漢字①

他・打・対・待・代・第・題・炭・短・談・着・注・柱・丁・帳・調・追・定・庭・笛・鉄・転・都・度・投・豆・島

/100

1 ――線の漢字の読みがなを書こう。 一つ4点(40点)

① 他者のことを考える。（　　）
② 犯人(はん)を追走する。（　　）
③ 打球のゆくえ。（　　）
④ 遠くの汽笛が聞こえる。（　　）
⑤ 木炭に火をつける。（　　）
⑥ 都合のいい話。（　　）
⑦ この家の大黒柱。（　　）
⑧ 大豆からみそを作る。（　　）
⑨ 一丁目に住む。（　　）
⑩ 紀伊(きい)半島を旅する。（　　）

テストによくでる1位

2 □に合う漢字を書こう。 一つ2点(36点)

① □□(きたい)がふくらむ。
② □□(あんてい)した仕事につく。
③ 当番を□□(こうたい)する。
④ 新しい□□(てつどう)。

3 次の――線を、漢字と送りがなで書こう。 一つ2点(24点)

① 心をうつ話。（　　）
② 友だちが来るのをまつ。（　　）
③ お金のかわりに使う。（　　）
④ みじかい文章で書く。（　　）
⑤ 白いセーターをきる。（　　）

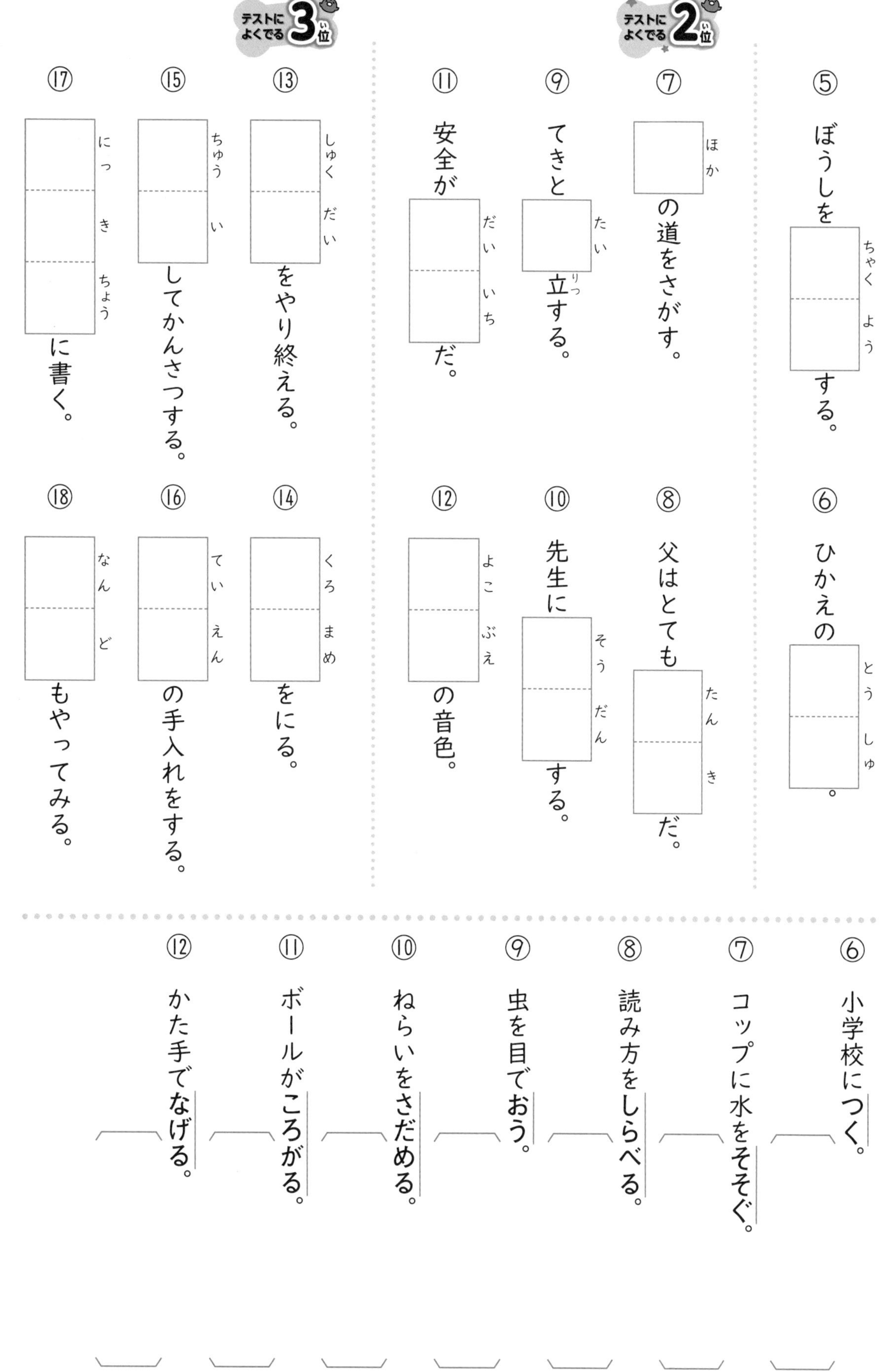

⑤ ぼうしを［ちゃくよう］する。

⑥ ひかえの［とうしゅ］。

テストによくでる2位（い）

⑦ ［ほか］の道をさがす。

⑧ 父はとても［たんき］だ。

⑨ てきと［たい］立（りつ）する。

⑩ 先生に［そうだん］する。

⑪ 安全が［だいいち］だ。

⑫ ［よこぶえ］の音色。

テストによくでる3位（い）

⑬ ［しゅくだい］をやり終える。

⑭ ［くろまめ］をにる。

⑮ ［ちゅうい］してかんさつする。

⑯ ［ていえん］の手入れをする。

⑰ ［にっきちょう］に書く。

⑱ ［なんど］もやってみる。

⑥ 小学校につく。（　）

⑦ コップに水をそそぐ。（　）

⑧ 読み方をしらべる。（　）

⑨ 虫を目でおう。（　）

⑩ ねらいをさだめる。（　）

⑪ ボールがころがる。（　）

⑫ かた手でなげる。（　）

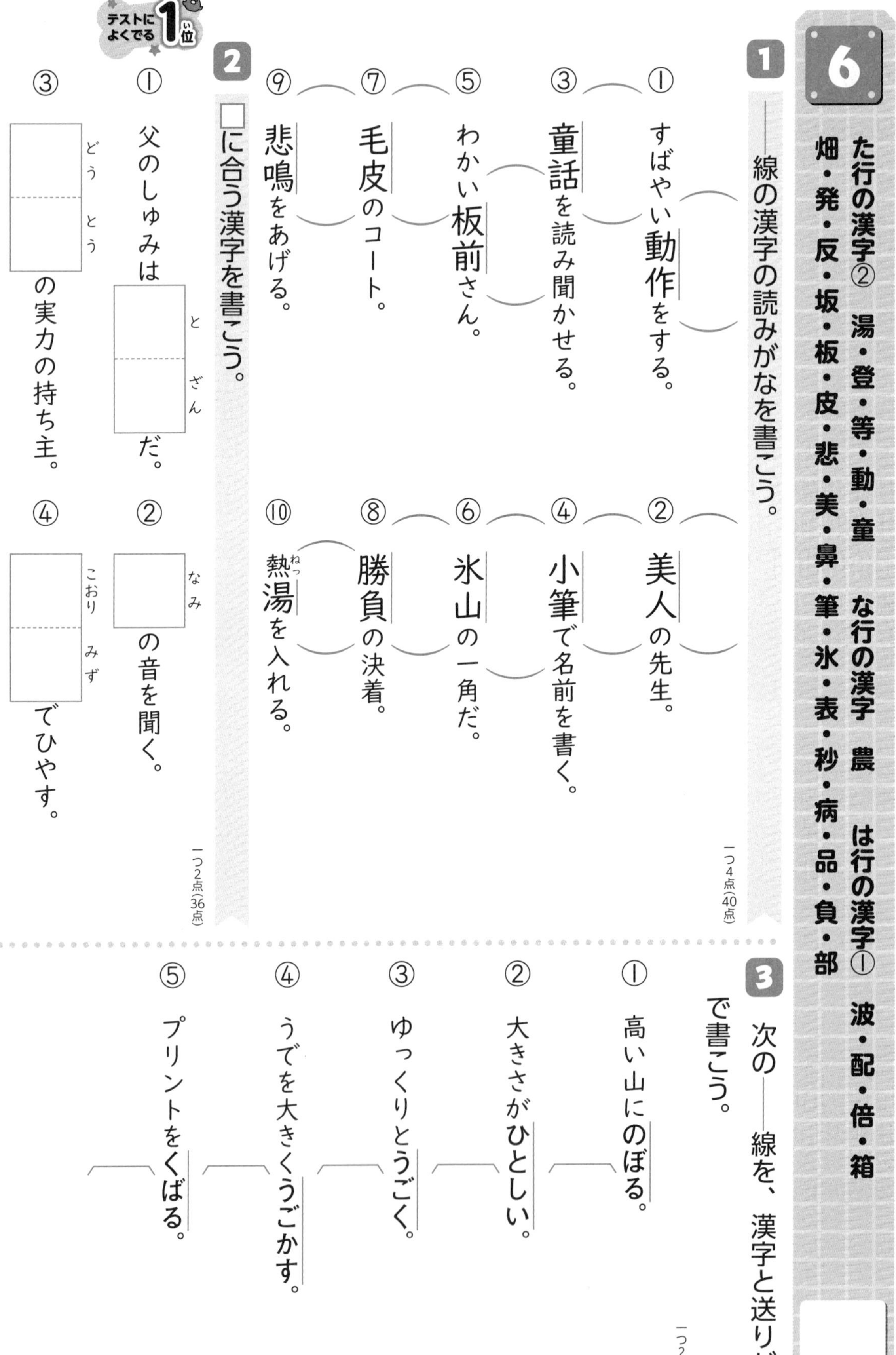

6 た行の漢字② 湯・登・等・動・童　な行の漢字 農　は行の漢字① 波・配・倍・箱
畑・発・反・坂・板・皮・悲・美・鼻・筆・氷・表・秒・病・品・負・部

／100

1 ――線の漢字の読みがなを書こう。　一つ4点（40点）

① すばやい動作をする。（　　）
② 美人の先生。（　　）
③ 童話を読み聞かせる。（　　）
④ 小筆で名前を書く。（　　）
⑤ わかい板前さん。（　　）
⑥ 氷山の一角だ。（　　）
⑦ 毛皮のコート。（　　）
⑧ 勝負の決着。（　　）
⑨ 悲鳴をあげる。（　　）
⑩ 熱（ねっ）湯を入れる。（　　）

テストによくでる1位

2 □に合う漢字を書こう。　一つ2点（36点）

① 父のしゅみは□□（とざん）だ。
② □（なみ）の音を聞く。
③ □□（どうとう）の実力の持ち主。
④ □□（こおりみず）でひやす。

3 次の――線を、漢字と送りがなで書こう。　一つ2点（24点）

① 高い山にのぼる。（　　）
② 大きさがひとしい。（　　）
③ ゆっくりとうごく。（　　）
④ うでを大きくうごかす。（　　）
⑤ プリントをくばる。（　　）

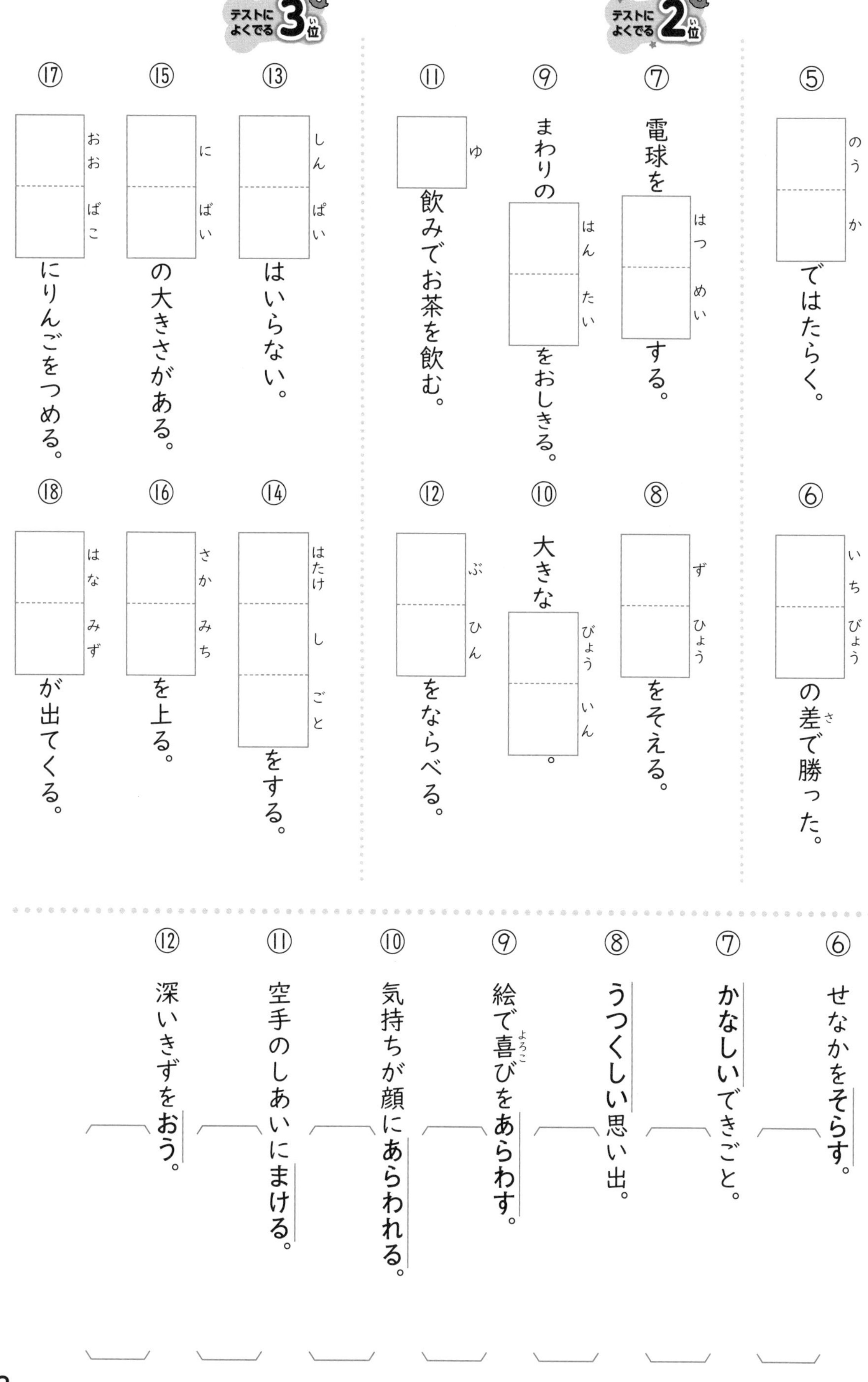

テストによくでる2位

テストによくでる3位

⑤ （のうか）ではたらく。

⑥ （いちびょう）の差（さ）で勝った。

⑦ 電球を（はつめい）する。

⑧ （ずひょう）をそえる。

⑨ まわりの（はんたい）をおしきる。

⑩ 大きな（びょういん）。

⑪ （ゆ）飲みでお茶を飲む。

⑫ （ぶひん）をならべる。

⑬ （しんぱい）はいらない。

⑭ （はたけしごと）をする。

⑮ （にばい）の大きさがある。

⑯ （さかみち）を上る。

⑰ （おおばこ）にりんごをつめる。

⑱ （はなみず）が出てくる。

⑥ せなかをそらす。（　）

⑦ かなしいできごと。（　）

⑧ うつくしい思い出。（　）

⑨ 絵で喜（よろこ）びをあらわす。（　）

⑩ 気持ちが顔にあらわれる。（　）

⑪ 空手のしあいにまける。（　）

⑫ 深いきずをおう。（　）

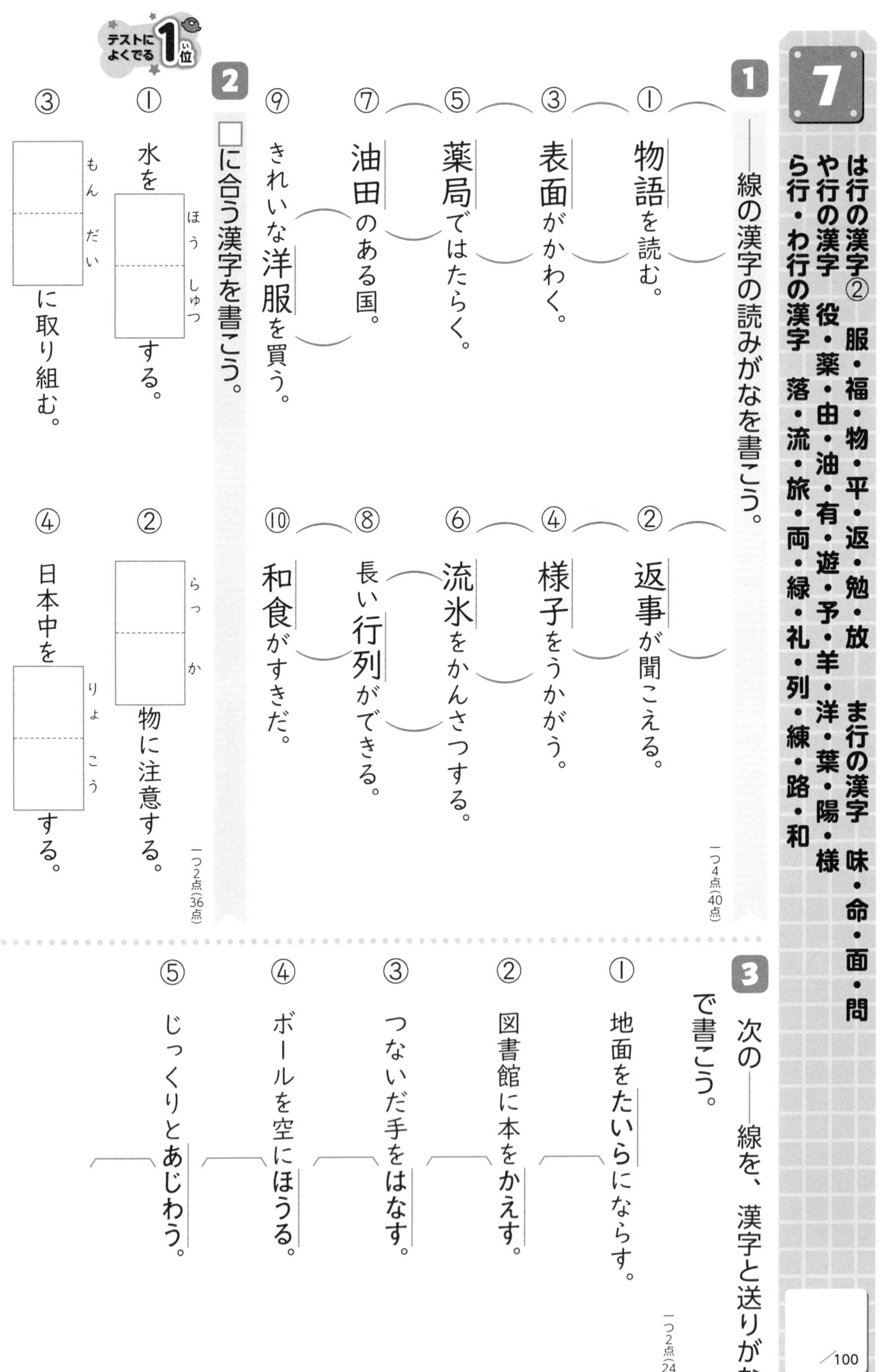

7 は行の漢字② 服・福・物・平・返・勉・放　ま行の漢字 味・命・面・問　や行の漢字 役・薬・由・油・有・遊・予・羊・洋・葉・陽・様　ら行・わ行の漢字 落・流・旅・両・緑・礼・列・練・路・和

／100

テストによくでる1位

1 ——線の漢字の読みがなを書こう。　一つ4点(40点)

① 物語を読む。（　）
② 返事が聞こえる。（　）
③ 表面がかわく。（　）
④ 様子をうかがう。（　）
⑤ 薬局ではたらく。（　）
⑥ 流氷をかんさつする。（　）
⑦ 油田のある国。（　）
⑧ 長い行列ができる。（　）
⑨ きれいな洋服を買う。（　）
⑩ 和食がすきだ。（　）

2 □に合う漢字を書こう。　一つ2点(36点)

① 水を［ほう］［しゅつ］する。
② ［らっ］［か］物に注意する。
③ ［もん］［だい］に取り組む。
④ 日本中を［りょ］［こう］する。

3 次の——線を、漢字と送りがなで書こう。　一つ2点(24点)

① 地面をたいらにならす。（　）
② 図書館に本をかえす。（　）
③ つないだ手をはなす。（　）
④ ボールを空にほうる。（　）
⑤ じっくりとあじわう。（　）

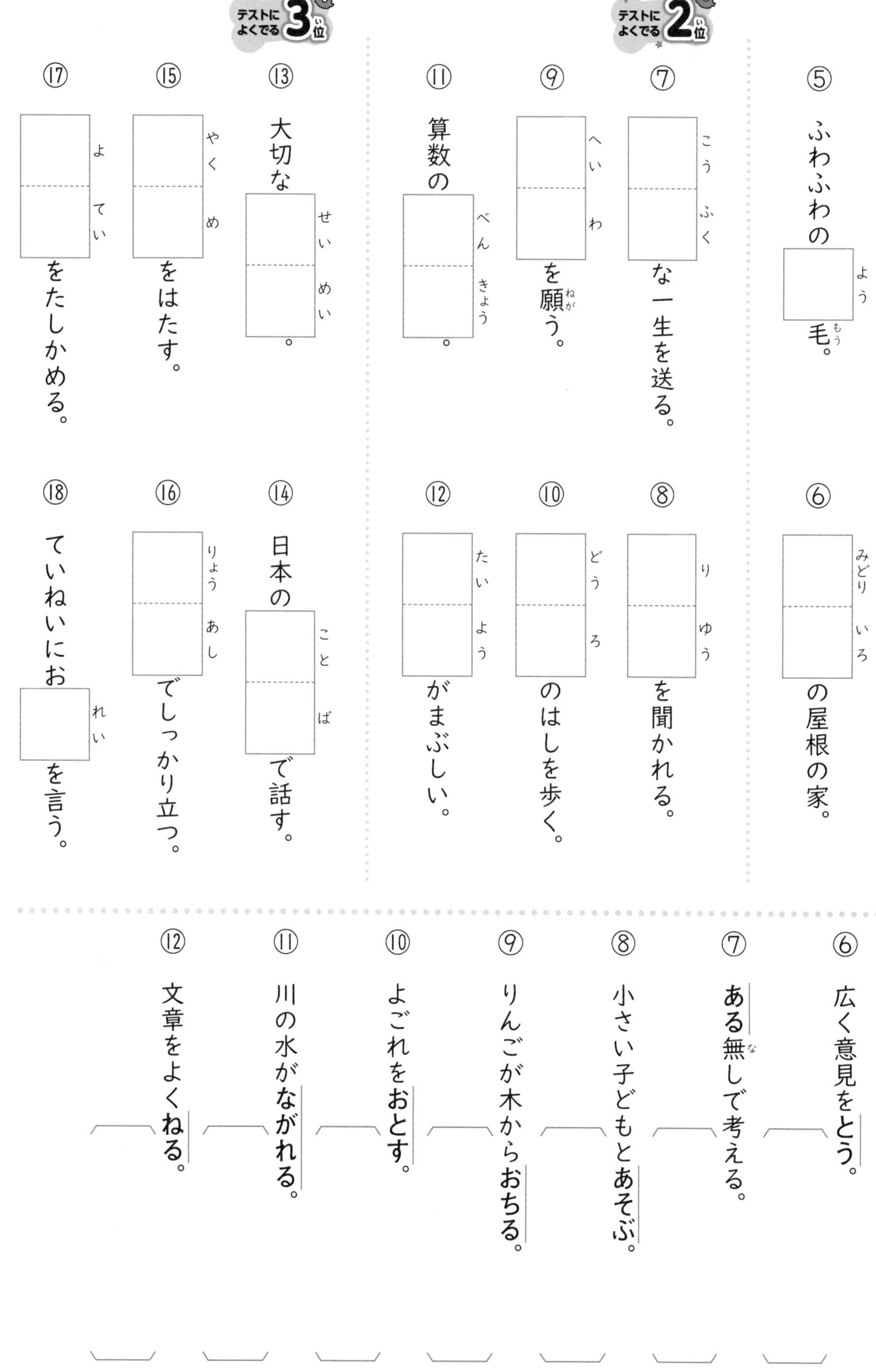

⑤ ふわふわの［よう］毛(もう)。

⑥ ［みどり いろ］の屋根の家。

テストによくでる2位

⑦ ［こう ふく］な一生を送る。

⑧ ［り ゆう］を聞かれる。

⑨ ［へい わ］を願(ねが)う。

⑩ ［どう ろ］のはしを歩く。

⑪ 算数の［べん きょう］。

⑫ ［たい よう］がまぶしい。

テストによくでる3位

⑬ 大切な［せい めい］。

⑭ 日本の［こと ば］で話す。

⑮ ［やく め］をはたす。

⑯ ［りょう あし］でしっかり立つ。

⑰ ［よ てい］をたしかめる。

⑱ ていねいにお［れい］を言う。

⑥ 広く意見を<u>とう</u>。（　　）

⑦ <u>ある</u>無(な)しで考える。（　　）

⑧ 小さい子どもと<u>あそぶ</u>。（　　）

⑨ りんごが木から<u>おちる</u>。（　　）

⑩ よごれを<u>おとす</u>。（　　）

⑪ 川の水が<u>ながれる</u>。（　　）

⑫ 文章をよく<u>ねる</u>。（　　）

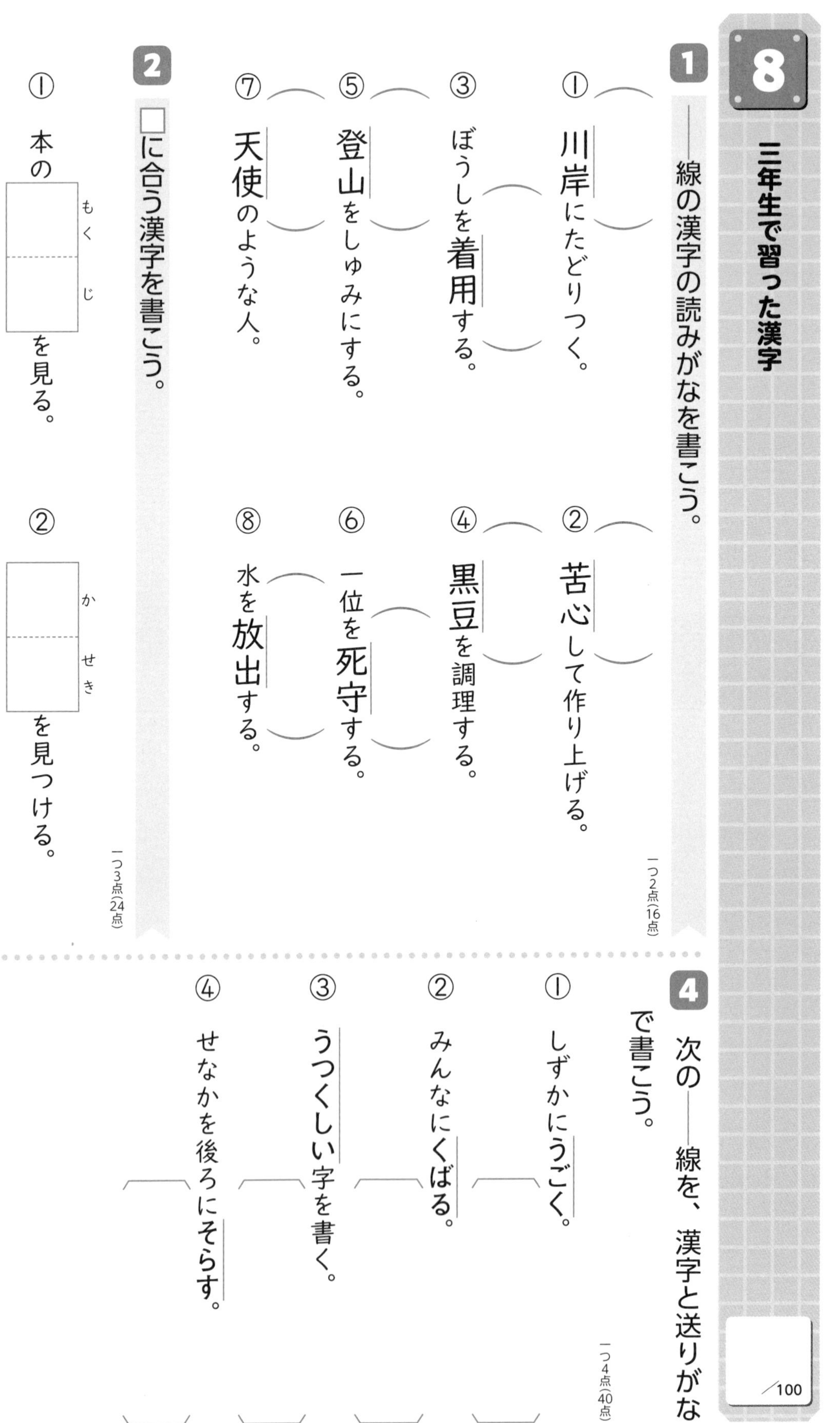

8 三年生で習った漢字

/100

1 ――線の漢字の読みがなを書こう。 一つ2点(16点)

① 川岸にたどりつく。（　　）
② 苦心して作り上げる。（　　）
③ ぼうしを着用する。（　　）
④ 黒豆を調理する。（　　）
⑤ 登山をしゅみにする。（　　）
⑥ 一位を死守する。（　　）
⑦ 天使のような人。（　　）
⑧ 水を放出する。（　　）

2 □に合う漢字を書こう。 一つ3点(24点)

① 本の□□（もくじ）を見る。
② □□（かせき）を見つける。

4 次の――線を、漢字と送りがなで書こう。 一つ4点(40点)

① しずかにうごく。（　　）
② みんなにくばる。（　　）
③ うつくしい字を書く。（　　）
④ せなかを後ろにそらす。（　　）

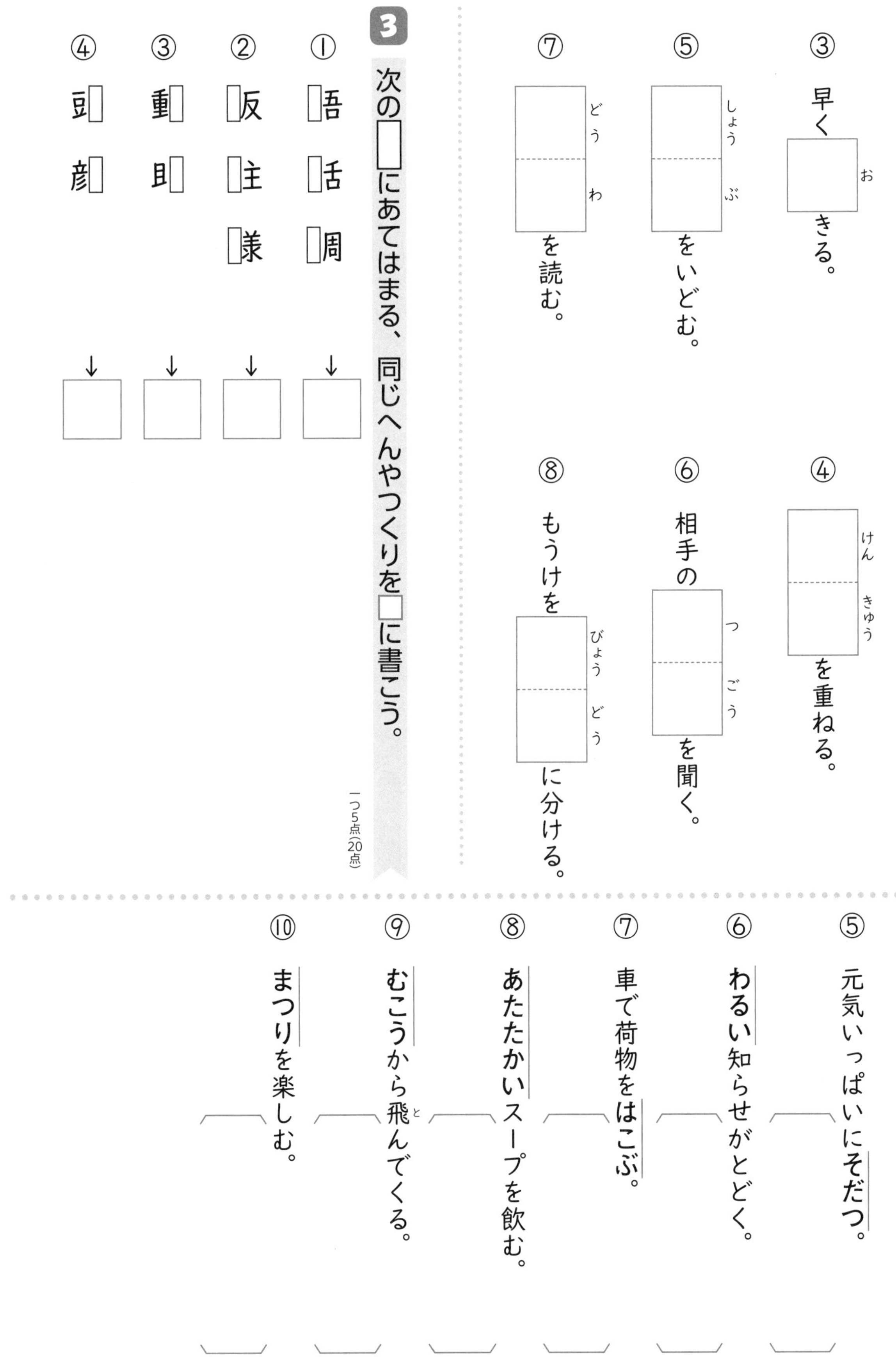

③ 早く[お]きる。

④ [けん][きゅう]を重ねる。

⑤ [しょう][ぶ]をいどむ。

⑥ 相手の[つ][ごう]を聞く。

⑦ [どう][わ]を読む。

⑧ もうけを[びょう][どう]に分ける。

3 次の□にあてはまる、同じへんやつくりを□に書こう。 一つ5点(20点)

① □吾　□舌　□周 → □

② □反　□主　□兼 → □

③ 重□　且□ → □

④ 豆□　彦□ → □

⑤ 元気いっぱいにそだつ。（　）

⑥ わるい知らせがとどく。（　）

⑦ 車で荷物をはこぶ。（　）

⑧ あたたかいスープを飲む。（　）

⑨ むこうから飛(と)んでくる。（　）

⑩ まつりを楽しむ。（　）

答え

1 2・3ページ

1
①あんしつ ②いんしょく ③きょううん ④かせき ⑤にお ⑥げかい ⑦こうかい ⑧お ⑨いいん ⑩おくじょう

2
①二階 ②寒中 ③海岸 ④川岸 ⑤院長 ⑥水泳 ⑦悪人 ⑧医学 ⑨意見 ⑩花屋 ⑪教育 ⑫駅前 ⑬図書館 ⑭横道 ⑮安心 ⑯中央 ⑰感心 ⑱漢字

3
①悪い ②安い ③暗い ④委ねる ⑤育つ ⑥飲む ⑦運ぶ ⑧泳ぐ ⑨温かい ⑩化けた ⑪開く ⑫寒い

2 4・5ページ

1
①おうきゅう ②けっこう ③ぐあい ④けんめい ⑤こない ⑥こすい ⑦くぎ ⑧きたい ⑨にゅうこう ⑩めいくん

2
①係員 ②去年 ③銀色 ④軽食 ⑤作業 ⑥一学期 ⑦港 ⑧野球 ⑨石橋 ⑩客 ⑪去 ⑫曲線 ⑬苦心 ⑭幸運 ⑮球 ⑯研究 ⑰上級生 ⑱局

3
①急いで ②苦しみ ③軽い ④幸い ⑤幸せ ⑥去る ⑦決める ⑧苦い ⑨向く ⑩曲がる ⑪向こう ⑫曲げる

3 6・7ページ

1
①こざら ②おやゆび ③もくじ ④なら ⑤あつ ⑥しゅくん ⑦せんしゅてん ⑧しゅうじつ ⑨ひろ ⑩し

2
①死守 ②歯科 ③文化祭 ④公式 ⑤仕事 ⑥受話 ⑦九州 ⑧記号 ⑨学習 ⑩根元（本） ⑪大根 ⑫生死 ⑬開始 ⑭天使 ⑮医者 ⑯実 ⑰詩集 ⑱酒

3
①祭り ②仕える ③死ぬ ④使う ⑤始める ⑥指す ⑦次ぐ ⑧持つ ⑨実る ⑩写す ⑪守る ⑫取る

4 8・9ページ

1
①かぞく ②ととの ③だいどころ ④まった ⑤しょちゅう ⑥しょうか ⑦しょくぶつ ⑧ぶんしょう ⑨すいしん ⑩あいて

2
①乗車 ②整理 ③行進 ④世界 ⑤身近 ⑥神社 ⑦住所 ⑧真横 ⑨重大 ⑩運送 ⑪助手 ⑫感想 ⑬商売 ⑭時速 ⑮昭 ⑯昔話 ⑰神 ⑱息

3
①住む ②重い ③宿る ④暑い ⑤助かる ⑥消える ⑦勝つ ⑧乗る ⑨植える ⑩申し ⑪深い ⑫進む

5 10・11ページ

1
①たしゃ ②ついそう ③だきゅう ④きてき ⑤もくたん ⑥つごう ⑦だいこくばしら ⑧だいず ⑨いっちょうめ ⑩はんとう

2
①期待 ②安定 ③交代 ④鉄道

⑤着用 ⑥投手 ⑦他 ⑧短気
⑨対 ⑩相談 ⑪第一 ⑫横笛
⑬宿題 ⑭黒豆 ⑮注意 ⑯庭園
⑰日記帳 ⑱何度

3
①打つ ②待つ ③代わり ④短い
⑤着る ⑥着く ⑦注ぐ ⑧調べる
⑨追う ⑩定める ⑪転がる ⑫投げる

6 12・13ページ

1
①どうさ ②びじん
③どうわ ④こふで
⑤いたまえ ⑥ひょうざん
⑦けがわ ⑧しょうぶ
⑨ひめい ⑩とう

2
①登山 ②波 ③同等 ④氷水
⑤農家 ⑥一秒 ⑦発明 ⑧図表
⑨反対 ⑩病院 ⑪湯 ⑫部品
⑬心配 ⑭畑仕事 ⑮二倍 ⑯坂道
⑰大箱 ⑱鼻水

3
①登る ②等しい ③動く ④動かす
⑤配る ⑥反らす ⑦悲しい ⑧美しい
⑨表す ⑩表れる ⑪負ける ⑫負う

7 14・15ページ

1
①ものがたり ②へんじ
③ひょうめん ④ようす

⑤やっきょく ⑥りゅうひょう
⑦ゆでん ⑧ぎょうれつ
⑨ようふく ⑩わしょく

2
①放出 ②落下 ③問題 ④旅行
⑤羊 ⑥緑色 ⑦幸福 ⑧理由
⑨平和 ⑩道路 ⑪勉強 ⑫太陽
⑬生命 ⑭言葉 ⑮役目 ⑯両足
⑰予定 ⑱礼

3
①平ら ②返す ③放す ④放る
⑤味わう ⑥問う ⑦有る ⑧遊ぶ
⑨落ちる ⑩落とす ⑪流れる ⑫練る

8 16・17ページ

1
①かわぎし ②くしん
③ちゃくよう ④くろまめ
⑤とざん ⑥ししゅ
⑦てんし ⑧ほうしゅつ

2
①目次 ②化石 ③起 ④研究
⑤勝負 ⑥都合 ⑦童話 ⑧平等

3
①言 ②木 ③力 ④頁

4
①動く ②配る ③美しい ④反らす
⑤育つ ⑥悪い ⑦運ぶ ⑧温かい
⑨向こう ⑩祭り

シールの中からすきなぴた犬をえらぼう。

おうちのかたへ

がんばり表のデジタル版「デジタルがんばり表」では、デジタル端末でも学習の進捗記録をつけることができます。１冊やり終えると、抽選でプレゼントが当たります。「ぴたサポシステム」にご登録いただき、「デジタルがんばり表」をお使いください。LINE または PC・ブラウザを利用する方法があります。

ぴたサポシステムご利用ガイドはこちら
https://www.shinko-keirin.co.jp/shinko/news/pittari-support-system

字の表す意味

ページ	16～17ページ	14～15ページ	12～13ページ
ぴったり3	ぴったり1	ぴったり2	ぴったり1
	できたらシールをはろう	できたらシールをはろう	できたらシールをはろう

あなたのこと、教えて～メモを取りながら話を聞こう

10～11ページ	8～9ページ	6～7ページ	4～5ページ	2～3ページ
ぴったり3	ぴったり3	ぴったり1	ぴったり2	ぴったり1
できたらシールをはろう	できたらシールをはろう	できたらシールをはろう	できたらシールをはろう	できたらシールをはろう

スタート

サーカスのライオン～漢字を使おう５

44～45ページ	46～47ページ	48～49ページ	50～51ページ	52～53ページ
ぴったり1	ぴったり2	ぴったり2	ぴったり3	ぴったり3
できたらシールをはろう	できたらシールをはろう	できたらシールをはろう	できたらシールをはろう	できたらシールをはろう

せっちゃくざいの今と昔～ローマ字②

54～55ページ	56～57ページ	58～59ページ
ぴったり1	ぴったり2	ぴったり1
できたらシールをはろう	できたらシールをはろう	できたらシールをはろう

64～65ページ	62～63ページ	60～61ページ
ぴったり3	ぴったり3	ぴったり1
できたらシールをはろう	できたらシールをはろう	できたらシールをはろう

ページ	70～71ページ	68～69ページ	66～67ページ
1	ぴったり2	ぴったり2	ぴったり1
	できたらシールをはろう	できたらシールをはろう	できたらシールをはろう

ブック

02～103ページ	104ページ
ぴったり3	ぴったり3
できたらシールをはろう	できたらシールをはろう

ゴール

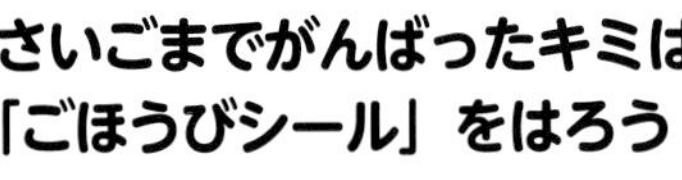

さいごまでがんばったキミは
「ごほうびシール」をはろう！

ごほうびシールをはろう

（キリトリ線）

教科書ぴったりトレーニングの使い方

『ぴたトレ』は教科書にぴったり合
できるよ。教科書も見ながら、
ぴた犬たちが勉強をサポートす

ふだんの学習

ぴったり1 じゅんび

めあて をたしかめて、問題に取り組もう。はじ
しい漢字や言葉の意味をおさえるよ。物語やせつ
は 3分でワンポイント で大事なポイントをつかも
QR コードから「3 分でまとめ動画」が見られる

※QR コードは株式会社デンソーウェーブの

読解(どっかい)問題を練習するよ。
ヒント を見ながらといてみよう。

「ぴったり１」「ぴったり２」が終わったら取り組ん
自分の考えを書く問題にもチャレンジしよう。
わからない問題は、ふりかえり を見て前にも
くにんしよう。

実力チェック

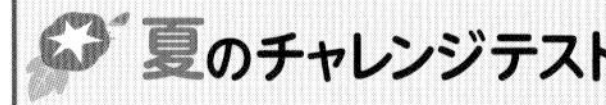

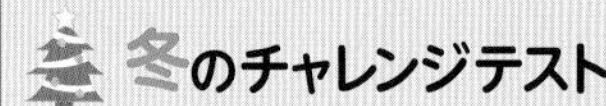

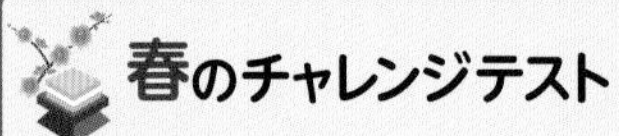

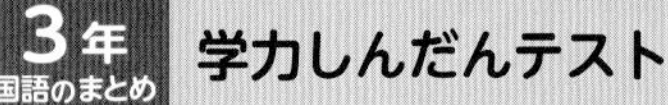

夏休み、冬休み、春休み前に
取り組んでみよう。
学期の終わりや学年の終わりの
テストの前にやってもいいね。

ふだんの学
たら、「か
にシールを

別冊(べっさつ)

丸つけ ラクラクかいとう

問題と同じ紙面に赤字で「答え」が書いてあ
取り組んだ問題の答え合わせをしてみよう。ま
問題やわからなかった問題は、「てびき」を読ん
教科書を読み返したりして、もう一度見直そ

わせて使うことが
勉強していこうね。
るよ。

めに新
めい文
。
よ。
登録商標です。

でみよう。

どってか

習が終わっ
んばり表」
はろう。

よ。
ちがえた
だり、
。

おうちのかたへ

本書『教科書ぴったりトレーニング』は、教科書の要点や重要事項をつかむ「ぴったり１ じゅんび」、問題に慣れる「ぴったり２ 練習」、テスト形式で学習事項が定着したか確認する「ぴったり３ たしかめのテスト」の３段階構成になっています。教科書の学習順序やねらいに完全対応していますので、日々の学習（トレーニング）にぴったりです。

「観点別学習状況の評価」について

学校の通知表は、「知識・技能」「思考・判断・表現」「主体的に学習に取り組む態度」の３つの観点による評価がもとになっています。

問題集やドリルでは、一般に知識を問う問題が中心になりますが、本書『教科書ぴったりトレーニング』では、次のように、観点別学習状況の評価に基づく問題を取り入れて、成績アップに結びつくことをねらいました。

ぴったり３ たしかめのテスト

●「思考・判断・表現」のうち、特に思考や表現（予想したり文章で説明したりすることなど）を取り上げた問題には「思考・判断・表現」と表示しています。

チャレンジテスト

●主に「思考・判断・表現」を問う問題かどうかで、分類して出題しています。

別冊『丸つけラクラクかいとう』について

おうちのかたへ では、

次のようなものを示しています。

- 学習のねらいやポイント
- 他の学年や他の単元の学習内容とのつながり
- まちがいやすいことやつまずきやすいところ

お子様への説明や、学習内容の把握などにご活用ください。

内容の例

おうちのかたへ

物語を読むときには、登場人物の会話や行動に注目しましょう。「うまくできるかな（→不安）」「力いっぱい拍手をした（感動）」など、直接文章に書かれていない心情が会話や行動から読み取れることがあるからです。

教科書ぴったりトレーニング 国語3年 がんばり表

いつも見えるところに、この「がんばり表」をはっておこう。
この「ぴたトレ」を学習したら、シールをはろう！
どこまでがんばったかわかるよ。

ワニのおじいさんのたから物～ローマ字①

30～31ページ	28～29ページ	26～27ページ	24～25ページ	22～23ページ
ぴったり3	ぴったり3	ぴったり1	ぴったり2	ぴったり1
できたらシールをはろう	できたらシールをはろう	できたらシールをはろう	できたらシールをはろう	できたらシールをはろう

自然のかくし絵～漢

20～21ページ	18～19
ぴったり3	ぴったり
できたらシールをはろう	できたらシールをはろう

「給食だより」を読みくらべよう～三年生の本だな――心の養分

32～33ページ	34～35ページ
ぴったり1	ぴったり3
できたらシールをはろう	できたらシールをはろう

紙ひこうき～主語とじゅつ語、つながってる？

36～37ページ	38～39ページ	40～41ページ	42～43ページ
ぴったり1	ぴったり1	ぴったり3	ぴったり3
できたらシールをはろう	できたらシールをはろう	できたらシールをはろう	できたらシールをはろう

カミツキガメは悪者か～くわしく表す言葉

86～87ページ	84～85ページ	82～83ページ	80～81ページ
ぴったり1	ぴったり1	ぴったり2	ぴったり1
できたらシールをはろう	できたらシールをはろう	できたらシールをはろう	できたらシールをはろう

モチモチの木～俳句に親しもう

78～79ページ	76～77ページ	74～75ページ	72～73
ぴったり1	ぴったり3	ぴったり3	ぴった
できたらシールをはろう	できたらシールをはろう	できたらシールをはろう	できたシール

88～89ページ	90～91ページ
ぴったり3	ぴったり3
できたらシールをはろう	できたらシールをはろう

ゆうすげ村の小さな旅館――ウサギのダイコン～わたしのベスト

92～93ページ	94～95ページ	96～97ページ	98～99ページ	100～101ページ
ぴったり1	ぴったり2	ぴったり2	ぴったり1	ぴったり3
できたらシールをはろう	できたらシールをはろう	できたらシールをはろう	できたらシールをはろう	できたらシールをはろう

教科書ぴったりトレーニング
国語
バッチリポスター
3年生で習う漢字①
(切り取り線)
★3年生で学習する漢字を、五十音じゅんにならべています。（①と②の、二回に分けています。）
★漢字ごとに、画数、読み方、書きじゅん（筆じゅん）をしめしています。
★音と訓は、それぞれ音読みと訓読みをしめしています。
★（ ）は、小学校では習わない読み方です。
まちがえやすい漢字は、☑にチェックをしておこう！
あ～お
11画 悪 音 アク (オ) 訓 わるい
6画 安 音 アン 訓 やすい 安全
13画 暗 音 アン 訓 くらい
7画 医 音 イ 医者
8画 委 音 イ 訓 ゆだねる 委員
13画 意 音 イ
8画 育 音 イク 訓 そだつ そだてる はぐくむ 体育
10画 員 音 イン 店員
10画 院 音 イン
12画 飲 音 イン 訓 のむ 湯飲み
12画 運 音 ウン 訓 はこぶ 運動会
8画 泳 音 エイ 訓 およぐ 水泳
14画 駅 音 エキ
5画 央 音 オウ 中央
15画 横 音 オウ 訓 よこ
9画 屋 音 オク 訓 や 屋上
12画 温 音 オン 訓 あたたか・あたたかい あたたまる・あたためる 温室
か～こ
4画 化 音 カ・(ケ) 訓 ばける ばかす
10画 荷 音 (カ) 訓 に 荷物
9画 界 音 カイ 世界
12画 開 音 カイ 訓 ひらく・ひらける あく・あける 開会式
12画 階 音 カイ 二階だてバス
12画 寒 音 カン 訓 さむい 寒がり
13画 感 音 カン
13画 漢 音 カン
16画 館 音 カン 訓 やかた
8画 岸 音 ガン 訓 きし 海岸
10画 起 音 キ 訓 おきる・おこる おこす 早起き
12画 期 音 キ・(ゴ) 一学期
9画 客 音 キャク (カク) 乗客
7画 究 音 キュウ (きわめる) 研究
9画 急 音 キュウ 訓 いそぐ 急用
9画 級 音 キュウ 学級会
10画 宮 音 キュウ (グウ)・(ク) 訓 みや 宮てん
11画 球 音 キュウ 訓 たま 野球
5画 去 音 キョ・コ 訓 さる 去年
16画 橋 音 キョウ 訓 はし
13画 業 音 ギョウ (ゴウ) 訓 (わざ)
6画 曲 音 キョク 訓 まがる まげる 作曲家
7画 局 音 キョク
14画 銀 音 ギン
4画 区 音 ク 区間
8画 苦 音 ク 訓 くるしい・くるしむ くるしめる にがい・にがる 苦労
8画 具 音 グ 絵の具
7画 君 音 クン 訓 きみ 君たち

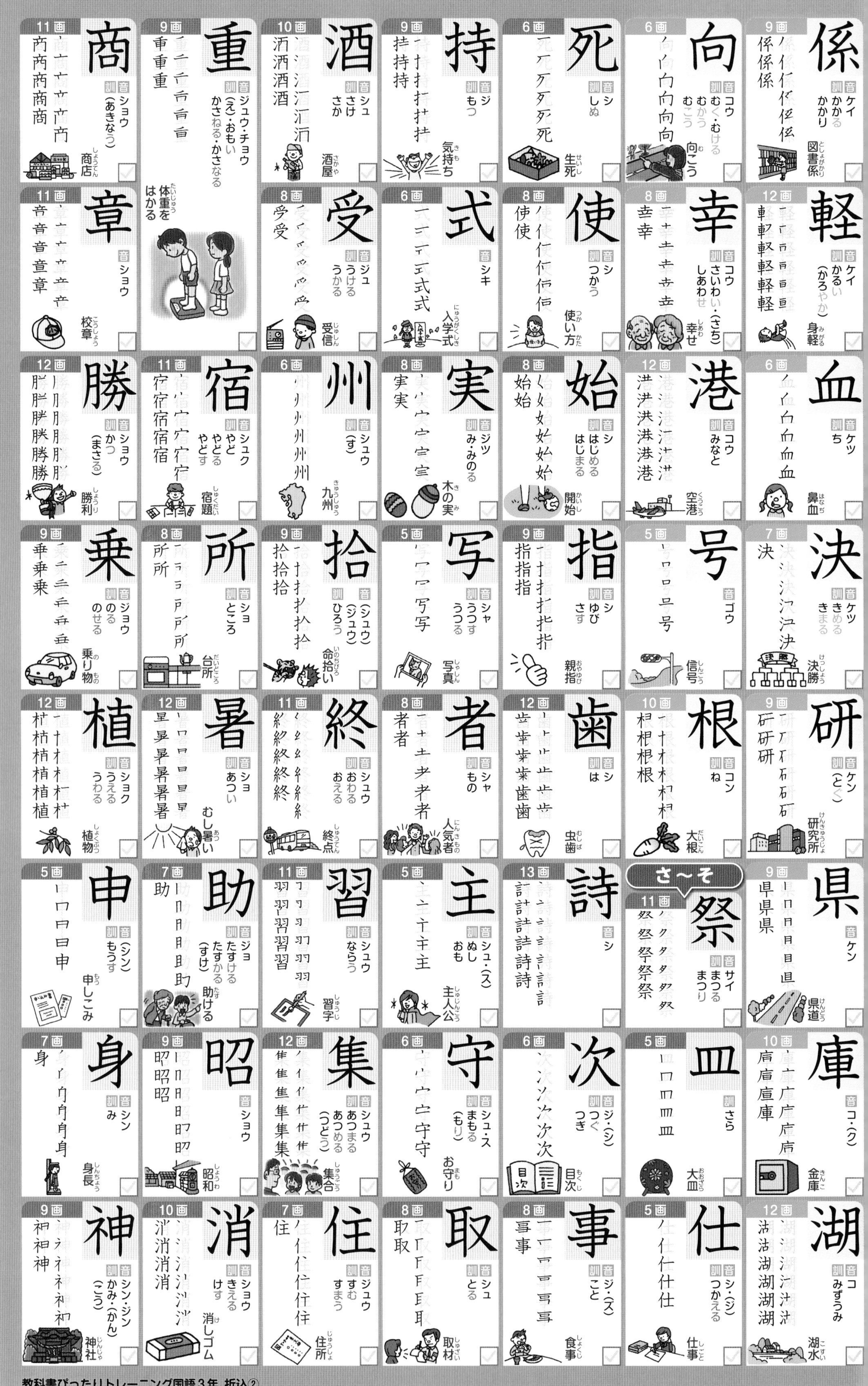

係 9画 音ケイ 訓かかる かかり 図書係
軽 12画 音ケイ 訓かるい (かろやか) 身軽
血 6画 音ケツ 訓ち 鼻血
決 7画 音ケツ 訓きめる きまる 決勝
研 9画 音ケン 訓(とぐ) 研究所
県 9画 音ケン 県道
庫 10画 音コ・(ク) 金庫
湖 12画 音コ 訓みずうみ 湖水
向 6画 音コウ 訓むく・むける むかう むこう 向こう
幸 8画 音コウ 訓さいわい・(さち) しあわせ 幸せ
港 12画 音コウ 訓みなと 空港
号 5画 音ゴウ 信号
根 10画 音コン 訓ね 大根
さ～そ
祭 11画 音サイ 訓まつる まつり
皿 5画 訓さら 大皿
仕 5画 音シ・(ジ) 訓つかえる 仕事
死 6画 音シ 訓しぬ 生死
使 8画 音シ 訓つかう 使い方
始 8画 音シ 訓はじめる はじまる 開始
指 9画 音シ 訓ゆび さす 親指
歯 12画 音シ 訓は 虫歯
詩 13画 音シ
次 6画 音ジ・(シ) 訓つぐ つぎ 目次
事 8画 音ジ・(ズ) 訓こと 食事
持 9画 音ジ 訓もつ 気持ち
式 6画 音シキ 入学式
実 8画 音ジツ 訓み・みのる 木の実
写 5画 音シャ 訓うつす うつる 写真
者 8画 音シャ 訓もの 人気者
主 5画 音シュ・(ス) 訓ぬし おも 主人公
守 6画 音シュ・ス 訓まもる (もり) お守り
取 8画 音シュ 訓とる 取材
酒 10画 音シュ 訓さけ さか 酒屋
受 8画 音ジュ 訓うける うかる 受信
州 6画 音シュウ 訓(す) 九州
拾 9画 音(シュウ) (ジュウ) 訓ひろう 命拾い
終 11画 音シュウ 訓おわる おえる 終点
習 11画 音シュウ 訓ならう 習字
集 12画 音シュウ 訓あつまる あつめる (つどう) 集合
住 7画 音ジュウ 訓すむ すまう 住所
重 9画 音ジュウ・チョウ 訓(え)・おもい かさねる・かさなる 体重をはかる
宿 11画 音シュク 訓やど やどる やどす 宿題
所 8画 音ショ 訓ところ 台所
暑 12画 音ショ 訓あつい むし暑い
助 7画 音ジョ 訓たすける たすかる (すけ) 助ける
昭 9画 音ショウ 昭和
消 10画 音ショウ 訓きえる けす 消しゴム
商 11画 音ショウ 訓(あきなう) 商店
章 11画 音ショウ 校章
勝 12画 音ショウ 訓かつ (まさる) 勝利
乗 9画 音ジョウ 訓のる のせる 乗り物
植 12画 音ショク 訓うえる うわる 植物
申 5画 音(シン) 訓もうす 申しこみ
身 7画 音シン 訓み 身長
神 9画 音シン・ジン 訓かみ・(かん) (こう) 神社